PRIVAÇÃO E DELINQUÊNCIA

D. W. Winnicott

PRIVAÇÃO E DELINQUÊNCIA

Tradução ÁLVARO CABRAL
Revisão MONICA STAHEL

wmf **martinsfontes**

SÃO PAULO 2019

Esta obra foi publicada originalmente em inglês com o título
DEPRIVATION AND DELINQUENCY por
Tavistock Publication Ltd., Londres.
Copyright © 1984 by Clare Winnicott. Publicado por acordo com Paterson Marsh Ltd.
Copyright © 1987, Livraria Martins Fontes Editora Ltda.,
São Paulo, para a presente edição.

1ª edição *1987*
5ª edição *2012*
4ª tiragem *2019*

Tradução
ÁLVARO CABRAL

Revisão da tradução
Monica Stahel
Revisões gráficas
Ivany Picasso Batista
Ivete Batista dos Santos
Dinarte Zorzanelli da Silva
Produção gráfica
Geraldo Alves
Paginação
Studio 3 Desenvolvimento Editorial

Dados Internacionais de Catalogação na Publicação (CIP)
(Câmara Brasileira do Livro, SP, Brasil)

Winnicott, Donald W., 1896-1971.
  Privação e delinquência / D. W. Winnicott ; tradução Álvaro Cabral ; revisão Monica Stahel. – 5ª ed. – São Paulo : Editora WMF Martins Fontes, 2012. – (Textos de psicologia)

  Título original: Deprivation and delinquency.
  ISBN 978-85-7827-639-3

  1. Delinquência juvenil 2. Distúrbios antissociais de personalidade 3. Guerra Mundial, 1939-1945 – Crianças – Grã-Bretanha 4. Guerra Mundial, 1939-1945 – Evacuação de civis – Grã-Bretanha 5. Privação (Psicologia) 6. Privação paterna 7. Psicoterapia infantil – Tratamento residencial I. Título. II. Série.

12-13390   CDD-616.8582071083

Índices para catálogo sistemático:
1. Crianças : Personalidade : Distúrbios antissociais :
   Causas : Ciências médicas   616.8582071083

Todos os direitos desta edição reservados à
Editora WMF Martins Fontes Ltda.
Rua Prof. Laerte Ramos de Carvalho, 133 01325-030 São Paulo SP Brasil
Tel. (11) 3293.8150 e-mail: info@wmfmartinsfontes.com.br
http://www.wmfmartinsfontes.com.br

Índice

Agradecimentos **VII**
Prefácio dos organizadores da obra **IX**
Introdução por Clare Winnicott **XI**

PRIMEIRA PARTE
Crianças sob estresse: experiência em tempo de guerra

Introdução dos organizadores da obra **3**
1. Evacuação de crianças pequenas **9**
   Carta ao British Medical Journal *(1939)* **9**
   Crianças e suas mães *(1940)* **11**
2. Resenha sobre The Cambridge Evacuation Survey *(1941)* **19**
3. Crianças na guerra *(1940)* **23**
4. A mãe separada do filho *(1939)* **31**
5. A criança evacuada *(1945)* **41**
6. O regresso da criança evacuada *(1945)* **47**
7. De novo em casa *(1945)* **53**
8. Tratamento em regime residencial para crianças difíceis *(1947)* **59**
9. Alojamentos para crianças em tempo de guerra e em tempo de paz *(1948)* **81**

SEGUNDA PARTE
Natureza e origens da tendência anti-social

Introdução dos organizadores da obra **89**
10. Agressão e suas raízes **93**

Agressão (c. 1939) **93**
Raízes da agressão (1964) **102**
11. O desenvolvimento da capacidade de envolvimento (1963) **111**
12. A ausência de um sentimento de culpa (1966) **119**
13. Alguns aspectos psicológicos da delinqüência juvenil (1946) **127**
14. A tendência anti-social (1956) **135**
15. A psicologia da separação (1958) **149**
16. Agressão, culpa e reparação (1960) **153**
17. A luta para superar depressões (1963) **163**
18. A juventude não dormirá (1964) **177**

TERCEIRA PARTE
O suprimento social

Introdução dos organizadores da obra **183**
19. Correspondência com um magistrado (1944) **185**
20. O alicerce da saúde mental (1951) **191**
21. A criança desapossada e como pode ser compensada pela falta de vida familiar (1950) **195**
22. Influências de grupo e a criança desajustada: o aspecto escolar (1955) **215**
23. A perseguição que não houve (1967) **227**
24. Comentários sobre o Report of the Committee on Punishment in Prisons and Borstals (1961) **229**
25. Darão as escolas progressistas excesso de liberdade à criança? Contribuição para a conferência em Darlington Hall (1965) **237**
    Apontamentos feitos no trem (1965) **242**
26. Assistência residencial como terapia (1970) **249**

QUARTA PARTE
Terapia individual

Introdução dos organizadores da obra **261**
27. Variedades de psicoterapia (1961) **263**
28. A psicoterapia de distúrbios de caráter (1963) **275**
29. Dissociação revelada numa consulta terapêutica (1965) **291**

Fontes originais dos artigos deste volume **321**

Agradecimentos

"A psicoterapia de distúrbios de caráter" e "O desenvolvimento da capacidade de envolvimento" constituem reimpressões de *The Maturational Processes and the Facilitating Environment*, com permissão da Hogarth Press, Londres e International Universities Press, Nova York. "A tendência anti-social" é reimpressão de *Through Paediatrics to Psychoanalysis*, com permissão de Hogarth Press, Londres e Basic Books, Nova York.

Prefácio dos organizadores da obra

Ao selecionar os artigos para publicação neste volume, nosso objetivo foi apresentar as idéias de Donald Winnicott de um modo que tenha valor prático e constitua leitura agradável. Entre os artigos há alguns até agora inéditos, outros que só foram divulgados em revistas especializadas ou de difícil acesso ao grande público. Além disso, por uma questão de clareza e integridade, foram incluídos alguns artigos muito conhecidos, extraídos dos próprios livros de Winnicott. As alterações dos artigos inéditos foram reduzidas deliberadamente ao mínimo, embora estejamos certos de que o próprio autor teria gostado de revê-los antes de apresentá-los ao público. Tudo isso significa que inevitavelmente haverá uma certa repetição, o que, no entanto, nos parece um preço insignificante a ser pago para podermos apresentar as opiniões de Winnicott sobre a questão como um todo.

Londres
Março de 1983

Clare Winnicott
Ray Shepherd
Madeleine Davis

Introdução por Clare Winnicott

Não parece exagero dizer que as manifestações de privação e delinqüência em sociedade constituem uma ameaça tão grande quanto a da bomba nuclear. De fato, certamente existe uma conexão entre os dois tipos de ameaça, uma vez que, assim como aumenta o elemento anti-social na sociedade, também o potencial destrutivo no seio da sociedade atinge níveis mais altos de perigo. Neste momento, lutamos para impedir que esse nível de perigo se eleve e precisamos mobilizar todos os recursos possíveis para essa tarefa. Um recurso será, indubitavelmente, o conhecimento adquirido por quem teve de enfrentar os problemas de privação e delinqüência, assumindo a responsabilidade por casos individuais. Donald Winnicott foi uma dessas pessoas, tendo sido levado a essa condição pela Segunda Guerra Mundial, quando foi nomeado Psiquiatra Consultor do Plano de Evacuação Governamental numa área de recepção na Inglaterra.

Embora as circunstâncias em que Winnicott se encontrava fossem anormais por ser tempo de guerra, os conhecimentos obtidos a partir dessa experiência têm aplicação geral, porque as crianças que sofrem privação e se tornam delinqüentes têm problemas básicos que se manifestam de modos previsíveis, sejam quais forem as circunstâncias. Além disso, as crianças que passavam à responsabilidade de Winnicott eram aquelas que necessitavam de providências especiais porque não podiam ser instaladas em lares comuns. Em outras palavras, já estavam em dificuldade em seus próprios lares, antes da guerra. A guerra foi quase secundária para elas, quando não positivamente benéfica (e isso não foi raro), na medida em que as removeu de uma situação intolerável, colocando-as numa situação em que poderiam encontrar – e freqüentemente encontraram – ajuda e alívio.

A experiência de evacuação teve um efeito profundo em Winnicott, pois teve de enfrentar, de um modo concentrado, a confusão gerada pela desintegração maciça da vida familiar, e teve de vivenciar o efeito da separação e perda – e da destruição e morte. As reações pessoais sob a forma de comportamento bizarro e delinqüente tiveram de ser controladas, circunscritas e gradualmente compreendidas por Winnicott, trabalhando com uma equipe local. As crianças com quem ele trabalhou tinham chegado ao fim da linha; não tinham mais para onde ir, e como mantê-las tornou-se a principal preocupação de todos os que tentavam ajudá-las.

Até aquele momento, a atividade profissional de Winnicott concentrara-se na prática clínica em contextos hospitalares e no exercício clínico privado, em que adultos responsáveis por crianças as levavam para consultá-lo. No início, ao desenvolver sua experiência clínica, ele evitara ao máximo, deliberadamente, assumir casos de delinqüência, porque o hospital não dispunha dos recursos necessários para lidar com eles e o próprio Winnicott não se sentia preparado para se desviar para esse campo de trabalho, que exige muita disponibilidade de tempo, além de habilidades e instalações que ele ainda não tinha. Achava que devia, primeiro, adquirir experiência no trabalho com pais e crianças comuns, em seu contexto familiar e local. Essas crianças, em sua maioria, podiam ser ajudadas, evitando-se que sofressem maior deterioração psiquiátrica, ao passo que as crianças que haviam entrado na delinqüência necessitavam de mais do que mera assistência clínica. Apresentavam um problema de cuidados e manutenção.

Quando eclodiu a guerra, Winnicott não pôde continuar evitando a questão da delinqüência e assumiu deliberadamente a Consultoria de Evacuação sabendo o que o esperava, e que toda uma nova gama de experiências teria de ser enfrentada. Sua experiência clínica teria de ser ampliada para incluir aspectos de cuidados e manutenção.

Pouco depois do início do plano de área para a qual Winnicott fora nomeado, juntei-me à sua equipe como assistente social psiquiátrica e administradora dos cinco "lares" para crianças que eram perturbadas demais para serem colocadas em casas de famílias comuns. Percebi que a minha primeira tarefa era tentar criar um método de trabalho para que todos nós, inclusive Winnicott, pudéssemos aproveitar ao máximo suas visitas semanais. Os membros da equipe que viviam nos "lares" recebiam o impacto pleno da confusão e desespero das crianças e dos problemas de comportamento resultantes. Pediam para serem instruídos sobre *o que fazer* e freqüentemente solicitavam, desesperados, ajuda sob a forma de instruções precisas. Levou tempo para aceitarem o fato de que Winnicott não assumiria – e, de fato, não poderia assumir – esse papel, uma vez que não estava, como eles, permanentemente disponível e envolvido nas situações da vida cotidiana. Gradualmente, foi reconhecido que todos nós devíamos assumir a responsabilidade por fazer o melhor que pudéssemos com cada criança nas situações que surgiam no dia-a-dia. Depois refletíamos sobre o que fora feito e discutíamos os casos com Winnicott, com a maior franqueza possível, quando ele nos visitava. Acabou sendo uma boa forma de trabalho, e a única possível naquelas circunstâncias. Essas sessões eram o ponto alto da semana e constituíam inestimáveis experiências de aprendizagem para todos nós, inclusive para Winnicott, que mantinha um registro cuidadoso da situação de cada criança, e dos estresses infligidos aos membros da equipe. Seus comentários eram quase sempre em forma de perguntas que ampliavam a discussão e nunca violavam a vulnerabilidade de cada membro. Após essas sessões, Winnicott e eu tentávamos chegar a uma conclusão sobre o que se passava, com base na grande quantidade de detalhes que nos eram fornecidos, e elaborávamos algumas teorias provisórias a respeito. Era uma tarefa totalmente absorvente porque, mal uma teoria tinha sido formulada, já tinha que ser abandonada ou modificada. Além disso, o exercício era essencial para mim, porque durante a semana eu era usada como caixa de ressonância pelos encarregados da administração dos "lares", e como suporte a qualquer momento em que ocorressem situações difíceis. Minha função, portanto, implicava alertar o administrador responsável pelo plano quando era necessário assumir riscos que podiam levar ao desastre, e informar Winnicott sobre o que estava acontecendo.

Não há dúvida de que trabalhar com crianças desapossadas deu uma dimensão inteiramente nova ao pensamento de Winnicott e à sua prática, e afetou seus conceitos básicos sobre crescimento e desenvolvimento emocionais. Cedo suas teorias sobre as pulsões que estão por trás da tendência anti-social começaram a tomar forma e a ser expressas. Seu pensamento influiu sobre aquilo que, na realidade, ocorria nos "lares" e sobre o modo como as crianças eram tratadas por cada membro da equipe, e os resultados eram sempre cuidadosamente anotados por Winnicott. Os cadernos de notas referentes aos "lares" ainda existem e mostram o cuidado de suas observações e a atenção que dava aos detalhes. Gradualmente, novas abordagens e atitudes foram sendo estabelecidas, e tentativas foram sendo feitas para se chegar à inocência que estava por trás das defesas e dos atos delinqüentes. Não houve milagres mas, na medida em que as crises eram enfrentadas, que se conseguia *passar por elas* em vez de *reagir a elas*, era possível aliviar a tensão e renovar a confiança e a esperança.

Afinal eu acabei me tornando a pessoa que integrava o trabalho desenvolvido, por ser quem tinha condições de estar em contato diário com o pessoal e as crianças nos "lares". Também considerei essencial manter comunicações abertas e o mais claras possível entre todos os envolvidos no plano, membros da comissão, administradores das autarquias locais, pais das crianças e órgãos públicos envolvidos. Desse modo, um amplo setor do público mantinha-se informado sobre o efeito da separação e perda sobre as crianças, e sobre a natureza complexa da tarefa de ajudá-las. Foi a divulgação desse tipo de conhecimento diretamente das áreas de evacuação para todo o país que finalmente propiciou o impulso para o estabelecimento de uma comissão estatutária de inquérito sobre assistência a crianças separadas de seus pais (a Comissão Curtis), e acabou levando a um evento decisivo da história social do país: o *Children Act*, de 1948. Winnicott e eu prestamos depoimentos escritos e orais à Comissão Curtis.

Quanto ao próprio trabalho, Winnicott era a pessoa que o fazia funcionar. Era a figura central que reunia e integrava as experiências de todos nós, e lhes imprimia um sentido e um significado, ajudando assim os membros da equipe que viviam com as crianças a manterem sua sanidade no mundo subjetivo e bizarro das crianças, em que viviam por longos períodos de cada vez. Para nós, uma das lições importantes da experiência como um todo foi de que atitudes não podem ser ensinadas com palavras, não podem ser "captadas" unicamente por assimilação em relações vivas.

Têm-me perguntado com freqüência: "Como era trabalhar com Winnicott?" Sempre evitei responder, mas acho que diria algo assim: era estar numa situação de completa reciprocidade, em que dar e receber não se distinguiam, em que os papéis e responsabilidades eram pontos pacíficos e jamais disputados. Nisso se baseava a segurança e liberdade necessárias para que o trabalho criativo emergisse do caos e da devastação da guerra. E emergiram em muitos níveis, proporcionando satisfação a todos nós que participamos nesse trabalho. Descobrimos novas dimensões em nós mesmos e nos outros. As nossas potencialidades foram realizadas e levadas ao seu limite, de modo que novas capacidades surgiram. Trabalhar com Winnicott era isso.

Os artigos incluídos nesta coletânea apresentam-se numa seqüência natural, começando pelos que foram escritos sob a pressão do envolvimento clínico de Winnicott na guerra e descrevem os efeitos da destituição, tal como ele os vivenciou. Seguem-se artigos que refletem suas idéias sobre a natureza e as origens da tendência anti-social. A terceira seção é dedicada ao tipo de disposições sociais necessárias ao tratamento de crianças delinqüentes; e, finalmente, apresentam-se três artigos sobre terapia individual e seu uso no trabalho com crianças que sofreram privação.

Embora estes escritos sejam de interesse histórico, não pertencem à história mas ao encontro onipresente entre os elementos anti-sociais na sociedade e as forças da saúde e da sanidade que se organizam para corrigir e recuperar o que se perdeu. A complexidade desse encontro é inestimável. O ponto de interação entre os que prestam e os que recebem cuidados é sempre o foco para a terapia neste campo de trabalho, e requer atenção e apoio constantes dos especialistas envolvidos, bem como o suporte esclarecido dos administradores responsáveis. Hoje, como sempre, a questão prática é como manter um ambiente que seja suficientemente humano, e suficientemente forte, para conter os que prestam assistência e os destituídos e delinqüentes, que necessitam desesperadamente de cuidados e pertencimento, mas fazem o possível para destruí-los quando os encontram.

Primeira Parte
**Crianças sob estresse:
experiência em tempo de guerra**

Introdução dos organizadores da obra

Os distúrbios de comportamento, ou o que Winnicott designou freqüentemente por distúrbios de caráter, foram por ele considerados como as manifestações clínicas da tendência anti-social. Variam desde a gula e a enurese noturna, num extremo da escala, até as perversões e todos os tipos de psicopatias (exceto a lesão cerebral), no outro extremo. A atribuição das origens da tendência anti-social à privação mais ou menos específica durante a infância do indivíduo deu toda uma nova dimensão à teoria de desenvolvimento emocional de Winnicott – a teoria que ele próprio descreveu como a espinha dorsal de seu trabalho docente e clínico.

A Segunda Guerra Mundial, para Winnicott, foi um divisor de águas sob muitos aspectos, mas talvez em nenhum tenha sido mais evidente do que na ampliação e florescimento de sua teoria do desenvolvimento em algo verdadeiramente original e verdadeiramente seu. Pouca dúvida pode haver de que o seu contato, durante a guerra, com crianças desapossadas contribuiu muito para isso.

Até essa época, a teoria psicanalítica tinha, de modo geral, atribuído a delinqüência e a criminalidade à ansiedade ou culpa resultante de inevitável ambivalência inconsciente: quer dizer, eram consideradas como fruto do conflito surgido quando o ódio (e, portanto, o desejo de destruir) se dirige contra uma pessoa amada e necessária. A idéia básica era de que quando a culpa se acumula e não encontra saída na sublimação ou reparação, algo tem que ser feito, ou atuado (*acted out*), para que o indivíduo se sinta culpado disso. Em outras palavras, a etiologia da delinqüência era vista principalmente em termos da luta que se trava no mundo interior, ou psique, do indivíduo.

Quando, na década de 1920, Winnicott começou a usar a teoria psicanalítica para ajudá-lo nos casos que apareciam em sua clínica pediátrica, e mais tarde a escrever sobre esses casos, deixou bem claro acreditar que muitos sintomas de infantilidade, incluindo os distúrbios de comportamento, tinham sua origem nesses conflitos inconscientes. Não obstante, embora sem dúvida aqui se enfatizasse *de fato* o mundo interior da criança, é interessante notar que em fragmentos de histórias de casos com que ilustrava suas conferências e artigos, Winnicott parecia, com freqüência, considerar decisivo um fator ambiental. Um exemplo é Veronica, que com ano e meio passou a "molhar a cama" todas as noites, depois de sua mãe ter passado um mês no hospital; ou Ellen, que cometia roubos na escola e cuja família se desfez quando ela tinha um ano; e Francis, cujos episódios violentos estavam ligados à depressão de sua mãe. Percebe-se o senso comum subjacente ao relato dessas histórias – o conhecimento comum, que se estende ao longo da história, da necessidade de um ambiente seguro e estável durante a infância.

Durante alguns anos antes da guerra, John Bowlby, outro psicanalista, tivera também a oportunidade de estudar os antecedentes de crianças perturbadas, encaminhadas à Child Guidance Clinic [Clínica de Orientação Infantil] onde ele trabalhava. Num estudo formal de 150 crianças com vários problemas, ele descobrira um vínculo direto entre roubo e privação – em particular a separação da mãe nos primeiros anos da infância[1]. Isso é discutido na carta que inicia esta seção.

Assim, o caminho estava preparado, por assim dizer, para as experiências de Winnicott durante a guerra, as quais, como descreveu Clare Winnicott na Introdução deste livro, evidenciaram

---

1. J. Bowlby, "The Influence of Early Environment in the Development of Neurosis and Neurotic Character", no *International Journal of Psycho-Analysis*, 21, 1940.

de maneira quase esmagadora o vínculo entre privação e delinqüência. Winnicott, entretanto, nunca perdeu de vista a compreensão mais profunda desses problemas, possibilitada pela psicanálise. Entre outras razões, algo era (e é) certamente necessário para dar nexo à aparente irracionalidade do comportamento delinqüente, à sua rigidez de padrões e à sua compulsividade, que pode fazer com que o perpetrador pareça louco até a seus próprios olhos. Assim, a teoria psicanalítica uniu-se à observação e à experiência prática, e emergiu nos enunciados que encontraremos na segunda parte deste volume.

A Primeira Parte trata das experiências de Winnicott na guerra e começa com a carta já mencionada, escrita por Bowlby, Winnicott e Emanuel Miller, assinalando os perigos da evacuação das cidades de crianças com menos de cinco anos. Segue-se um artigo intitulado "Crianças e suas mães" (1940), mostrando os efeitos da separação do ambiente familiar e da mãe em duas dessas crianças evacuadas. O segundo capítulo é a resenha de um livro que contém um levantamento estatístico dos problemas de crianças evacuadas para Cambridge, sob a responsabilidade de professoras primárias, escrito em 1941. Nessa altura, Winnicott passara a considerar a evacuação, como um todo, como uma "história de tragédias", embora elogiasse muito as professoras que tinham de cuidar das crianças. Mais uma vez, o trabalho de Bowlby fornece a classificação de anormalidades que orientou a pesquisa.

Esses três artigos têm em comum um ponto de vista que adquiriu, subseqüentemente, ampla aceitação entre profissionais, a saber: quando é sofrida uma perda, *será de esperar* uma indicação manifesta de aflição e, quando tal reação não ocorre, pode haver um distúrbio de tipo mais profundo. A carta chama a atenção para o valor da capacidade de luto – que é a reação madura à perda. (O processo de luto é descrito no artigo intitulado "A psicologia da separação", na Segunda Parte.) É claro, porém, que a *Cambridge Education Survey* encontrou outras reações, menos maduras, incluindo um certo grau de comportamento anti-social, não raro entre crianças em idade escolar. Quando Winnicott, em 1945, fez suas palestras radiofônicas para pais e pais adotivos ("A criança evacuada" e "De novo em casa"), já foi possível discernir que ele atribuía um valor psicológico positivo ao comportamento anti-social em crianças, como uma reação tanto à perda de pessoas que são amadas quanto à perda de segurança, desde que isso fundamentasse uma resposta pessoal adequada por parte daqueles que as têm a seu cargo. Essa idéia está no âmago da teoria da tendência anti-social, de Winnicott, e também era inerente a todo o seu trabalho clínico, pois sustentava que o indivíduo que sofre é o que mais facilmente pode ser ajudado.

Exceto os dois primeiros capítulos, o restante da Primeira Parte consiste em palestras que originalmente formavam uma seção do livro de Winnicott, *The Child and the Outside World* (A criança e o mundo externo), esgotado há muito tempo. A seção intitulava-se "Children under stress" (Crianças sob estresse), e mantivemos aqui esse título. Começa com uma palestra para professores sobre como o fato de ouvir os boletins de guerra afeta crianças de diferentes idades e tipos, e podemos ver aí a insistência de Winnicott em que o mundo interior de cada criança precisa ser levado em conta. Seguem-se quatro palestras radiofônicas, transmitidas pela BBC, sobre a evacuação: a primeira, proferida em 1939, sobre a dor da mãe por perder o filho pequeno e suas apreensões sobre o que a criança estará vivendo longe de casa; a segunda, de 1945, para pais adotivos, a respeito do papel essencial que desempenharam na evacuação (essa foi, na verdade, a única vez em que Winnicott se dirigiu especificamente a pais adotivos); e as outras duas, também de 1945, dedicada aos pais, e sobre eles, abordando os problemas e as alegrias diante do regresso dos filhos para casa. Talvez seja especialmente nessas palestras radiofônicas, com sua linguagem clara e vibrante, que se revela a profundidade da compreensão que Winnicott tem dos sentimentos dos envolvidos em separações dolorosas. Os sentimentos não só são compreendidos como também respeitados, de um modo que deve ter proporcionado alívio a muitos de seus ouvintes.

Temos finalmente dois artigos, um escrito em 1947 e outro em 1949 sobre o desenvolvimento de "lares" ou alojamentos para as crianças cuja manutenção apresentava problemas maiores, que um lar adotivo não poderia comportar. Verificou-se que estas eram crianças que já haviam sofrido privação antes de serem evacuadas. O primeiro desses artigos conta a história fascinante do desenvolvimento do programa de "lares", em decorrência de uma necessidade tão urgente, que houve uma determinação obstinada em satisfazê-la. É, em linhas gerais, a história de um sucesso – embora os sucessos em tais empreendimentos sejam sempre necessariamente relativos – e deverá interessar a todos aqueles que têm contato com algum dos muitos "lares" criados desde a guerra para satisfazer a uma grande variedade de necessidades. O último artigo recomenda com insistência que o programa de "lares" desenvolvido durante a guerra continue tendo lugar em tempos de paz, no tratamento de crianças difíceis.

1. Evacuação de crianças pequenas

CARTA AO *BRITISH MEDICAL JOURNAL*
(16 de dezembro de 1939)

Senhor: A evacuação de crianças pequenas, entre 2 e 5 anos de idade, envolve sérios problemas psicológicos. Tem-se pensado em planos de evacuação, e antes que se completem desejamos chamar a atenção para esses problemas.

A interferência na vida de uma criança pequena implica perigos que quase não existem no caso de crianças mais velhas. A evacuação de crianças mais velhas tem sido suficientemente bem-sucedida para mostrar, se já não se soubesse antes, que muitas crianças acima dos 5 anos podem suportar a separação do lar e até beneficiar-se disso. Disso não se pode concluir que a evacuação de crianças menores, sem suas mães, possa ter o mesmo êxito ou seja isenta de perigo.

Entre as muitas pesquisas realizadas sobre o assunto, podemos citar uma investigação recente levada a efeito por um de nós, na Child Guidance Clinic de Londres. Ela mostrou que um importante fator externo na causação de delinqüência persistente é a separação prolongada de uma criança pequena de sua mãe. Mais de metade de uma série estatisticamente válida de casos investigados sofrera separação da mãe e do ambiente familiar por períodos de seis meses ou mais, durante os primeiros cinco anos de vida. O estudo de histórias de casos confirmou a inferência estatística de que a separação, nesses casos, foi um fator etiológico notável. Além da anormalidade flagrante representada pela delinqüência crônica, também distúrbios moderados de comportamento, ansiedade e tendência para doença física indefinida podem ser freqüentemente atribuídos a tais perturbações do meio ambiente da criança pequena, e a maioria das mães reconhecem isso, na medida em que se mostram relutantes em deixar os filhos por mais do que períodos muito curtos.

É bem possível, para uma criança de qualquer idade, sentir-se triste ou perturbada ao ter que deixar o lar, mas o que desejamos sublinhar é que, no caso de uma criança menor, essa experiência pode significar muito mais do que a experiência real de tristeza. Pode, de fato, equivaler a um *blackout* emocional e levar facilmente a um distúrbio grave do desenvolvimento da personalidade, distúrbio esse que poderá persistir por toda a vida. (Órfãos e crianças sem lar iniciam suas vidas como tragédias, e não estamos tratando dos problemas de sua evacuação nesta carta.)

Esses pontos de vista são freqüentemente contestados por assistentes em creches diurnas e alojamentos ou "lares" para crianças, que falam do modo extraordinário como crianças pequenas se acostumam a uma nova pessoa e parecem muito felizes, ao passo que outras, um pouco mais velhas, com freqüência mostram sinais de aflição. Isso pode ser verdade mas, em nossa opinião, essa felicidade pode facilmente ser ilusória. Apesar dela, é freqüente as crianças não reconhecerem suas mães, ao voltarem para casa. Quando isso ocorre, verifica-se que houve um dano radical e o caráter da criança foi seriamente deformado. A capacidade para sentir e expressar tristeza marca um estágio no desenvolvimento da personalidade e da capacidade de uma criança para estabelecer relações sociais.

Se estas opiniões estão corretas, segue-se que a evacuação de crianças pequenas sem suas mães pode conduzir a distúrbio psicológico sério e de amplo alcance. Por exemplo, pode levar a um grande aumento da delinqüência juvenil na próxima década.

Muito mais pode ser dito a respeito desse problema, com base em fatos conhecidos. Por meio desta carta desejamos apenas

chamar a atenção daqueles que estão investidos de autoridade para a existência do problema.
Subscrevemo-nos, etc.

John Bowlby
Emanuel Miller
D. W. Winnicott

Londres W1

CRIANÇAS E SUAS MÃES
(Escrito para *The New Era in Home and School*, 1940)

Numa carta de uma funcionária pública que muito tem feito por crianças pequenas, encontro este trecho: "... a partir de 15 anos de experiência, estou convicta de que, para crianças de 2 a 5 anos, as escolas maternais com professoras adequadamente treinadas – e em número suficiente – são muito preferíveis a que a criança esteja com sua mãe... dos 2 aos 5 anos elas necessitam de cuidados e companhia, e a maioria das mães pode dar em excesso uma coisa ou outra, ou ambas..." Será isso verdade?

Nunca será demais estudar em profundidade a questão das relações entre a criança e a mãe, e os problemas relacionados com a evacuação podem ser utilizados com proveito na medida em que nos forçam a um estudo ainda mais acurado e minucioso.

O assunto é amplo, mas certos fatos se destacam com muita clareza; um deles é que quanto menor for a criança, maior será o perigo de separá-la de sua mãe.

Existem duas maneiras de enunciar isso, as quais, à primeira vista, parecem muito diferentes uma da outra. Uma é: quanto mais jovem for a criança, menor será sua capacidade para manter viva em si mesma a idéia de uma pessoa; quer dizer, se ela não vir uma pessoa, ou não tiver provas tangíveis de sua existência em x minutos, horas ou dias, essa pessoa estará morta para ela.

Um menino de 18 meses só era capaz de tolerar a ausência do pai porque podia pegar um postal que o pai lhe enviara, no qual tinha escrito algum sinal familiar, e o menino chorava agarrado ao postal, todas as noites, até cair no sono. Alguns meses antes nem isso poderia ter feito, e o pai, ao regressar, teria sido como alguém que ressuscita dentre os mortos.

A outra maneira de dizer isso nada tem a ver com a idade, mas sim com a depressão. Pessoas depressivas de qualquer idade têm dificuldade em manter viva a idéia daqueles a quem amam, talvez até quando estão vivendo com eles no mesmo quarto. Seria desnecessário tentar aqui ligar essas duas maneiras de expressar a mesma coisa.

Pais não instruídos podem reconhecer intuitivamente a importância dessa e de outras qualidades humanas semelhantes; no entanto, autoridades responsáveis por algo tão grande como a evacuação de crianças são capazes de negligenciá-las.

Escreve um pai comum, da classe trabalhadora:

> "Estou respondendo em nome de minha mulher à sua carta de 4 de dezembro.
>
> Ela foi evacuada para Carpenders Park com John (de 5 anos) e seu irmão caçula, Philip. Diz ela que John parece estar muito feliz e saudável.
>
> Vejo-os todos os fins de semana e John parecia inteiramente satisfeito até recentemente. Agora insiste em querer ver a avó, isto é, minha mãe. Ela foi evacuada para Dorset mas poderá regressar num futuro próximo. Prometi-lhe que veria a avó, se e quando ela regressasse..."

Eis as anotações de uma consulta hospitalar, datada de 12 de dezembro, durante a qual se apresenta a opinião expressa de uma mãe londrina da classe trabalhadora.

Tony Banks: Idade, 4 anos e 6 meses.

> A sra. Banks trouxe Tony e sua irmã Anne, de 3 anos, mostrando-se satisfeita por eu ainda estar disposto a compartilhar com ela a responsabilidade por decisões, apesar de o hospital ter fechado. A principal decisão, no momento, é a respeito da evacuação. Ela e as duas crianças foram para Northampton ao eclodir a guerra. Sentiam-se infelizes, num pequeno aloja-

mento, onde tinham que dormir os três na mesma cama. Nessa cidade não tinham muito mais do que em casa e sentiam ter todas as desvantagens da evacuação e nenhuma de suas vantagens. Após 15 dias, mudaram para um alojamento mais satisfatório, só que Tony fica na cama com a mãe. Anne tem seu próprio berço. Quando o pai os visita, dorme na cama com a mulher e o filho.

A família Banks é muito feliz. O pai e os filhos se gostam muito. O sr. Banks teve uma infância feliz, filho único de uma mãe muito afetuosa. A sra. Banks tinha cinco irmãos e sua infância foi bastante feliz, só que teve um pai muito rigoroso. Acha que realmente só soube o que era a verdadeira felicidade depois de casar, quando passou a se dedicar totalmente ao marido e aos filhos.

Sente que este é um período importante de sua vida, pois as crianças são pequenas e respondem muito a cada detalhe dos cuidados que recebem. O seu problema, portanto, é evitar perder o que ela acha o melhor da vida, por medo de algo que talvez nunca aconteça. Considera que seria lógico sair de Londres por alguns meses, mas não por três anos. Ela e o marido têm necessidade um do outro, tanto do ponto de vista sexual quanto da amizade, e o sr. Banks visita-os todos os fins de semana, embora em razão disso lhe sobre exatamente um xelim do salário para seus gastos pessoais: não bebe nem fuma, e não se sente infeliz por isso. A sra. Banks diz que é preciso ele ir vê-los uma vez por semana *porque as crianças são pequenas e se o pai ficar fora por mais tempo elas se impacientam ou, pior ainda, esquecem.* Certa vez, o sr. Banks teve de entrar depressa no trem e Tony disse: "Papai não me acariciou bastante antes de ir embora", e começou a chorar sentido. O sr. Banks também fica perturbado se não vê a família regularmente.

As crianças fazem muitas perguntas: "Onde está Nanny?" (é a avó materna), "Onde está Auntie?" (a titia), de modo que a sra. Banks decidiu levá-los para visitar os parentes durante uma semana. Deu certo, mas a sra. Banks acha que, se tivesse demorado mais para fazê-lo, as crianças teriam ficado confusas e não teriam sido capazes de refazer os contatos satisfatoriamente. Todos estarão de volta ao alojamento, por solicitação especial, para passar juntos o Natal, mas ela acha provável que logo depois do Natal, ponderadas todas as coisas, decidam voltar para casa. O alojamento é, obviamente, quase ideal, mas a sra. Banks diz que, por mais perto que esteja do ideal, não é a mesma coisa que o próprio lar.

Quando a interroguei a respeito de Tony e do fato de ele dormir na cama com os pais quando o sr. Banks os visitava, ela disse, primeiro, que Tony está sempre dormindo e nunca testemunha coisa alguma. Diz que antes sempre o testa, falando com ele e assegurando-se de que está profundamente adormecido. Depois, a sra. Banks disse que, certa vez, ele acordou – seu pai deve tê-lo cutucado – e perguntou: "Mamãe, por que o Papai está se mexendo para cima e para baixo?" e ela explicou: "Ora, ele está apenas esfregando as pernas porque está com muito frio." Então Tony adormeceu de novo. Mas, durante o dia, ele fez muitas perguntas, principalmente a respeito da guerra. Tony diz à irmã: "Fica quieta porque agora vêm as notícias", e depois insiste em ouvir o noticiário e faz perguntas à mãe a respeito dos pontos que não entende. Por exemplo, quando um navio afunda, como o pessoal do telégrafo fica sabendo que estão indo para o fundo? O telegrafista vai para o fundo com o navio? Esse interesse pelas notícias implica, é claro, que diariamente ele tenha informações sobre a morte de homens, e sem dúvida a mãe tem razão quando liga o interesse dele pelas notícias ao interesse pelas relações sexuais com que é obrigado a lidar, pelo menos em sua fantasia, e talvez conscientemente.

Ao progresso de Tony no que se refere ao desenvolvimento intelectual corresponde sua inabilidade para vestir-se: é incapaz de fechar os botões da calça ou de amarrar os sapatos, e não consegue abrir a porta do banheiro. Também é muito lento para comer, não só para pôr a comida na boca como também para terminar de mastigar. É daquelas crianças que retêm a comida na boca, mascando-a; às vezes, a mãe acaba tendo de lhe tirar um pedaço de carne da boca, depois de ele ter ficado mastigando uma hora ou mais.

Tony e a irmã são felizes juntos, e não querem nem ouvir falar em se separarem. Brigam quando estão sozinhos, suas brincadeiras são imaginativas mas tendem a girar em torno de assuntos concretos do dia-a-dia, como ambulâncias e abrigos antiaéreos. Brincam de médico e mãe, imitam famílias tomando chá, e seu jogo predileto é de médico e enfermeira, do que Tony é capaz de ficar brincando horas a fio, com evidente satisfação.

O pai considera sua função tirar as crianças das mãos da mãe aos domingos. É um divertimento que todos aguardam com impaciência. O sr. Banks é ótimo com os filhos, leva-os para dar longos passeios a pé, que eles preferem a andar de ônibus, consulta-os sobre onde querem ir e o que querem ver, e fica claramente à vontade com crianças.

Esse menino tem vindo ao meu departamento no hospital desde os três anos de idade. Tudo estava bem com ele até que a irmã nasceu (Tony tinha 18 meses de idade). Tornou-se então violentamente ciumento, sobretudo quando a mãe amamentava o bebê. Corria para a mãe, puxava-a pela saia e tentava conseguir o peito para ele, ou ficava rondando por perto, furioso, quando a mãe mudava as fraldas do bebê ou preparava o berço. Esse ciúme do novo bebê converteu-se lentamente em amor pela irmãzinha e em prazer por brincar com ela. Quando tinha dois anos, Tony sofreu uma crise de diarréia. O segundo grande evento em sua vida foi a difteria, contraída quando estava perto dos três anos. Pouco depois disso ele desenvolveu a inibição alimentar que persiste até hoje, embora quando bebê fosse alegre e guloso. Desenvolveu suscetibilidade a uma depressão bem definida. A assistente social, em visita domiciliar, apurou que ele fora muito bem tratado quando bebê, embora não a um grau anormal, e que quando a irmã nasceu o pai encarregou-se dele enquanto a mãe se dedicava exclusivamente ao novo bebê. Tony atualmente apresenta boa saúde física.

O dano causado pela separação da criança e da mãe é ilustrado pelo seguinte caso:

Eddie, de 21 meses de idade, é o primeiro e único filho de pais de inteligência comum. O pai é homem de negócios e a mãe, até se casar, era instrumentista profissional.

Eddie tinha 18 meses quando dormiu pela primeira vez no mesmo quarto que os pais, enquanto viajava de férias com eles.

Não adormecia se a mãe não o mimasse. Depois que o colocavam na cama dele, às 10 horas, choramingava um pouco mas adormecia com razoável facilidade. Uma vez ou outra, durante essas férias, tinha que ser ninado, por estar excitado demais e não conseguir dormir. Isso foi considerado incomum e atribuído ao fato de estar o dia inteiro com o pai, de quem gostava muito. Nessa fase, nunca houve nenhuma dificuldade em aquietá-lo; só se assinalou que ele tinha de ser aquietado.

Depois dessas férias, a família voltou para casa. Mas, depois de uma semana começou a guerra, de modo que Eddie foi com a mãe para a casa da avó materna e o pai ficou sozinho em Londres, cuidando de sua vida. Eddie dormia no quarto da mãe. Nessa fase, ele começou a necessitar de mais assistência e de mais carinho, parecendo desorientado pela perturbação na vida de seus pais, mas não havia grande dificuldade para tranqüilizá-lo. Depois de dez dias, acharam que ele conhecia suficientemente bem a avó para ser deixado aos cuidados dela, de modo que a mãe voltou para casa para cuidar do marido e, por uma razão ou outra, ficou ausente por um mês. Recebeu então uma carta dizendo que a criança não estava passando bem, que os dentes estavam nascendo, enfim, estava adoentada. A mãe viajou logo e encontrou Eddie febril e com as gengivas inflamadas e doloridas. Os últimos quatro dentes de leite estavam nascendo. Ela estranhou que o filho estivesse tão transtornado com isso, pois nunca tinha ficado nesse estado quando os outros dentes nasceram. O que mais impressionou a mãe foi que, *quando chegou, a criança não a conheceu*. Isso foi aflitivo para o filho e um tremendo choque para a mãe, mas ela esperou pacientemente e, pela manhã, foi recompensada quando Eddie conseguiu reconhecê-la. Ao mesmo tempo, a saúde física dele melhorou muito. Eddie voltou a dormir bem; também mostrava prazer em conversar muito com a mãe, à sua maneira. Parecia que seu estado mudara ao ser capaz de reconhecê-la, de modo que era difícil acreditar que sua doença tivesse sido puramente física. Três ou quatro dias depois estava perfeitamente bem e feliz, e viajou para casa. Quando chegou, não pôde ficar logo no seu próprio quarto, pois um amigo da família estava ocupando. Então dormiu no quarto dos pais.

Reconheceu o pai imediatamente e sabia onde estava, olhando em volta para todos os cantos conhecidos com gritos de alegria e prazer. Estava muito feliz por se encontrar em casa e dormiu bem na primeira noite. Na noite seguinte dormiu menos bem e sua insônia foi aumentando gradualmente até converter-se num sério sintoma. Após uma semana regressou ao seu próprio quarto, de que ele gostava muito, e por três noites seguidas dormiu bem mas, depois, a insônia recomeçou, e esse sintoma chegou a tal ponto que, finalmente, a mãe veio consultar-me. Eddie era capaz de ficar de pé, gritando, quatro horas a fio, e os gritos passavam da ira ao terror e do terror ao desespero. A mãe, que é sensível e carinhosa, reconheceu que alguma coisa tinha que ser feita, pois não se tratava, evidentemente, de uma questão de birra ou de mau humor. A única maneira que ela encontrava era aconchegá-lo e embalá-lo até ele dormir; mas, mesmo que o deixasse profundamente adormecido, *assim que ela se levantava, Eddie acordava e recomeçava a chorar e a gritar, antes que a mãe chegasse à porta do quarto.* De nada adiantava ser firme ou explicar que estava tudo bem. Quando a mãe, na determinação de não ser dominada, enfrentou com sua própria obstinação a do filho, o resultado final foi a exaustão de ambos os lados, sem qualquer melhoria na situação quando ambos se recuperaram. Como a mãe se recusou a ceder aos gritos do filho, ele passou a chamar o pai, uma vez perdida a esperança de ser atendido pela mãe. Meia hora depois ela decidiu entrar, e encontrou Eddie num estado horrível, congestionado, molhado de urina e sujo de fezes. Isso tudo se converteu em soluços, até ele se afundar nos braços da mãe e adormecer extenuado. Consultaram um clínico geral, ele disse que era uma crise de dentição, e aconselhou aspirina. Por três noites, deu resultado, mas depois o sofrimento recomeçou, só que pior ainda. Durante todo esse tempo Eddie mostrava-se feliz durante o dia, não cometia travessuras, era carinhoso, obediente e conseguia ficar brincando sozinho ou com os pais. Chegaram a uma conciliação: a mãe deixava-o dormir no carrinho de bebê, no quarto dos pais. Isso permitiu que ele ficasse lá, mas sem a implicação de permanência. A essa altura, a mãe estava num estado de indecisão e necessitando urgentemente de ajuda. Disse: "Mesmo que eu devesse, não poderia sempre me manter firme, porque as pessoas do apartamento de cima ficam muito preocupadas com os gritos." Havia urgência em solucionar o problema porque, dentro de um mês, a família ia mudar-se para uma casa num bairro afastado, e Eddie perderia não só o quarto que conhecia, mas também a mulher que ajudava nos afazeres domésticos – que o entendia muito bem mas que, nessa fase, era incapaz de proporcionar à criança um estado de espírito que permitisse à mãe sair do quarto quando ela adormecesse. A mãe disse estar desesperada, sentindo que todo o treinamento que fizera do filho tinha sido levado pelo vento. Se ela lhe dava um tapinha na cabeça e dizia "menino levado", ele também se dava um tapa, aparentemente para dizer que sabia disso e que ela não precisava ficar lembrando; e dera agora para ranger os dentes.

A investigação mostrou que não era fácil para Eddie reencontrar a mãe, visto que, na época da separação, ele a odiara, não sendo capaz de extrair da presença e do sorriso dela a certeza de que ela podia continuar viva e carinhosa, apesar do ódio dele.

O fato de o distúrbio ter sido resolvido com ajuda não altera o fato de que a criança não se recupera facilmente do trauma de separação de sua mãe.

Sem negar, de forma alguma, que o dano físico pode vitimar crianças em ataques aéreos, e sem minimizar o dano que pode resultar do fato de elas testemunharem o medo em adultos, ou destruições concretas à sua volta, é importante continuar apresentando o lugar-comum de que a unidade familiar é mais do que uma questão de conforto e conveniência. De fato, a unidade familiar proporciona uma segurança indispensável à criança pequena. A ausência dessa segurança terá efeitos sobre o desenvolvimento emocional e acarretará danos à personalidade e ao caráter.

2. *Resenha sobre* The Cambridge Evacuation Survey: a Wartime Study in Social Welfare and Education*

(Revisto por Susan Isaacs, 1941)

A evacuação tinha que ser feita. Numa tentativa equivocada de minorar os males inerentes ao exílio, muitos se empenharam em fazer parecer que a evacuação é realmente uma boa coisa, uma medida razoável, sensata, bastando haver guerra para que seja colocada em prática. Mas, para mim, a evacuação é uma história de tragédias; ou as crianças estão emocionalmente perturbadas, talvez além dos limites que permitiriam sua recuperação, ou então as crianças sentem-se felizes e são os pais que sofrem, com a implicação de que não são necessários nem mesmo aos seus próprios filhos. Para mim, o único êxito que o plano pode reivindicar é o de poder fracassar.

Entretanto, foi minha tarefa observar os fracassos e as tragédias, e um ponto de vista pessoal tem pouco valor. Em *The Cambridge Evacuation Survey* temos a opinião de uma equipe de pesquisadores que realizaram uma investigação sistemática *in loco* e no momento preciso, e esse livro definitivamente merece estudo. A opinião coletiva dos coordenadores e nove autores não é inteiramente pessimista, embora críticas intensas sejam apresentadas aqui e ali.

Este livro representa muita reflexão, trabalho, triagem e seleção. Abrange um período que vai desde a eclosão da guerra até o

---

* Pesquisa sobre a evacuação de Cambridge: um estudo em tempo de guerra, sobre bem-estar social e educação.

final do período que precedeu o início do bombardeio de cidades abertas. Depois disso, a reevacuação teria meramente complicado qualquer tentativa de investigação estatística. Neste livro, as estatísticas são utilizadas criteriosamente mas, de algum modo, nunca perdemos de vista as crianças, os pais, os pais adotivos e os professores como seres humanos totais. Essa deve ser a razão do interesse que tem despertado.

Algo do teor do livro pode ser captado através das seguintes citações:

"Esta é, portanto, a nossa conclusão mais ampla e mais geral, ou seja, que o primeiro grande plano de evacuação poderia ter sido um fracasso muito menor, um êxito muito maior, se tivesse sido elaborado com compreensão mais profunda da natureza humana, do modo como pais comuns e crianças comuns sentem e são suscetíveis de se comportar."

"Em especial, a força do vínculo familiar, por um lado, e a necessidade de compreensão especializada de cada criança, por outro, parecem ter permanecido completamente à margem do enfoque dos responsáveis pelo Plano." (p. 9.)

"...é absurdo não haver um serviço a que os indivíduos possam recorrer em busca de compreensão e ajuda". (p. 55.)

"Esta lição contundente sobre a ineficácia e o desperdício de uma abordagem parcial de uma grande questão humana, questão essa que por sua própria natureza afeta todos os aspectos da vida humana, de modo nenhum se aplica apenas à crise temporária de dispersão de populações urbanas durante uma guerra." (p. 11.)

O corpo do livro deve ser lido para ser apreciado, pois é escrito cuidadosamente e não se faria justiça às suas conclusões se fossem retiradas da torta e oferecidas como fruta fresca.

O capítulo "O que dizem as crianças" é esclarecedor e engraçado. Foi possível fazer uma investigação estatística com base nas respostas dadas a duas simples perguntas: Do que é que você gosta em Cambridge? Do que é que sente falta em Cambridge? Algumas vezes as respostas necessitam de interpretação, mas transmitem, de fato, o sentimento consciente.

Um médico poderá lamentar o fato de se ter considerado que sua profissão estava tão despreparada para o tipo de problema apresentado pela evacuação, que ninguém pensou em solicitar a ajuda de médicos, a não ser para o controle da saúde física através da profilaxia contra infecções e infestações. O peso da responsabilidade recaiu todo sobre os professores que, na medida em que as condições lhes permitiram, empreenderam com extraordinária eficiência a nova tarefa de cuidar das crianças como seres totais. Nessa pesquisa, aparece o nome de um médico, o dr. John Bowlby, que forneceu uma classificação de crianças em seis grupos definidos de anormalidade variável, classificação esta de grande utilidade para o trabalho:

(A) Crianças ansiosas, podendo ser deprimidas ou não; (B) Crianças "fechadas" em si mesmas, tendendo a afastar-se de todo e qualquer relacionamento com outras pessoas; (C) Crianças ciumentas e briguentas; (D) Crianças hiperativas e agressivas; (E) Crianças apresentando estados alternantes de exaltação e depressão; (F) Crianças delinqüentes.

As crianças foram classificadas de acordo com esses seis modos de reagir. Também foram classificadas segundo três graus de perturbação. O Grau I indica uma ligeira dificuldade, em alguns casos não muito mais do que mera tendência, a qual se corrigirá com tratamento razoável e compreensão no curso normal dos acontecimentos, no lar e na escola. O Grau II indica um desajustamento razoavelmente sério, que requer tratamento clínico, mas que deverá ceder mediante cuidados e atenção adequados. O Grau III indica um distúrbio emocional profundo, o qual, se não for tratado em suas fases iniciais, poderá redundar mais tarde em sério colapso.

A descrição que o dr. Bowlby faz das crianças incluídas nesses três grupos baseia-se obviamente na observação clínica e, portanto, é válida mesmo que a experiência leve a alterações.

Ainda há muito trabalho a se fazer com referência à evacuação e às perturbações no desenvolvimento emocional causadas por ela, e também quanto aos métodos que alguns usaram para obter benefícios genuínos e duradouros. Por exemplo, os sentimentos e fatores inconscientes não foram diretamente abordados nesse livro, embora sejam de grande importância – como, aliás, em todas as questões de relacionamento humano.

Este livro, entretanto, representa um tipo de trabalho necessário, porque é objetivo e isento de sentimentalismo, e temos de agradecer tal empreendimento à dra. Susan Isaacs e seus colegas.

O nome de Theodora Alcock deve ser mencionado, embora não figure na lista de autores, visto que a pesquisa foi fruto do Child Discussion Group, de *Miss* Alcock, o qual muitos de nós freqüentamos com prazer durante vários anos.

3. Crianças na guerra
(Escrito para Professores, 1940)

Para se compreender o efeito da guerra sobre crianças é necessário, em primeiro lugar, saber qual a capacidade das crianças para entender a guerra, as causas da guerra e as razões pelas quais justificamos a nossa luta. É claro, o que é verdade para um grupo etário não o é para outro. Isso pode ser óbvio, mas nem por isso deixa de ser importante, e tentarei pôr em palavras o que implica.

Também é importante a variação entre uma criança e outra, independentemente de diferenças de idade. Tentarei igualmente descrever esse aspecto da questão.

Variações de grupo etário

As crianças muito pequenas só são afetadas pela guerra indiretamente. O estrondo de canhões dificilmente as desperta do sono. Os piores efeitos provêm da separação das visões e cheiros familiares, e talvez da mãe, e da perda de contato com o pai, coisas que com freqüência não podem ser evitadas. No entanto, é provável que elas tenham com o corpo da mãe muito mais contato do que normalmente teriam e, às vezes, são obrigadas a conhecer o que a mãe sente quando está apavorada.

Logo, porém, as crianças começam a pensar e falar em termos de guerra. Em vez de falarem em termos das histórias de fadas que leram e releram, passam a usar o vocabulário corrente dos adultos que as cercam, e a mente infantil fica povoada de aviões, bombas e crateras.

A criança mais velha deixa a idade de sentimentos e idéias violentos, e ingressa num período de espera pela própria vida, um período que constitui o apogeu do professor, visto que, geralmente, uma criança entre 5 e 11 anos está ansiosa por ser ensinada e instruída sobre o que é aceito como certo e bom, e sobre o que deve ser repudiado como errado e mau. Nesse período, como sabemos, a violência *real* da guerra pode ser muito desgostosa, enquanto, ao mesmo tempo, a agressão se apresenta regularmente, no brinquedo e na fantasia, com colorações românticas. Muitos indivíduos nunca saem desse estágio de desenvolvimento emocional, e o resultado pode ser inofensivo, podendo até levar a realizações altamente bem-sucedidas. A guerra real, entretanto, perturba seriamente as vidas de adultos que se fixaram nela, e isso fornece a pista para aqueles que têm a seu cargo crianças que estão nesse período de "latência" do desenvolvimento emocional, e a quem cabe selecionar e ampliar o lado não-violento da guerra. Uma professora descreveu como isso pode ser feito através do uso dos noticiários de guerra nas aulas de geografia: tal cidade do Canadá é interessante por causa da evacuação, tal país é importante porque contém petróleo ou dispõe de boas instalações portuárias, tal outro país pode tornar-se importante na próxima semana porque é produtor de trigo ou fornece manganês. O lado violento da guerra não é enfatizado.

Uma criança dessa faixa etária não entende a idéia de uma luta pela liberdade e, de fato, pode-se esperar que veja grande virtude naquilo que se diz ser proporcionado por um regime fascista ou nazista, no qual alguém que é idealizado controla e dirige tudo. Isso é o que está acontecendo no íntimo da própria natureza da criança nessa idade, e essa criança poderia sentir e acreditar que liberdade significa licença, indisciplina ou anarquia.

Na maioria das escolas seria dada ênfase ao Império, as partes coloridas de vermelho nos mapas do mundo, e não é nada fácil mostrar por que as crianças no período de latência do desenvolvimento emocional não estariam autorizadas a idealizar (uma vez que precisam idealizar) seu próprio país e raça.

Pode-se esperar que uma criança de 8 ou 9 anos brinque de "ingleses e alemães" como variação do tema "*cowboys* e índios", ou "Oxford e Cambridge". Algumas crianças mostram preferência por um ou outro lado, mas isso pode variar de dia para dia, e muitas não dão grande importância a isso. Chega então a idade em que se espera, se a brincadeira for de "ingleses e alemães", que a criança prefira identificar-se com o seu próprio país. O professor sensato não precisa correr para descobrir isso.

A discussão do caso da criança de 12 anos ou mais torna-se complexa por causa dos grandes efeitos que resultam da demora da puberdade. Como eu disse, muitas pessoas retêm parcialmente as qualidades que pertencem ao chamado período de latência, ou retornam a essas qualidades após uma tentativa furtiva para atingir um desenvolvimento mais maduro. Quanto a elas, pode-se dizer que os mesmos princípios que são válidos para a latência real da criança também se aplicam, só que os toleramos com apreensão cada vez maior. Por exemplo, enquanto é perfeitamente normal uma criança de nove anos gostar de ser controlada e dirigida por uma autoridade idealizada, isso é muito menos saudável numa criança de 14 anos. Podemos freqüentemente observar uma predileção definida e consciente pelo regime nazista ou fascista por parte de uma criança que está no limiar e teme lançar-se na puberdade, e tal predileção deve ser obviamente tratada com simpatia, ou ser simpaticamente ignorada, mesmo por aqueles cujo julgamento mais maduro sobre questões políticas considera a admiração por um ditador uma coisa horrenda. Em certos casos, esse padrão se estabelece como alternativa permanente para a puberdade.

Afinal, o regime autoritário não brotou do nada; num certo sentido, é um modo de vida bem reconhecido que se encontra no grupo etário errado. Quando afirma ser maduro tem que suportar o teste da realidade, e isso revela claramente o fato de que a idealização da idéia autoritária é, em si mesma, uma indicação de algo não-ideal, algo a ser temido como um poder controlador, e diretivo. O observador consegue enxergar o funcionamento dessa má direção, mas o jovem adepto apenas sabe, presumivelmente, que está seguindo cegamente o caminho por onde seu líder idealizado o conduz.

As crianças que estão realmente se defrontando com a puberdade e as novas idéias que pertencem a esse período, que estão descobrindo uma nova capacidade para assumir a responsabilidade pessoal, e que começam a lidar com um maior potencial de destruição e construção, podem encontrar alguma ajuda na guerra e nos noticiários de guerra. O fato é que os adultos são mais honestos em tempo de guerra do que em tempo de paz. Mesmo aqueles que não conseguem reconhecer sua responsabilidade pessoal pela guerra mostram, em sua maioria, ser capazes de odiar e lutar. Até *The Times* está cheio de relatos que podem ser acompanhados como emocionantes histórias de aventuras. A BBC gosta de ligar a caçada aos hunos com o desjejum, almoço e chá dos pilotos, e as façanhas sobre Berlim são chamadas de piqueniques, embora cada proeza acarrete morte e destruição. Em tempo de guerra, somos todos tão maus e tão bons quanto o adolescente em seus sonhos, e isso lhe dá segurança. Nós, como grupo adulto, podemos recuperar a sanidade após um período de guerra, e o adolescente, como indivíduo, pode um dia tornar-se capaz de se dedicar facilmente às artes da paz, embora então já não seja um jovem.

É lícito esperar, portanto, que o adolescente goste dos boletins de guerra, tal como são divulgados para adultos, os quais ele pode aceitar ou rejeitar, conforme preferir. Poderá detestá-los mas, então, já saberá o que é que estamos tão ávidos por conhecer, e sua consciência fica clara quando descobre que ele próprio tem capacidade para desfrutar da guerra e da crueldade, tal como se apresentam em sua fantasia. Algo correspondente a isso poderia ser dito sobre as meninas adolescentes, e as diferenças entre meninos e meninas, quanto a esse aspecto, precisam muito ser esclarecidas.

Variações de acordo com o diagnóstico

Parece estranho usar a palavra diagnóstico na descrição de crianças presumivelmente normais, mas é uma palavra conveniente para enfatizar que as crianças diferem muito umas das outras, e que diferenças de acordo com o diagnóstico de tipos de caráter podem definir diferenças que pertencem à classificação por grupos etários.

Já indiquei isso ao assinalar o quanto se deve levar em conta numa idade como os 14 anos, se a criança mergulhou ou não nos perigos da puberdade, ou se recuou ou não deles para a posição mais segura, embora menos interessante, do período de latência. Neste ponto, estamos atingindo a fronteira da doença psicológica.

Sem tentar distinguir entre bem e mal, pode-se dizer que é possível, com freqüência, agrupar as crianças de acordo com a tendência ou dificuldade particular com que se debatem. Um caso óbvio seria a criança com uma tendência anti-social, para quem, seja qual for sua idade, as notícias de guerra tendem a tornar-se algo mais do que esperado, algo de que ela sentirá falta se não existir. De fato, as idéias de tais crianças são tão terríveis que não se atrevem a pensar nelas e preferem lidar com elas atuando (*acting out*) coisas que são menos ruins do que aquelas com que poderão sonhar. A alternativa é, para essas crianças, ouvirem a respeito das terríveis aventuras de outras pessoas. A história sensacional, o *thriller*, é para elas um soporífero, e o mesmo pode ser dito dos noticiários de guerra, se forem suficientemente lúgubres.

Num outro grupo está a criança tímida, que desenvolve facilmente uma forte tendência passivo-masoquista, ou que sofre de uma capacidade para sentir-se perseguida. Acho que essa criança se aflige com as notícias de guerra e com a própria idéia de guerra, em grande parte por causa de sua idéia fixa de que o bem perde, é derrotado. Sente-se derrotista. Em seus sonhos, o inimigo abate os compatriotas dela ou, pelo menos, a luta nunca termina, a vitória nunca acontece, e desenvolvem-se cada vez mais a crueldade e a destruição.

Num outro grupo está a criança que parece carregar nos ombros todo o peso do mundo, a criança que tende a sentir-se deprimida. Desse grupo saem aquelas que são capazes do mais valioso esforço construtivo, quer no sentido de cuidar das crianças mais novas, ou de produzir algo valioso sob uma ou outra forma de arte. Para essas crianças, a simples idéia de guerra é terrível, mas já a vivenciaram em seu próprio íntimo. Nenhum desespero é novo para elas, nem nenhuma esperança. Preocupam-se com a guerra tal como se preocupam com a separação de seus pais ou com a doença de uma avó. Sentem que deveriam ser capazes de corrigir tudo. Suponho que para essas crianças as notícias de guerra são terríveis quando são realmente más, e motivo de regozijo quando realmente animadoras. Só que haverá momentos em que o desespero ou a alegria quanto a seus problemas íntimos se manifestarão como humores, independentemente da situação do mundo real. Acho que essas crianças sofrem mais em decorrência da variabilidade no estado de espírito dos adultos do que dos caprichos da própria guerra. Enumerar aqui todos os tipos de caráter seria uma tarefa extensa demais – pois o que escrevi basta para mostrar como o diagnóstico da criança afeta o problema da apresentação de noticiários de guerra nas escolas.

Background *para as notícias*

Pelo que foi dito nestes dois primeiros itens, deve ter ficado claro que, ao se considerar esse problema, é preciso conhecer o mais possível as idéias e os sentimentos que a criança já tem naturalmente, e sobre os quais as notícias de guerra serão plantadas. Isso, lamentavelmente, complica bastante as coisas, mas nada pode alterar o fato de que a complexidade existe, de fato.

Todos sabemos que a criança está preocupada com um mundo pessoal, o qual só é consciente até certo limite, e requer uma dose considerável de manipulação. A criança lida com guerras pessoais que se travam em seu íntimo e, se seu procedimento exterior está de acordo com padrões civilizados, isso é apenas o resultado de uma luta intensa e constante. Quem esquece isso vê-se repetidamente tomado de perplexidade pelas evidências de colapso dessa superestrutura civilizada e pelas inesperadas reações veementes a eventos muito simples.

Imagina-se, às vezes, que as crianças não pensariam em guerra se esta não fosse inculcada em suas cabeças. Mas quem se der ao trabalho de descobrir o que se passa sob a superfície da mente de uma criança irá descobrir que ela já tem conhecimentos sobre cobiça, ódio e crueldade, sobre amor e remorso, sobre o impulso para fazer o bem e sobre a tristeza.

As crianças pequenas compreendem muito bem as palavras bom e mau, e não adianta dizer que, para elas, essas idéias estão apenas na fantasia, uma vez que, na verdade, seu mundo imaginário pode parecer-lhes bem mais real do que o mundo externo. Devo deixar claro, neste ponto, que estou falando da fantasia predominantemente inconsciente, e não de fantasiar ou devanear ou inventar histórias conscientemente elaboradas.

Só nos será possível chegarmos a entender as reações infantis à veiculação de notícias de guerra se estudarmos primeiro, ou pelo menos levarmos em conta o mundo interior imensamente rico de cada criança, o qual constitui o pano de fundo para tudo o que nele for pintado a partir do noticiário da realidade externa de hoje. À medida que a criança amadurece, torna-se mais apta a separar a realidade externa, ou compartilhada, de sua própria realidade pessoal interna, e a permitir que uma enriqueça a outra.

Só quando o professor realmente conhece a criança de um modo pessoal é que o terreno está preparado para se fazer o melhor uso da guerra e dos noticiários de guerra na educação. Como na prática o conhecimento que o professor pode ter de cada criança é limitado, um bom plano seria permitir às crianças que fizessem alguma outra coisa – que lessem ou jogassem dominó – ou que fossem dar um passeio enquanto a BBC estiver transmitindo as notícias da guerra.

Parece-me, portanto, que estas informações nos introduzem ao estudo de um problema imenso, e talvez a nossa primeira tarefa seja perceber e reconhecer justamente o quanto ele é imenso. O assunto certamente merece estudo, visto que, como tantos outros, nos leva muito além dos procedimentos educacionais cotidianos, atingindo as origens da própria guerra e os aspectos fundamentais do desenvolvimento emocional do ser humano.

4. A mãe separada do filho

(Baseado numa palestra radiofônica transmitida em 1939, na época da primeira evacuação)

Os pais são especialmente alertas para tudo o que se refere a cuidados com a criança. Para entender os problemas das mães de crianças que foram evacuadas, é necessário, antes de tudo, reconhecer que os sentimentos em geral para com as crianças não são iguais aos sentimentos especiais dos pais em relação aos seus próprios filhos.

Para muitos homens e mulheres, o que faz a vida valer a pena é a experiência da primeira década de vida conjugal, quando a família está sendo constituída e as crianças ainda estão necessitadas das contribuições que os pais podem dar à personalidade e ao caráter. Isso é verdadeiro de modo geral, mas é particularmente verdadeiro no caso daqueles que cuidam da casa eles mesmos, sem empregados domésticos e daqueles cuja posição econômica, ou padrão educacional, determina um limite à quantidade e qualidade dos interesses e distrações que lhes são acessíveis. Para esses pais, renunciar ao contato diário, de hora a hora, com os filhos pode ser uma séria provação.

Disse uma mãe: "Renunciaríamos aos nossos filhos por três meses, mas se tiver que ser por mais tempo, talvez até três anos, que sentido tem a vida?" E uma outra disse: "Tudo o que me resta agora para cuidar é o meu gato e a minha única distração é o *pub*." Estes são pedidos de ajuda que não deveriam ficar sem resposta.

A maioria das histórias sobre pais cujos filhos foram evacuados não leva em conta essa simples verdade. Por exemplo, já se disse que as mães estão tendo uma vida tão boa, livres para flertar, para ficar na cama até mais tarde, ir ao cinema ou trabalhar fora e ganhar dinheiro, que certamente não desejarão ter os filhos de novo a seu lado. Sem dúvida, existem casos a que esse comentário se aplica, mas para a grande maioria das mães isso não acontece; e quando esse comentário parece verdadeiro à primeira vista, não o é necessariamente num sentido mais profundo, pois é uma característica conhecida do ser humano tornar-se irreverente sob a ameaça de um sofrimento que não consegue tolerar.

Ninguém se atreveria a sugerir que dar à luz e criar filhos é um permanente mar de rosas, mas a maioria das pessoas não espera que a vida seja doce sem nenhum amargor; apenas reclamam que a parte amarga seja, em certa medida, de sua própria escolha.

A mãe que mora na cidade é solicitada, aconselhada e, de fato, pressionada a separar-se de seus filhos. Com freqüência, sente-se forçada a ceder, sendo incapaz de ver que a premência do pedido resulta da realidade do perigo de bombas. Uma mãe pode ser surpreendentemente sensível a críticas; tão poderoso é o sentimento latente de culpa a respeito da posse dos filhos (ou de qualquer coisa valiosa, a bem dizer), que a idéia de evacuação tende primeiro a tornar a mãe insegura e disposta a fazer o que mandarem, independentemente de seus próprios sentimentos. Quase podemos ouvi-la dizendo: "Sim, é claro, levem-nos, nunca fui realmente digna deles; os ataques aéreos não são o único perigo, é o meu próprio eu que não consegue lhes dar o lar que deveriam ter." Claro que ela não sente conscientemente tudo isso; sente-se apenas confusa e atordoada.

Por essa e outras razões, não se deve esperar que a condescendência inicial com o plano de evacuação dure por muito tempo. Finalmente, as mães recuperam-se do primeiro choque e, então, muita coisa terá que acontecer antes que a condescendência se converta em cooperação. Com o correr do tempo, a fantasia muda e a realidade gradualmente se define com toda a clareza.

Se tentarmos nos colocar no lugar da mãe, imediatamente faremos a pergunta: Por que, de fato, as crianças estão sendo subtraídas ao risco dos ataques aéreos, à custa de tanta inquietação e de tanto transtorno? Por que se pede aos pais que façam sacrifícios tão grandes?

Existem respostas alternativas.

Ou os pais realmente querem que seus filhos sejam levados para longe do perigo, sejam quais forem seus próprios sentimentos, de modo que as autoridades estão meramente atuando em nome dos pais; ou então o Estado atribui mais valor ao futuro do que ao presente, e decidiu assumir os cuidados e a manutenção das crianças, inteiramente alheio aos sentimentos, desejos e necessidades dos pais.

Como é natural numa democracia, existe a tendência a se considerar válida a primeira dessas alternativas.

Por isso, a evacuação foi voluntária e permitiu-se que, em certa medida, fracassasse. De fato, houve uma tentativa, ainda que tênue, de se compreender o lado materno da questão.

Vale a pena recordar que as crianças são cuidadas e educadas não só para terem uma vida agradável, mas também para serem ajudadas a crescer. Algumas delas, por sua vez, virão a ser pais. É razoável que se defenda o ponto de vista de que os pais são tão importantes quanto as crianças, e de que é sentimentalismo supor que os sentimentos dos pais devem ser necessariamente sacrificados pelo bem e a felicidade dos filhos. Nada pode compensar os pais comuns pela perda do contato com um filho pequeno e da responsabilidade pelo desenvolvimento físico e intelectual dessa criança.

Afirma-se que a amplitude do problema e da organização necessária para promover a evacuação em massa limita a participação dos pais em questões tais como a escolha de alojamentos. A maioria dos pais é capaz de perceber isso. Entretanto, a finalidade deste artigo é mostrar que, por mais que as autoridades tentem formular regras e elaborar regulamentos de aplicação geral, a evacuação continuará envolvendo um milhão de problemas humanos individuais, cada um diferente de todos os outros, e cada um de suprema importância para alguém. Uma mãe, por exemplo, pode ser ela própria uma estudiosa dos problemas de evacuação e conhecer as inúmeras dificuldades envolvidas; entretanto, seus conhecimentos não a ajudarão a tolerar a perda de contato com seu próprio filho.

As crianças mudam rapidamente. Passados os anos que esta guerra ainda poderá durar, muitas crianças terão deixado de ser crianças, e todos os bebês que estão começando a dar seus primeiros passos nos dias de hoje terão passado do estágio de rápido desenvolvimento emocional para a fase de desenvolvimento intelectual e estabilidade emocional. É absurdo falar em adiar o contato com uma criança, especialmente uma criança pequena.

Além disso, as mães apreciam uma coisa que aqueles que não estão tão próximos da criança talvez esqueçam: que o próprio tempo é muito diferente, conforme a idade em que é vivido. Umas férias que os adultos quase nem notam podem parecer um tempo enorme da vida para as crianças, e é quase impossível transmitir a um adulto a extensão de tempo que três anos pode parecer para a criança evacuada. Realmente, é uma grande proporção do que a criança conhece da vida, equivalendo talvez a 25 anos na vida de um adulto de 40 ou 50 anos. O fato de reconhecer isso faz com que a mãe fique ainda mais ansiosa por não perder nenhuma oportunidade de desfrutar de sua maternidade.

Portanto, a investigação de cada detalhe da questão da evacuação como um todo revela problemas individuais que são importantes, até prementes, à sua própria maneira.

Trabalhando agora partindo do princípio de que os desejos fundamentais dos pais são representados pelas autoridades que estão assim agindo por eles, é possível enxergar quais as complicações que muito provavelmente sobrevirão.

É uma crença comum, inclusive dos próprios pais, que tudo estaria bem se, pelo menos, os filhos fossem bem assistidos e cuidados; que se as crianças estivessem suficientemente desenvolvidas emocionalmente para suportar a separação, poderiam de fato beneficiar-se com a mudança; as crianças experimentariam um novo tipo de lar, ampliariam seus interesses e teriam, talvez, um contato saudável com a vida do campo, o que é negado às crianças das cidades e até dos subúrbios.

Não adianta negar, porém, que a situação é complexa e que não se pode confiar, de forma alguma, em que os pais *se sintam* seguros do bem-estar de seus filhos.

É uma velha e conhecida história, mas que raramente deixa de perturbar e surpreender aqueles que têm sob seus cuidados crianças fora de seus respectivos lares. Os pais não hesitam em queixar-se do tratamento dado aos filhos que estão longe, e facilmente acreditam em qualquer história que a criança invente sobre maus-tratos e, em especial, sobre má alimentação. O fato de uma criança voltar de uma residência para convalescentes vendendo saúde não impede que a mãe se queixe de que seu filho foi negligenciado. Essas reclamações, ao serem averiguadas, raramente levam à descoberta de residências para convalescentes que sejam realmente ruins; podemos esperar queixas análogas no caso de alojamentos para crianças evacuadas, e são bastante naturais se levarmos em conta as dúvidas e os temores das mães. É de esperar que uma mãe deteste qualquer pessoa que trate seu filho com negligência, mas pode-se esperar também que ela deteste qualquer pessoa que cuide de seu filho melhor do que ela mesma; pois esse bom tratamento gera na mãe inveja ou ciúme. Trata-se do seu filho, e ela quer ser a mãe do próprio filho.

Não é difícil imaginar o que acontece. Uma criança volta para casa num feriado, por exemplo, e pressente rapidamente uma atmosfera de tensão quando a interrogam sobre certos detalhes. "A D. Fulana lhe deu leite antes de você ir para a cama?" A criança poderá se sentir aliviada se conseguir responder "Não", e assim agradar à mãe sem dissimulações. A criança está num conflito de lealdades e está confusa. O que é melhor, em casa ou fora? Em alguns casos, a defesa contra esse conflito tem sido preparada por uma recusa de alimento no "lar" onde está alojada, durante os primeiros e últimos dias. Se a mãe se mostra muito aliviada, a criança é tentada a acrescentar imaginativamente alguns detalhes. A mãe começa então a achar que houve negligência e incita a criança a dar mais informações. A tensão aumenta e a criança mal se atreve a refletir sobre tudo o que já disse. É mais seguro ater-se a meia dúzia de detalhes e repeti-los sempre que o assunto vier à baila. E assim a desconfiança da mãe vai se consolidando, até que, finalmente, ela decide apresentar uma queixa.

A situação difícil tem duas fontes: a criança sente que seria desleal de sua parte falar de felicidade e boa alimentação longe da família, e a mãe tem a esperança de que uma comparação seja desfavorável à mãe adotiva. Há momentos em que pode facilmente estabelecer-se um círculo vicioso de desconfiança, por parte da mãe, e de ressentimento ou indignação por parte da mãe adotiva. Passado esse momento, o caminho está aberto para a amizade e compreensão entre essas rivais potenciais.

Tudo isso poderá parecer absurdo para quem está de fora, que pode se dar ao luxo de ser razoável, mas a lógica (ou o raciocínio que nega a existência ou importância de sentimentos e conflitos *inconscientes*) não é suficiente quando uma mãe é privada de seu filho pequeno. Ainda que a mãe a quem tiraram o filho, levando-o para longe, deseje realmente colaborar com o plano de evacuação, não se pode deixar de dar o devido peso a esses sentimentos e conflitos inconscientes.

Nos períodos que se alternam com os momentos de suspeita, as mães tendem, com a mesma facilidade, a superestimar a confiabilidade e a boa qualidade dos "lares" onde seus filhos foram alojados, e acreditam que eles estão seguros e bem assistidos, sem um conhecimento dos fatos reais. A natureza humana funciona assim.

Nada pode despertar maior ciúme na mãe do que saber que seu filho está sendo excepcionalmente bem cuidado. Ela poderá esconder esse ciúme até de si mesma, mas se tem motivos para temer que seu filho esteja sendo negligenciado, não tem menos motivos para temer que ele, enquanto estiver fora, se habitue a altos padrões que não possam ser mantidos depois de voltar ao seio da família. Isso tem grande probabilidade de ocorrer se esse padrão for apenas um pouco mais elevado do que em casa, pois se a criança for alojada num castelo, toda a experiência será transportada para o nível do sonho.

O modo como pequenos pontos podem se ampliar é ilustrado pelo seguinte incidente.

Uma mãe apresentou queixa contra a mãe adotiva de seu filho; afinal, apurou-se que a reclamação reduzia-se ao fato de que a mãe adotiva era uma pessoa generosa e tinha uma loja de doces. A mãe, além de não ter recursos para comprar muitos doces para o filho, achava que doces faziam mal para os dentes.

Esses problemas não são diferentes dos problemas da vida cotidiana. Quando um parente ou amigo é indulgente com uma criança, a mãe sofre ao ver-se forçada a desempenhar o papel de mãe rigorosa e até cruel; e freqüentemente a situação no lar torna-se mais fácil quando a criança encontra firmeza também em outro lugar.

Conclui-se, então, que não é prudente ficar falando para as mães da comida maravilhosa que os filhos estão recebendo e de todas as outras vantagens especiais que o alojamento pode apresentar em comparação com o lar de cada uma. Também não é prudente dizer (especialmente quando é verdade) que a criança está mais feliz no alojamento do que em casa. Pode haver, de fato, uma boa dose de triunfalismo escondida por trás de informações desse tipo.

Entretanto, os pais esperam, e certamente devem receber, informações, redigidas sem pretensões triunfalistas, e com o objetivo de lhes dar a possibilidade de continuarem compartilhando da responsabilidade pelo bem-estar dos filhos. Se o contato não for mantido, a imaginação será capaz de preencher detalhes com base em fantasias.

Num estudo mais profundo da mãe separada do filho, é necessário ir além do que se pode esperar que ela conheça a respeito de si mesma. É importante levar em conta que uma mãe não só quer filhos, mas também *necessita* deles. Ao preparar-se para constituir família, ela organiza suas ansiedades, e também seus interesses, de modo a ser capaz de mobilizar o máximo de sua pulsão emocional exclusivamente para esse fim. Ela gosta de ser continuamente importunada pelas necessidades gritantes de seus filhos, mesmo que se queixe abertamente de suas obrigações familiares como sendo uma amolação.

Talvez ela nunca tenha pensado nesse aspecto de sua experiência de mãe até que, com a evacuação dos filhos, vê-se pela primeira vez de posse de uma cozinha silenciosa, comandante de um navio sem tripulação. Mesmo que sua personalidade seja suficientemente flexível para lhe permitir ajustar-se à nova situação, essa mudança de interesses exige tempo.

Talvez ela tire umas breves férias das crianças, sem nenhuma reorganização de seus interesses vitais; mas há um período além do qual não consegue mais passar sem alguém ou alguma coisa que sinta merecer seus cuidados e seu cansaço; ela também começa a procurar uma alternativa para exercer o seu poder de modo útil.

Em circunstâncias comuns, a mãe acostuma-se gradualmente aos novos interesses dos filhos, à medida que estes vão crescendo; mas, na época atual de guerra, as mães são solicitadas a cumprir esse processo difícil de adaptação em poucas semanas.

Não surpreende que elas freqüentemente fracassem, tornando-se pessoas deprimidas ou então insistindo ilogicamente no regresso dos filhos.

Há ainda outro aspecto desse mesmo problema. As mães podem ter uma dificuldade semelhante em receber os filhos de volta, depois que reorganizaram seus interesses e ansiedades para lidar com o ambiente de paz e silêncio no lar. Novamente será preciso levar em conta o fator tempo. Esta segunda reorganização pode ser mais difícil do que a primeira, pois haverá um período, por mais breve que seja, após o regresso dos filhos, em que a mãe terá que fingir para as crianças que está disponível para elas, e fingir que necessita delas tanto quanto antes de serem evacuadas; terá que fingir porque, nos primeiros tempos, não se sentirá preparada para isso. É preciso tempo para reajustar seu íntimo, e para os arranjos externos para receber os filhos de volta.

Em primeiro lugar, os filhos realmente mudaram, estão mais velhos e tiveram novas experiências; ela também teve os mais diversos pensamentos sobre os filhos enquanto estiveram fora, e precisa conviver com eles por algum tempo para poder voltar a conhecê-los como realmente são agora.

Esse medo de ter que realizar um ajustamento, grande e penoso, correndo o risco de fracassar na tentativa, impele muitas mães a irem retirar seus filhos dos alojamentos, sem levar em conta os sentimentos daqueles que, muito provavelmente, fizeram tudo o que estava ao seu alcance pelo bem-estar das crianças. É como se as mães estivessem encenando uma peça em que foram roubadas e seu dever claro é resgatar os filhos das garras dos ogros; como salvadoras, asseguram-se da existência e força de seu próprio amor materno.

Cabe descrever também as atitudes especiais de mães mais anormais. Há aquela mãe que acha que o filho só é bom quando ela o controla pessoalmente. Incapaz de reconhecer as qualidades positivas inatas do filho, ela adverte os futuros pais adotivos de que terão problemas, e não consegue entender quando lhe informam que a criança está se comportando normalmente. Há também a mãe que subestima o filho; é como um artista que deprecia sua tela, sendo, portanto, a pior pessoa do mundo para vendê-la. Como o artista, a mãe receia o elogio e a censura, e antecipa-se às críticas desvalorizando ela mesma aquilo que lhe pertence.

Resumo

Dentro dos limites deste artigo, tentei mostrar que, quando uma criança é separada dos pais, os mais intensos sentimentos são despertados.

As pessoas envolvidas com os problemas da evacuação de crianças devem entender os problemas tanto das mães quanto das mães adotivas, se quiserem realmente compreender o que estão fazendo.

Cuidar de crianças pode ser um trabalho árduo e desgastante, pode ser sentido como uma verdadeira tarefa de guerra. Mas ser privado dos próprios filhos é um tipo bem miserável de tarefa de guerra, que dificilmente terá algum atrativo para qualquer mãe ou qualquer pai, e somente poderá ser tolerado se o seu aspecto infeliz for devidamente levado em conta. Por essa razão, é necessário realmente fazer um esforço para descobrir o que sente uma mãe destituída de seus próprios filhos.

5. A criança evacuada
(Palestra radiofônica dirigida a pais adotivos, 1945)

Tanto tempo parece ter-se passado desde a primeira evacuação, e podemos admitir que a maioria dos problemas agudos relativos à evacuação estejam resolvidos. Mas quero falar hoje especialmente a vocês, pais adotivos, lembrando algumas de suas experiências.

A ampla divulgação de conhecimentos fundamentais a respeito das questões ligadas à criança poderia surgir como conseqüência de tudo aquilo por que as pessoas passaram. Quase todos os lares da Grã-Bretanha foram afetados pela evacuação. Todas as mulheres têm uma história pessoal ligada à evacuação, que resume sua experiência e seus pontos de vista sobre a questão. Acho que seria uma pena desperdiçar toda essa experiência. Falarei principalmente para aqueles que durante anos mantiveram sob sua responsabilidade uma criança evacuada, pois acho que são vocês que mais têm a ganhar com qualquer tentativa de pôr em palavras o que fizeram.

Quando houve êxito, suponho que vocês concordarão que tiveram sorte com a criança que lhes foi enviada. O menino ou a menina tinha um certo grau de confiança nas pessoas. Vocês dispunham, assim, de material para trabalhar; é realmente impossível ter êxito nesse trabalho se a criança não pode contribuir por ser muito doente, mentalmente muito instável, ou excessivamente insegura para encontrar coisas boas no que os pais adotivos têm a lhe oferecer.

Vocês alojaram uma criança que já iniciara satisfatoriamente seu desenvolvimento emocional. Tudo estava correndo bem antes de vocês a receberem e, se ficaram com ela por um longo período, significa que possibilitaram que sua personalidade continuasse a se desenvolver e a alimentaram para que seu corpo continuasse a crescer.

Os cuidados físicos com uma criança já são, por si sós, uma grande coisa. Manter a criança saudável e livre de doenças requer vigilância constante e, durante o longo período de evacuação, certamente houve ocasiões em que você teve de assumir a responsabilidade por enfermidades físicas, o que é algo muito mais difícil quando a criança não pertence à família do que quando se trata do seu próprio filho. Você cuidou do corpo da criança; mas a evacuação deve ter levado muita gente a se dar conta de que esses cuidados são apenas parte de algo muito mais amplo: os cuidados à criança como um todo, à criança que é um ser humano com uma necessidade constante de amor e compreensão arguta. A questão é que vocês, pais adotivos, fizeram muito mais do que fornecer alimento, roupa e conforto.

Mas não foi só isso. A criança foi tirada do lar dela e recebida no lar de vocês. E a palavra lar parece então desligar-se da idéia de amor. Pode acontecer que alguém ame uma criança e, no entanto, fracasse porque essa criança não tem o sentimento de estar em casa. Acho que a questão consiste em que, se você constrói um *lar* para uma criança, você está lhe dando um pouco do mundo que ela pode compreender e em que pode acreditar, nos momentos em que o amor falha. Pois às vezes, necessariamente, o amor falha, pelo menos superficialmente. Há momentos em que a criança irrita, aborrece e recebe uma palavra zangada. E é igualmente verdade que pessoas adultas, por melhores que sejam, têm momentos de irritabilidade e mau humor, e por uma hora ou mais não se pode esperar que consigam lidar imparcialmente com uma situação. Quando existe um sentimento de "estar em família", as relações entre a criança e os adultos podem sobreviver aos períodos de desentendimento. Assim, acho que podemos supor que se você manteve uma criança evacuada por um longo período, é porque a acolheu em seu lar, o que é muito diferente de deixá-la ficar em sua casa, e a criança correspondeu e usou seu lar como um lar.

A criança confiou e acreditou em você, e aos poucos tornou-se capaz de transferir certos sentimentos da mãe para você, que, num certo sentido, passou a ser temporariamente a mãe dela. Se você teve êxito, deve ter encontrado algum modo de lidar com as relações muito complicadas entre você e os pais verdadeiros; deveria haver uma medalha para pais verdadeiros e pais adotivos que conseguiram chegar a um acordo, e mesmo fazer amizade, quando houve tantos motivos para mal-entendidos recíprocos.

E agora o que dizer da criança que de repente foi desenraizada, aparentemente posta para fora de seu próprio lar e jogada entre estranhos? Não é de admirar que necessitasse de compreensão especial.

No início, quando as crianças eram enviadas para longe das zonas de perigo, geralmente estava com elas a professora que já as conhecia bem. Essa professora constituía um elo com a cidade natal e, na maioria dos casos, desenvolvia-se entre as crianças e a professora um vínculo muito mais forte do que o relacionamento comum professora-aluno. Na verdade, é quase impossível pensar no primeiro plano de evacuação sem essas professoras, e ainda está por ser escrita toda a história daqueles primeiros momentos e dias de evacuação, tão agitados e, em certo sentido, tão trágicos.

Mais cedo ou mais tarde, a criança tinha que encarar de frente e admitir o fato de que estava longe de casa, e sozinha. O que acontecia então dependia da idade da criança, do tipo de criança que era e do tipo de lar de onde vinha; mas todas tiveram que enfrentar essencialmente o mesmo problema: ou a criança se adaptava e aceitava o seu novo lar, ou então apegava-se à lembrança de seu próprio lar, tratando o lar adotivo como um lugar onde passaria umas férias um tanto longas.

Muitas crianças se adaptaram e pareciam não apresentar nenhum problema; contudo, talvez se possa aprender mais a partir das dificuldades do que dos êxitos fáceis. Por exemplo, eu diria que a criança que se adaptou imediatamente e que nunca parecia estranhar o fato de não estar em casa não estava necessariamente bem. Podia facilmente haver uma aceitação artificial das novas condições e, em alguns casos, essa ausência de saudade acabou por se revelar uma artimanha e uma ilusão. É muito natural uma criança sentir que o seu lar é o melhor e que a comida que a mãe faz é a única comida gostosa! O mais comum foi a criança levar algum tempo, talvez até muito tempo, para se adaptar. E acho que isso foi bom. É preciso dar tempo ao tempo. A criança permaneceu francamente angustiada em relação ao seu lar e aos seus pais e, na verdade, tinha boas razões para estar ansiosa, uma vez que estava correndo um perigo real e bem conhecido, e quando as histórias sobre bombardeios começaram a circular, a angústia passou a se justificar ainda mais. As crianças provenientes de áreas bombardeadas não se conduziam exatamente como as crianças locais nem participavam de todas as brincadeiras; tendiam a manter-se afastadas, arredias, e mantinham em seu poder cartas e pacotes que recebiam de casa, bem como de visitas ocasionais, muitas vezes tão perturbadoras que os pais adotivos desejavam que fossem ainda mais raras. Não era nada agradável para os pais adotivos quando as crianças se comportavam desse modo, recusando-se a comer, sempre abatidas e desejando estar em casa e compartilhar dos perigos que ameaçavam seus pais, em vez de desfrutarem dos benefícios de uma estada no interior. Tudo isso, na realidade, não deixava de ser saudável, mas, para compreendê-lo, é preciso ir mais ao fundo. A real preocupação com as bombas não era tudo.

Uma criança tem capacidade limitada para manter viva a idéia de alguém que é amado quando não existe oportunidade para ver e falar com essa pessoa, e aí está o verdadeiro problema. Durante alguns dias ou mesmo semanas, tudo corre bem, e então a criança acha que não consegue sentir que sua mãe seja real ou apega-se à idéia de que algo de ruim vai acontecer, de algum modo, ao pai, aos irmãos ou às irmãs. Essa idéia se instala em sua mente. Sonha com todo tipo de lutas terríveis, o que aponta para os conflitos muito intensos em sua mente. Pior do que isso, depois de algum tempo poderá descobrir que não tem nenhuma espécie de sentimento forte. Toda a sua vida experimentara sentimentos de amor, e acabara por confiar neles, tendo-os como ponto pacífico e encontrando neles uma referência. De repente, numa terra estranha, vê-se sem o apoio de qualquer sentimento vivo e sente-se aterrorizada. Não sabe que se recuperará se conseguir esperar. Talvez haja algum ursinho de pelúcia, ou boneca, ou peça de vestuário resgatada de casa, em relação ao qual a criança continua tendo alguns sentimentos, e isso se torna, por conseguinte, tremendamente importante para ela.

Essa ameaça de perda de sentimentos, que sobrevêm em crianças que estão há muito tempo distantes de tudo o que amam, freqüentemente acaba em brigas. As crianças começam a rondar em busca de confusão e quando alguém se zanga ocorre verdadeiro alívio; mas esse alívio não é duradouro. Na evacuação, as crianças são obrigadas a simplesmente suportar esse período de dúvida e incerteza, impossibilitadas de voltar para casa, e é preciso lembrar que elas não estão numa espécie de internato, voltando para casa nos fins de semana e nas férias. Tiveram que encontrar um novo lar longe do lar.

Vocês, como guardiões das crianças, tiveram que lidar com todos os tipos de sintomas dessa aflição, incluindo a bem conhecida enurese noturna, males e dores de um tipo ou outro, irritações cutâneas, hábitos desagradáveis, como bater a cabeça, qualquer coisa através da qual a criança pudesse recuperar o sentimento de realidade. Reconhecendo-se a angústia subjacente a esses sintomas, pode-se facilmente perceber que é inútil qualquer punição por essas condutas; sempre haverá um caminho mais adequado, ou seja, ajudar a criança através de demonstrações de amor e compreensão.

Foi num período como esse, certamente, que a criança que você abrigou olhou para você e para seu lar, que, de qualquer modo, era real para ela. Se não fosse você, a criança teria voltado para casa e para o perigo real, ou então poderia acabar tendo um desenvolvimento mental perturbado e distorcido, e provavelmente passaria por grandes dificuldades. Foi justamente então que você lhe prestou um grande serviço.

Até este ponto, a criança estivera travando conhecimento com você, usando a sua casa e comendo a sua comida. Então, ela passou a buscar o seu amor e o sentimento de ser amada. Você deixou de ser apenas uma pessoa que trabalha para ela e passou a ser quem a compreendia e ajudava a manter-lhe viva a memória da família. Você também estava presente para receber as tentativas que essa criança fazia de recompensar algo que estava sendo feito por ela; e ela precisava de você para protegê-la em suas relações amedrontadoras com o mundo estranho que a cercava, também na escola, onde as outras crianças nem sempre eram amistosas. Mais cedo ou mais tarde, suponho, ela adquiriu a necessária confiança no novo lar e na maneira como você o geria para torná-la capaz de integrar-se a ele. Finalmente, ela se terá tornado um membro da família, uma criança do lugar, como as outras, até falando o dialeto local. Inúmeras crianças até ganharam muito através de suas experiências, mas isso ocorreu como o clímax de uma série complexa de eventos, e houve muitos pontos em que poderia ter havido fracasso.

E assim, aí está você, com uma criança sob seus cuidados, fazendo uso do que de melhor você tinha para lhe oferecer. Saiba que reconhecemos que tudo o que foi feito não foi simples nem fácil, mas implicou uma construção cuidadosa e paciente. Não terá isso um valor enorme, além do bem real feito a cada criança? Certamente, um valor a ser extraído da evacuação (em si mesma uma tragédia) é que todos os pais adotivos que abrigaram com sucesso uma criança evacuada passaram a conhecer as dificuldades, bem como as recompensas, que envolvem cuidar dos filhos de outras pessoas, e poderão ajudar outras famílias que estão fazendo a mesma coisa. Sempre houve crianças carentes, e sempre existiram pais adotivos realizando o tipo de trabalho que vocês estão fazendo – e fazendo bem. Quando se trata de cuidar totalmente de uma criança, a experiência é a única coisa que conta, e se cada um de vocês que tiveram êxito estiver apto, por isso mesmo, a tornar-se um vizinho compreensivo e solícito de pais adotivos no período pós-guerra, acho que seu trabalho não terá terminado com a volta de seu filho adotivo aos pais verdadeiros.

6. O regresso da criança evacuada
(Palestra radiofônica, 1945)

Já falei sobre a criança evacuada e tentei mostrar que, quando a evacuação teve êxito, não foi por acaso, mas sempre resultado de muito empenho. Já terão adivinhado que não vou dizer que o regresso da criança evacuada é uma questão simples e sem problemas. Na verdade, não posso dizê-lo porque não acredito que seja assim. A volta da criança ao lar, depois de ter passado um longo período ausente, merece reflexão, pois a falta de atenção para com esse momento crítico pode facilmente resultar em amargor.

Permitam-me dizer primeiro, entretanto, que respeito os sentimentos daqueles que não gostam muito de refletir profundamente sobre as coisas. Agem melhor com base na intuição e falar sobre o que deverão enfrentar na semana seguinte os constrange, se é que não os leva realmente a se apavorarem diante de todos os possíveis obstáculos que enxergam. Além disso, se falar é um substitutivo para o sentimento ou a ação, então é, de fato, pior do que inútil. Mas, sem dúvida, algumas pessoas gostam de ampliar sua experiência, falando e ouvindo, e é para elas que estou falando.

Como sempre, o problema é saber por onde começar, já que existem muitos tipos diferentes de crianças, de alojamentos e de lares. Num extremo estão as crianças que simplesmente voltam para casa e se instalam com desenvoltura; no outro extremo, haverá crianças que se adaptaram tão bem aos seus lares adotivos que a ordem de voltar para casa será recebida como um verdadeiro choque. Entre esses dois extremos ocorrem todos os tipos de problemas. Não posso descrever tudo, assim, devo tentar penetrar no âmago da questão.

É claro que o fim da evacuação já chegou para um grande número de crianças. Tudo o que eu possa dizer seria dito com mais propriedade por aqueles que viveram a experiência. Minha idéia é transmitir alguns dos resultados dessas experiências àqueles que ainda estão por acolher os filhos de volta. Acho que estarei acertando ao dizer que nem tudo é fácil nessa renovação da convivência dos pais com os filhos. O problema é mais simples nos casos em que o pai e a mãe foram capazes de estabelecer, e manter, relações amigáveis com os pais adotivos. Isso nunca é fácil. Ter os próprios filhos bem cuidados pelos outros é quase tão ruim quanto tê-los negligenciados. De fato, é enlouquecedor, se você foi uma boa mãe, ver depois seu próprio filho manifestar o desejo de continuar morando com uma mulher que é uma estranha para você e, além de tudo, constatar que ele gosta da comida que ela faz. Mas, apesar disso, alguns pais conseguiram fazer amizade com os seus representantes nas afeições de seus filhos no interior do país. E se a criança foi levada a se lembrar sempre de você, dos irmãos e de outros parentes, seu trabalho tornou-se muito mais fácil. Encontrei-me com crianças que eram incapazes de se lembrar de como eram suas mães, e que só dificilmente recordavam os nomes de seus irmãos e irmãs. Talvez por muitos anos ninguém tivesse tido a preocupação de falar com essas crianças sobre aqueles que lhes eram mais próximos e queridos, e o passado delas, assim como as recordações de seus lares, ficou enterrado em algum lugar dentro delas.

Em alguns casos, uma espécie de preparação para a volta pode ter sido feita durante o tempo todo, mas, em outros, não houve nada disso. Seja como for, as principais dificuldades são as mesmas e estão ligadas ao fato de que, quando as pessoas são separadas umas das outras, elas não ficam vivendo eternamente para o momento da reunião – e, na verdade, ninguém desejaria isso. Se não tivessem capacidade para recuperar-se de uma separação dolorosa, pelo menos em certa medida, as pessoas ficariam paralisadas.

Eu disse que há um limite para a capacidade da criança para manter viva a idéia de alguém a quem ama, quando não tem contato com essa pessoa. O mesmo pode ser dito a respeito dos pais e, em certa medida, de qualquer ser humano. Nesse sentido, as mães têm quase tanta dificuldade quanto os filhos. Elas logo começam a sentir dúvida acerca dos filhos, a ter pressentimentos de que eles estão em perigo, ou de que estiveram doentes ou tristes, ou de que foram maltratados, mesmo sem qualquer motivo para pensar tudo isso. É muito natural que as pessoas precisem ver e estar perto daqueles a quem amam, e preocupar-se com eles. Em circunstâncias normais, quando o filho está em casa, se a mãe fica preocupada pode simplesmente chamá-lo, ou esperar até a hora da refeição seguinte, até ele aparecer e lhe dar um beijo tranqüilizador. O contato estreito entre pessoas tem sua utilidade e quando é subitamente rompido as pessoas (crianças ou adultos) necessariamente sofrerão temores e dúvidas, e continuarão sofrendo até que ocorra a recuperação. A recuperação significa que, com o tempo, a mãe deixa de sentir-se responsável por seu filho, pelo menos em certa medida. Esse é o aspecto detestável da evacuação: ter obrigado os pais a se desinteressarem do que estava acontecendo com seus próprios filhos. Se eles se mantivessem apegados ao filho e procurassem manter sua responsabilidade quando a criança estava a duzentos quilômetros de distância, ou mais, viveriam num inferno e, além disso, enfraqueceriam o senso de responsabilidade que estava começando a desenvolver-se nos pais adotivos, que tinham a vantagem de estar junto da criança. Imagine-se o conflito dos bons pais nesse período!

A única coisa que a mãe pode fazer, nesse caso, é encher a mente com outros interesses; talvez ela tenha ido trabalhar numa fábrica ou assumido alguma responsabilidade na defesa civil, ou desenvolvido uma vida privada que lhe tenha possibilitado esquecer, por alguns momentos, sua grande mágoa. Além de sua preocupação com os filhos pequenos, também estava freqüentemente preocupada com o marido, servindo nas forças armadas, e ela teve que encontrar uma maneira de controlar seus instintos na medida em que o marido era obrigado a ficar longe por um período indefinido. Em comparação com tudo isso, como parece insignificante a explosão de uma bomba!

Assim as crianças partiram, e quando partiram deixaram um grande buraco; mas, com o passar do tempo, a lacuna foi sendo preenchida e o buraco começou a ser esquecido. A maioria das pessoas conserta até um coração partido e encontra, relutantemente, novos interesses quando os antigos fracassaram. Como já disse, muitas mulheres foram trabalhar e outras tiveram novos bebês. Conheço até algumas que têm dificuldade em recordar onde estão seus filhos evacuados. Se você tem dificuldade em escrever cartas, é difícil manter o contato com meia dúzia de crianças espalhadas pelo interior, cada uma delas mudando, provavelmente, de alojamento em alojamento.

Estou querendo dizer que, quando as crianças voltarem para casa, não irão necessariamente encaixar-se nos mesmos buracos que provocaram ao sair de casa, pela simples razão de que o buraco desapareceu. Mãe e filho tornaram-se capazes de se arranjar um sem o outro, e quando se reencontrarem terão de partir da estaca zero para voltarem a conhecer um ao outro. Esse processo leva tempo, e não adianta querer apressá-lo. Será inútil a mãe precipitar-se para o filho e lançar-lhe os braços em volta do pescoço, sem se dar ao cuidado de observar se ele estará apto a reagir com sinceridade. As crianças podem ser brutalmente sinceras, e a frieza pode machucar. Por outro lado, dando tempo ao tempo, os sentimentos podem se desenvolver naturalmente e, de repente, uma mãe pode ser recompensada com um abraço apertado e sincero, pelo qual valeu a pena esperar. O lar ainda é o lar da criança, e penso que ela se sentirá feliz por estar nele, se a mãe souber esperar por esse momento.

Em dois ou três anos de separação, mãe e filho mudaram, mais especialmente a criança, para quem três anos é uma grande parte da vida. É trágico pensar que tantos pais tiveram que perder essa coisa fugaz, a infância de seus próprios filhos. Depois de três anos ele é a mesma pessoa, mas perdeu tudo aquilo que caracteriza uma criança de seis anos, pois agora está com nove. E, além disso – é claro –, mesmo que a casa tenha escapado aos danos das bombas, mesmo que esteja exatamente como era quando a criança foi evacuada, parecerá muito menor porque a criança está muito maior. Acrescente-se a isso o fato de que onde seu filho esteve alojado talvez houvesse mais espaço do que em sua casa na cidade, e talvez houvesse um jardim, ou mesmo uma fazenda, onde ele podia correr à vontade, desde que não assustasse as vacas durante a ordenha. Deve ser difícil voltar de uma fazenda para um apartamento de um ou dois quartos. Entretanto, acredito que a maioria das crianças prefere estar em sua casa e que, com o tempo, voltarão a ajustar-se às antigas condições de vida.

Durante o período de espera pode haver queixas. Talvez a mãe sempre ache que, quando o filho se queixa, está fazendo uma comparação entre ela e os pais adotivos. Uma criança mostra pelo tom de voz quando está decepcionada com alguma coisa. Acho conveniente lembrar que, geralmente, ela não estará comparando o lar verdadeiro com o lar adotivo mas, sim, estará comparando o lar tal como o encontrou com o que arquitetara em sua imaginação durante sua ausência. Num período de separação, registra-se uma considerável dose de idealização, e isso é tanto mais verdadeiro quanto mais radical for o afastamento. Vejo que meninos e meninas alojados em lares tão ruins, a ponto de ser preciso proporcionar-lhes regularmente cuidados e proteção especiais, imaginam que em algum lugar têm um lar absolutamente maravilhoso, e só lhes falta encontrá-lo. Essa é a principal razão por que tendem a fugir. Estão tentando encontrar o lar. Percebemos que, enquanto uma das funções de um lar verdadeiro consiste em fornecer algo positivo na vida da criança, há uma outra função que é de corrigir o quadro formado pela criança, mostrando-lhe as limitações da realidade. Quando a criança chegar em casa com suas expectativas fantasiosas, terá que sofrer uma desilusão ao mesmo tempo que redescobrirá que tem realmente um lar que é seu. Uma vez mais, tudo isso levará tempo.

Assim, quando as crianças se queixam e reclamam depois de voltar para casa, freqüentemente estão mostrando que, enquanto estiveram ausentes, tinham construído um lar melhor em sua imaginação, um lar que não lhes negava nada, que não tinha problemas financeiros nem de falta de espaço – de fato, um lar onde só faltava uma coisa: realidade. No entanto, o lar real também tem suas vantagens, e as crianças terão tudo a ganhar se acabarem, gradualmente, por aceitá-lo tal como ele é.

O regresso das crianças evacuadas é uma parte importante da experiência de evacuação e, para aqueles que se empenharam pelo sucesso do programa, nada seria mais desalentador do que a negligência em sua fase final. Por certo, cada criança deveria ser "acomodada" em seu lar, e, para isso, deveria haver um responsável que conhecesse a criança, os pais adotivos e o lar real. Às vezes, a volta para casa numa segunda-feira seria desastrosa, ao passo que na quarta-feira tudo correria bem. Talvez a mãe esteja doente, ou haja um novo bebê a caminho, ou os pedreiros ainda não tenham acabado de consertar o telhado e as janelas danificadas pelos bombardeios, e um mês ou dois fariam uma grande diferença. Não são raros os casos de crianças que, ao voltarem para casa, necessitarão de supervisão especializada por algum tempo; talvez tenham até de voltar a uma residência para menores, durante um certo período, onde tenham a orientação de uma equipe experiente. Isso poderá ocorrer sobretudo se o pai ainda não tiver voltado para casa, pois um lar sem pai não é lugar para um menino levado ou uma menina adolescente.

Finalmente, não devemos esquecer que, para crianças com mães difíceis, problemáticas, a evacuação foi quase uma bênção de Deus. Para essas crianças, o regresso ao lar significa uma volta às tensões. Num mundo ideal, deveria haver alguma ajuda para essas crianças, após seu regresso.

Será maravilhoso saber que as crianças das grandes cidades estão de volta a seus lares, e eu ficarei feliz por ver as ruas, os parques e jardins novamente repletos de crianças, que voltarão para casa para almoçar ou tomar lanche e que dormirão na casa de seus próprios pais. A educação será retomada, e quando os homens e as mulheres regressarem da guerra haverá escoteiros e escoteiras, e haverá colônias de férias e piqueniques. Mas sempre haverá o momento do regresso, e eu gostaria de sentir que deixei bem claro que a renovação de contato leva tempo e que cada regresso deverá receber atenção especial.

7. De novo em casa

(Palestra radiofônica para pais, 1945)

Um menino de 9 anos, conhecido meu, passou boa parte de sua vida de criança longe de seu lar londrino. Quando soube do regresso dos evacuados, por causa do fim da guerra, começou a pensar nas coisas, a se habituar à idéia e a fazer planos. De repente, anunciou: "Lá em casa, em Londres, vou me levantar bem cedo todas as manhãs e ordenhar as vacas."

Neste momento, com o término oficial da evacuação, e com as mães regressando das fábricas para cuidar de seus próprios lares, muitas famílias estão acolhendo seus filhos de volta às grandes cidades. É um momento pelo qual todos esperaram durante anos, e como seria bom se, ao mesmo tempo, todos os pais pudessem também voltar para casa.

Tenho certeza de que, neste momento, muitas pessoas estão olhando para seus filhos, imaginando o que eles devem estar pensando e sentindo, e perguntando-se também se serão capazes de dar às crianças tudo o que elas querem e necessitam. Gostaria de refletir com vocês sobre esses problemas, durante alguns minutos.

Eis as crianças de novo em casa, enchendo nossos ouvidos com sons que durante muito tempo estiveram quase mortos. As pessoas tinham esquecido que as crianças são criaturas barulhentas, mas agora estão começando a se lembrar disso. As escolas estão reabrindo. Os parques propagam-se para receber seus antigos fregueses: mães e carrinhos de bebês, crianças de todos os tamanhos, formas e cores. As ruas de pouco trânsito converteram-se em quadras de futebol ou de críquete, com as crianças adaptando-se gradualmente ao tráfego urbano. Nas esquinas surgem bandos de nazistas ou outros tipos de bandidos, equipados com armas improvisadas com galhos de árvores, caçadores e caçados igualmente esquecidos dos transeuntes. Marcas de giz reaparecem nas calçadas, onde as menininhas pulam amarelinha; e quando o tempo é bom e não há nada para fazer, podemos ver meninos e meninas plantando bananeira ou equilibrando-se com as mãos no chão e os pés apoiados nos muros.

Na minha opinião, o mais comovente é que na hora das refeições todas essas crianças correm para casa para comer refeições preparadas pelas suas próprias mães. Comer em casa significa muito, quer para a mãe que tem o trabalho de obter os alimentos e de cozinhá-los, quer para as crianças que os comem! E ainda há a hora do banho, a hora de ir para a cama e o beijo de boa-noite; todas essas coisas fazem parte da privacidade e nós não as vemos, mas sabemos que elas existem. Essa é a substância de que se faz um lar.

De fato, é a partir das coisas aparentemente pequenas que ocorrem no lar e em torno dele que a criança tece tudo o que uma imaginação fértil pode tecer. O vasto mundo é um excelente lugar para os adultos buscarem uma fuga para o tédio mas, geralmente, as crianças não sabem o que seja tédio e podem ter todos os sentimentos de que são capazes entre as quatro paredes de seu quarto, em sua própria casa, ou apenas a alguns minutos da porta da rua. O mundo será mais importante e satisfatório se for crescendo, para cada indivíduo, a partir da porta de casa, ou do quintal dos fundos.

Algumas pessoas curiosas – otimistas, suponho – proclamaram que a evacuação insuflaria vida nova nas crianças pobres das cidades. Não podiam ver a evacuação como uma grande tragédia, de modo que a encararam como uma das bênçãos ocultas da guerra. Mas nunca poderia ser bom tirar crianças de lares decentes. E, como vocês sabem, não entendo por lar uma casa bonita com todos os confortos modernos. Entendo por lar o quarto – ou quartos – que ficou associado na mente da criança ao pai e à mãe, às outras crianças e ao gato. E há a prateleira ou o armário onde são guardados os brinquedos.

Sim, a imaginação de uma criança pode encontrar amplo campo de atividade no pequeno mundo de seu próprio lar e da rua em frente; e, de fato, é a segurança real propiciada pelo lar que libera a criança para brincar e desfrutar de outras maneiras de sua habilidade para enriquecer o mundo saído de sua própria cabeça. E aqui surge uma complicação, quando tentamos refletir sobre as coisas, e tentarei explicar do que se trata. Estou afirmando que, quando uma criança está em casa, ela pode ter toda a gama de seus sentimentos, e isso só pode ser bom. Ao mesmo tempo, não me agradam as idéias que a criança forma a respeito do lar quando ela fica longe dele por muito tempo. Quando a criança está em casa, ela sabe realmente o que é um lar e, por isso, está livre para fazer de conta que ele é o que ela quiser, para se encaixar nas suas brincadeiras. E brincar não é só prazer; é essencial ao seu bem-estar. Quando a criança está longe, por outro lado, não tem nenhuma possibilidade de saber, a cada minuto, como é o seu lar, e portanto suas idéias perdem o contato com a realidade de um modo que a amedronta.

Uma coisa é, para uma criança que está em seu lar, travar batalhas na esquina do prédio onde mora e depois, à uma hora em ponto, entrar e almoçar. É muito diferente ser evacuada e, fora de contato com a realidade, sonhar com assassinatos na cozinha. Uma coisa é estar plantando bananeira na rua, pelo prazer de ver os prédios de cabeça para baixo, e logo ficar novamente em pé, e outra coisa muito diferente é estar a 300 quilômetros de distância e ter certeza de que seu lar está em chamas ou desmoronando.

Se você fica transtornada quando seu filho se queixa de que seu lar não é tão bom quanto ele esperava, pode ter certeza de que também não é tão ruim assim. Você pode comprová-lo facilmente observando como a criança está muito mais livre, mais solta, quando está em casa do que quando está longe. Seu regresso pode inaugurar uma nova fase de liberdade de pensamento e imaginação, desde que ela tenha tempo para chegar a sentir que o que é real *é* real. Isso requer tempo e você terá que permitir um lento despontar de confiança.

O que acontece quando uma criança começa a sentir-se livre, livre para pensar no que gosta, para brincar do que lhe vier à cabeça, para encontrar as partes perdidas de sua personalidade? Por certo, ela também começa a *agir* livremente, a descobrir impulsos que tinham permanecido adormecidos enquanto ela esteve ausente, e a manifestá-los. Começa a ficar insolente, a fazer birra, a desperdiçar comida, a tentar encher os pais de preocupações e a interferir nos outros interesses deles. É bem possível que tente um pequeno roubo, para testar se é verdade que você é realmente a mãe dela, no sentido de que o que é da mãe é dela também. Tudo isso pode ser sinal de avanço no desenvolvimento da criança – o primeiro estágio de um sentimento de segurança, embora exasperante do ponto de vista dos pais. Enquanto esteve ausente, a criança teve que ser seus próprios pais rigorosos, e vocês podem estar certos de que ela teve que ser super-rigorosa consigo mesma para ficar do lado seguro, a menos que não tenha conseguido suportar a tensão e se tenha visto em apuros no lar adotivo. Agora, porém, em casa com os pais, ela pode dar férias ao autocontrole, pela simples razão de que deixará o controle por conta dos pais. Algumas crianças viveram sob autocontrole artificial e excessivo durante anos, e é de esperar que quando começam a deixar que a mãe reassuma o controle virem umas pestes de tempos em tempos. Por isso seria bom se o pai também pudesse estar em casa justamente agora.

Acredito que algumas mães se perguntam sinceramente se em Paddington, Portsmouth ou Plymouth poderão dar a seus filhos uma vida tão boa quanto a que lhes davam as pessoas que cuidavam deles no interior do país, onde havia campos e flores, vacas e porcos, verduras e ovos frescos. Será que o lar pode competir com os alojamentos dirigidos por administradores experientes, onde havia jogos organizados, trabalhos manuais para os dias chuvosos, coelhos proliferando em casinholas construídas pelas próprias crianças, excursões pelo campo aos sábados, médicos que cuidavam do corpo e da mente das crianças? Sei que freqüentemente as coisas eram bem feitas tanto nos lares adotivos como nas residências, mas não são muitas as pessoas que afirmariam que um bom lar comum pode ser superado. Estou certo de que, de um modo geral, por mais simples que seja o lar de uma criança, valerá para ela mais do que qualquer outro lugar.

Não é apenas o alimento ou o teto que conta, e nem mesmo o lazer proporcionado, embora essas coisas sejam, sem dúvida, bastante importantes. Mas mesmo que sejam fornecidas em abundância, o essencial estará faltando se os próprios pais, ou os pais adotivos, ou os guardiões da criança não forem pessoas que assumam a responsabilidade pelo seu desenvolvimento. Já mencionei a necessidade de dar férias ao autocontrole. Poderei dizer que, para que uma criança possa descobrir a parte mais profunda de sua natureza, alguém terá que ser desafiado e até, por vezes, detestado; e quem, senão os próprios pais, poderá ser detestado sem haver o perigo de um rompimento completo do relacionamento?

No regresso da criança, aqueles que conseguiram manter um lar coeso durante esses anos de amarga separação podem agora começar, como pai e mãe, a reparar o dano causado ao desenvolvimento de seus filhos pela falta de continuidade em sua criação. Os pais assumiram juntos a responsabilidade pela vinda dos filhos ao mundo, e acredito que estejam ansiosos por assumir juntos, uma vez mais, essa responsabilidade, mas desta vez para torná-los capazes de se desenvolverem como cidadãos.

Como vimos, essa questão de lar e família não consiste só em sorrisos e beijos; o regresso do filho de vocês não significa que agora haja alguém que esteja disposto a ajudá-los indo fazer compras em seu lugar (a não ser que seja tomado por um impulso), e o regresso da filha de vocês não significa que haja alguém disposto a lavar a roupa para vocês (a não ser, também, que seja tomada por um impulso). O regresso deles significa que sua vida será mais rica, mas menos sua. Haverá poucas recompensas imediatas. Às vezes, os pais chegam a desejar que os filhos sejam evacuados de novo. Entendemos esses pais e, às vezes, as coisas ficam tão difíceis que eles precisarão de ajuda. É compreensível: algumas crianças foram tão magoadas pela evacuação, que está muito além do poder dos pais controlá-las. Mas se tudo for superado e as crianças se desenvolverem e se converterem em cidadãos, os pais terão realizado uma das melhores tarefas que se podem realizar. Pessoas autorizadas me têm dito que é maravilhoso ver os filhos crescerem e adquirirem independência, estabelecerem seus próprios lares, fazerem um trabalho de que gostam, dentro da profissão que escolheram, e gozarem dos frutos da civilização que devem defender e continuar. Os pais terão que ser capazes de mostrar força e firmeza em suas atitudes para com os filhos, e também compreensão e amor; e se vão ser fortes, podem muito bem começar. Não é nada razoável fortalecer-se de repente, quando já é tarde demais, quando a criança já começou a testar os pais e a sondar até que ponto eles são confiáveis.

E agora, o que dizer do menino que anunciou que iria para casa, em Londres, e ordenharia as vacas? É fácil perceber que ele não sabia muita coisa a respeito de cidades e da vida urbana, mas não acho que isso importe muito. Quando o ouvi dizer isso achei que ele tinha tido uma ótima idéia. Associava a ida para casa a algo direto e pessoal. Tinha visto vacas sendo ordenhadas na fazenda vizinha de seu alojamento, mas não pudera ir até lá e ordenhá-las. Agora a guerra acabou, vamos para casa e fora os intermediários! Vamos ordenhar nós mesmos as vacas! Não é um mau lema para os evacuados de regresso. Esperemos que tenha havido uma mãe e um pai esperando por Ronald, prontos, tal como ele estava, para a expressão direta de afeto, prontos, com um abraço franco, para propiciar-lhe o começo de uma nova oportunidade para conviver e harmonizar-se com um mundo duro e difícil.

8. Tratamento em regime residencial para crianças difíceis

(Escrito com Clare Britton, para *Human Relations*, 1947)

Coube aos autores desempenharem um papel num plano de tempo de guerra que se desenvolveu num certo condado britânico em torno dos problemas apresentados por crianças evacuadas de Londres e outras grandes cidades. Sabe-se que uma parte das crianças evacuadas não conseguiu adaptar-se à vida nos alojamentos; e que, enquanto algumas regressaram a suas casas e aos ataques aéreos, muitas permaneceram nos alojamentos e seriam insuportáveis, a não ser que recebessem algum tipo de tratamento especial. Como psiquiatra visitante e assistente social psiquiátrica residente, formávamos uma pequena equipe psiquiátrica encarregada de elaborar um plano para esse tipo de trabalho no condado. Nossa tarefa consistia em cuidar para que os recursos disponíveis fossem realmente aplicados aos problemas que surgiram: um de nós (D. W. W.), como pediatra e psiquiatra infantil que sempre trabalhara principalmente em Londres, pôde relacionar esses problemas, na medida em que estavam especificamente ligados à situação de guerra, aos problemas correspondentes da experiência de tempos de paz.

O programa desenvolvido era necessariamente complexo, e seria difícil afirmar que um determinado parafuso na engrenagem fosse mais importante do que qualquer outro. Portanto, estamos descrevendo o que aconteceu, porque fomos solicitados a fazê-lo, e sem pretendermos ter sido especialmente responsáveis por seus pontos positivos; os pontos de vista expressos são exclusivamente nossos e apresentados sem consulta aos demais participantes do plano.

Talvez se possa dizer que, em nosso trabalho de atentar para que as crianças envolvidas fossem realmente cuidadas e tratadas, também não podíamos perder de vista a situação total; pois em todos os casos havia necessidade de se fazer muito mais do que de fato podia ser feito; e em cada caso, portanto, a avaliação da situação total tinha uma implicação prática importante. É principalmente essa relação entre o trabalho realizado com cada criança e a situação total que desejamos descrever agora.

É preciso dizer que não houve a menor intenção de fazer desse programa um caso especial ou um modelo-piloto. Não foi solicitada ou aceita nenhuma subvenção de nenhuma organização de pesquisa. Não se teve a pretensão de dizer que o plano a que estávamos associados foi particularmente bom ou bem-sucedido, ou que foi melhor no nosso condado do que em outros. Provavelmente, na verdade, as medidas tomadas nesse condado teriam sido inadequadas para qualquer outro condado; e o que ocorreu pode ser tomado como um exemplo de adaptação natural às circunstâncias.

De fato, uma característica significativa desses programas em tempo de guerra, como um todo, era a ausência de planejamento rígido, o que possibilitou a cada região do Ministério da Saúde (na verdade, a cada condado de cada região) adaptar-se às necessidades locais; o resultado foi que, no final da guerra, havia tantos tipos de programas quantos eram os condados. Poder-se-ia pensar que isso consistisse em uma falha de planejamento global mas, quanto a isso, sugerimos que a oportunidade de adaptação tem mais valor do que a previsão. Se um programa rígido é criado e implantado, ocorre uma imposição antieconômica de situações quando as circunstâncias locais não admitem adaptação; ainda mais importante, as pessoas que são atraídas para a tarefa de aplicar um programa previamente estabelecido são muito diferentes daquelas que são atraídas pela tarefa de desenvolver elas próprias um programa. A atitude do Ministério da Saúde, o responsável por esses assuntos, parece-nos ter suscitado uma originalidade criativa e, portanto, um vivo interesse por parte daqueles que tinham de produzir trabalho, e planos de trabalho, de acordo com as necessidades locais[1].

Em todo trabalho que envolva cuidar de seres humanos, são necessárias pessoas dotadas de originalidade e de um senso agudo de responsabilidade. Quando esses seres humanos são crianças, crianças que carecem de um ambiente especificamente adaptado às suas necessidades individuais, a pessoa que tem preferência por seguir um plano rígido não é adequada à tarefa. Qualquer plano amplo que envolva cuidados para com crianças privadas de uma vida familiar adequada deve, por conseguinte, permitir e facilitar ao máximo a adaptação local, e atrair pessoas de mente aberta para trabalhar nele.

O problema do desenvolvimento

As crianças evacuadas das grandes cidades foram enviadas para lares de pessoas comuns. Logo se tornou evidente que uma parte desses meninos e meninas era difícil de alojar, além do fato complementar de que alguns lares eram inadequados como lares adotivos.

Os colapsos daí resultantes degenerariam rapidamente em casos de comportamento anti-social. Uma criança que não se dava bem num alojamento ou voltava para casa e para o perigo, ou então mudava de alojamento; um número grande de mudanças de alojamento indicava uma situação em deterioração e tendia a constituir um prelúdio para algum ato anti-social. Foi nessa fase que a opinião pública tornou-se um fator importante na situação: por um lado, houve alarme público e acionamento dos tribunais, que representavam as atitudes usuais em relação à delinqüência; por outro lado, havia o interesse de organização do Ministério da Saúde, com o desenvolvimento do interesse local em prover, para

....
1. Poder-se-ia dizer que o Ministério da Saúde lançou uma tarefa a um condado, observou os resultados obtidos e agiu de acordo – uma situação que lembra o princípio de tarefas de "grupos sem líder" empregado na Seleção de Oficiais do Exército Britânico.

essas crianças, um tratamento alternativo, destinado a impedir que elas chegassem aos tribunais.

Nos casos de fracasso do plano de evacuação, os sintomas eram de todos os tipos. Enurese noturna e incontinência fecal ocupavam o primeiro lugar, mas registraram-se todos os tipos possíveis de dificuldades, inclusive roubos em bandos, queimas de medas de feno, depredações de trens, evasão escolar, fugas dos alojamentos e ligações com soldados. Também havia, é claro, as provas mais óbvias de angústia, como por exemplo explosões maníacas, fases depressivas, crises de mau humor, comportamento excêntrico e insano, e deterioração da personalidade, com falta de interesse pelas roupas e pela higiene pessoal.

Descobriu-se rapidamente que os quadros sintomáticos eram inúteis do ponto de vista do diagnóstico e constituíam mera evidência de sérias dificuldades em resultado do fracasso ecológico no novo lar adotivo. A doença psicológica, no sentido de profunda perturbação endopsíquica aparentemente não relacionada com o meio ambiente, dificilmente poderia ser reconhecida como tal nas condições anormais de evacuação. Essa situação era complicada pelo processo natural de escolha mútua que levou as crianças psicologicamente saudáveis a encontrarem os bons alojamentos.

A reação inicial das autoridades ao surgimento de um grupo problemático de crianças foi dar a elas tratamento psicológico individual, e providenciar instalações onde pudessem ser alojadas enquanto recebiam tratamento. Gradualmente, porém, tornou-se claro que acomodações desse tipo implicariam, de início, a organização e gestão de residências. Concluiu-se, além disso, que tal gestão já constituía, em si mesma, uma terapia. Era importante, além disso, que a gestão apropriada, como terapia, fosse prática, pois teria que ser exercida por pessoas relativamente despreparadas, isto é, por indivíduos não treinados em psicoterapia mas informados, orientados e apoiados pela equipe psiquiátrica.

Como providência básica, portanto, os alojamentos passaram a ser organizados como residências para crianças evacuadas que apresentassem dificuldades especiais. No nosso condado, utilizou-se primeiro uma grande instituição desativada; mas, em conseqüência das dificuldades dessa experiência inicial, as autoridades locais desenvolveram a idéia de instalar vários alojamentos pequenos, a serem dirigidos num sistema pessoal[2], enquanto a nomeação de uma Assistente Social Psiquiátrica, residente no condado, resultou da necessidade de coordenar o trabalho de vários alojamentos e de constituir um corpo de experiência que pudesse beneficiar todo o programa.

Nas fases iniciais, pensou-se em dar um tratamento que tornasse cada criança apta a ser realojada num lar adotivo, mas a experiência mostrou que essa idéia baseava-se numa subestimação da gravidade do problema. Com efeito, coube ao psiquiatra chamar a atenção para o fato de que essas crianças estavam seriamente afetadas pela evacuação e de que quase todas tinham razões pessoais para não poderem achar que os bons alojamentos fossem bons; enfim, mostrar, de fato, que esses colapsos na evacuação ocorriam, em sua maioria, em crianças provenientes de lares instáveis, ou em crianças que nunca tinham tido em seus próprios lares um exemplo de bom ambiente.

A terapia em unidades residenciais necessitava de uma política de longa permanência e as intenções originais quanto aos alojamentos tinham sido modificadas a fim de permitir a permanência das crianças por períodos indefinidos, de até dois, três ou quatro anos. Na maioria dos casos, as crianças difíceis vinham de lares insatisfatórios, ou tinham vivido a desintegração da família ou tinham, pouco antes da evacuação, suportado o peso de um lar em perigo de dissolução. Elas precisavam, portanto, menos de substitutos para seus próprios lares do que de *experiências de um lar primário* que fossem satisfatórias.

Por experiências de lar primário entende-se a experiência de um ambiente adaptado às necessidades especiais da criança, sem o que não podem ser estabelecidos os alicerces da saúde mental. Sem alguém especificamente orientado para as suas necessidades, a criança não pode encontrar uma relação operacional com a realidade externa. Sem alguém que lhe proporcione satisfações instintivas razoáveis, a criança não pode descobrir seu corpo nem desenvolver uma personalidade integrada. Sem uma pessoa a quem possa amar e odiar, a criança não pode chegar a saber amar e odiar a mesma pessoa e, assim, não pode descobrir seu senti-

----
2. Cf. o *Curtis Report on the Care of Children* (1946), HMSO, Londres.

mento de culpa nem o seu desejo de restaurar e recuperar. Sem um ambiente humano e físico limitado que ela possa conhecer, a criança não pode descobrir até que ponto suas idéias agressivas não conseguem realmente destruir e, por conseguinte, não pode discernir fantasia de fato. Sem um pai e uma mãe que estejam juntos e assumam juntos a responsabilidade por ela, a criança não pode encontrar e expressar seu impulso para separá-los nem sentir alívio por não conseguir fazê-lo. O desenvolvimento emocional dos primeiros anos é complexo e não pode ser omitido, e toda criança necessita absolutamente de um certo grau de ambiente favorável se quiser transpor os primeiros e essenciais estágios desse desenvolvimento.

Para terem valor, essas experiências de lar primário fornecidas tardiamente nos alojamentos teriam que ter uma estabilidade de anos, e não de alguns meses; e é perfeitamente compreensível que os resultados nunca fossem tão bons quanto teriam sido em bons lares primários. O êxito no trabalho no alojamento deve ser considerado, portanto, em termos de reduzir o fracasso do próprio lar da criança.

O corolário é que um bom trabalho no alojamento deve necessariamente aproveitar tudo o que tiver restado de bom do lar verdadeiro da criança.

A tarefa

Existem várias maneiras de descrever o problema real:

(1) A proteção do público contra o "incômodo" causado por crianças que eram difíceis de alojar.
(2) A resolução de sentimentos públicos conflitantes de irritação e de apreensão.
(3) A tentativa de impedir a delinqüência.
(4) A tentativa de tratamento e cura dessas crianças "incômodas", com base no fato de estarem doentes.
(5) A tentativa de ajudar as crianças por terem sofrimentos ocultos.
(6) A tentativa de descobrir a melhor forma de tratar esse tipo de caso psiquiátrico, independentemente da conjuntura específica da guerra.

Veremos que essas várias maneiras de enunciar a tarefa têm que ser consideradas quando se formula a pergunta: Quais foram os resultados? Poderíamos responder, com respeito a cada item da tarefa:

(1) Quanto à diminuição do "incômodo" causado por crianças difíceis, 285 crianças foram alojadas e cuidadas em albergues; e isso foi feito com sucesso, exceto no caso de cerca de uma dúzia de crianças, que fugiram.

(2) Quanto à irritação pública, muitas pessoas sentem-se frustradas, por vezes, pelo fato de os "delitos" de crianças serem tratados como sinais de sofrimento, em vez de indicações para punição; por exemplo, um agricultor cuja meda de feno tinha sido destruída pelo fogo queixou-se de que os culpados pareciam ter ganho e não perdido com seu ato anti-social. Quanto à apreensão do público, muitas pessoas que estavam sinceramente preocupadas com a situação sentiram-se aliviadas ao saberem que o problema estava sendo enfrentado. O trabalho dos alojamentos passou a ser notícia importante.

(3) Numa grande proporção de casos, houve realmente prevenção da delinqüência. Uma criança obviamente destinada ao Tribunal Juvenil, antes de sua admissão no programa, era acompanhada durante toda a adolescência até arrumar um emprego, sem qualquer incidente maior e sem controle do Ministério do Interior. Em outras palavras, a dificuldade era encarada como uma questão de saúde individual e social, e não meramente como uma questão (inconsciente) de vingança pública; o delinqüente potencial era tratado – como devia ser – como um doente.

(4) Se considerarmos o problema como doença, uma pequena proporção das crianças recuperou a saúde e uma proporção razoável obteve melhora razoável de sua condição psicológica.

(5) Do ponto de vista dos pacientes infantis, descobriu-se intenso sofrimento em muitos deles, assim como loucura encoberta ou, de fato, manifesta; e, no decorrer do trabalho de rotina, uma parte considerável do sofrimento foi compartilhada e, em certa medida, aliviada. Em alguns casos, foi possível acrescentar psicoterapia pessoal, mas apenas para mostrar a grande

necessidade (com base no sofrimento real) de uma terapia pessoal mais intensa do que o possível no âmbito do programa. (6) Do ponto de vista sociológico, o funcionamento de todo o programa forneceu indicações quanto ao modo de lidar com crianças potencialmente anti-sociais e crianças insanas[3], que sofriam de distúrbios não produzidos pela guerra, embora a evacuação tornasse pública a existência desses casos.

O programa cresce

Assim, o programa cresceu a partir de necessidades locais agudas e do sentimento, gerado pela guerra, de que se arcaria com qualquer preço, desde que o funcionamento do programa resolvesse o problema que se tinha em mãos. Em virtude da guerra, podiam-se requisitar casas, e em poucos meses havia cinco alojamentos no grupo, assim como relações amistosas com muitos outros. Providenciaram-se, é claro, "enfermarias" para tratamento de evacuados que apresentassem doenças físicas, e como elas fossem em número maior do que o necessário, foram usadas para algumas crianças psiquicamente doentes dos alojamentos.

As providências foram as seguintes:

A autoridade nacional, o Ministério da Saúde, subvencionava em 100% a prefeitura do Condado – isto é, aceitava plena responsabilidade financeira – para a realização desse trabalho. A prefeitura do Condado nomeou uma comissão formada por moradores de prestígio do Condado (com um subprocurador atuando como secretário), investida de poderes para agir, assim como para informar e fazer recomendações ao seu órgão superior. Nomeou-se uma assistente social em tempo integral para colaborar com o psiquiatra, que realizava uma visita semanal ao condado. Daí em diante, a pequena equipe psiquiátrica pôde dedicar-se a questões individuais, o que é essencial nesse trabalho; e, ao mesmo tempo, através de reuniões regulares da comissão, pôde manter contato

....
3. A palavra "insanas" é aqui usada deliberadamente, pois nenhuma outra palavra é correta e o termo oficial "desajustadas" distorce toda a questão.

com o amplo aspecto administrativo da situação. De fato, quando se atingiu esse estágio, a ampla visão central do Ministério passou a focalizar até os detalhes.

Quando se examina essa organização, percebe-se que se estabeleceu um círculo.

As crianças problemáticas, por serem um "incômodo", produziram uma opinião pública que apoiaria todas as providências que fossem tomadas para elas, o que, de fato, vinha ao encontro de suas necessidades.

Seria errado dizer que, em questões humanas, a demanda gera a oferta. As necessidades das crianças não produzem bom tratamento, e agora que a guerra acabou é muito difícil obter, por exemplo, albergues especiais para as mesmas crianças cujas necessidades foram satisfeitas em tempo de guerra. O fato é que, em tempo de paz, as crianças problemáticas já não são um "incômodo" tão grande e a opinião pública readquire uma sonolenta indiferença. Durante a guerra, a evacuação divulgou os problemas dessas crianças por todo o interior do país; também os exagerou numa época em que a tensão emocional geral da comunidade e a escassez de bens e de mão-de-obra tornaram imperativa a prevenção de danos e roubos, e fizeram com que o trabalho policial extra fosse indesejável.

Não é que o sofrimento infantil produzisse a assistência à criança; foi antes o medo que a sociedade tinha do comportamento anti-social, que a afetava num momento inoportuno, que desencadeou uma seqüência de acontecimentos, acontecimentos que puderam ser usados por quem conhecia os problemas das crianças para fornecer-lhes terapia, sob forma de uma organização residencial a longo prazo, com assistência pessoal por uma equipe adequada e bem informada.

A equipe psiquiátrica

Em virtude da situação descrita, a tarefa da equipe psiquiátrica assumiu dois aspectos: por um lado, a vontade do Ministério tinha de ser implementada; e, por outro, as necessidades das crianças tinham de ser estudadas e satisfeitas. Felizmente, a equipe estava diretamente subordinada a uma comissão que desejava ser informada sobre todos os detalhes.

Nesta experiência de guerra, a composição da comissão voluntária manteve-se constante e, assim, ela se desenvolveu com o próprio plano. Sendo estável, a comissão compartilhou com a equipe psiquiátrica de um "crescimento gradativo no trabalho", de forma que cada sucesso ou fracasso ajudava a consolidar uma experiência que tinha aplicação geral e beneficiava todos os alojamentos.

Para ilustrar isso, podemos citar casos específicos, se bem que o principal desenvolvimento tenha sido de natureza geral e não possa ser ilustrado.

(1) Gradualmente, adotou-se a idéia de nomear casais, de modo que ambos os cônjuges atuassem conjuntamente na supervisão. No começo, foi uma experiência, que só se podia realizar numa atmosfera de mútua compreensão, por causa das complicações decorrentes dos problemas da própria família dos supervisores e suas relações com as crianças alojadas.

(2) Levantou-se a questão do castigo corporal para ser discutida na comissão, no momento apropriado, por meio de um memorando, o que levou à formulação de uma política definitiva[4].

....

4. Quanto ao castigo corporal, a regra era a comissão confiar no supervisor nomeado e conceder-lhe o direito de aplicar punições corporais. Se a comissão se desagradava do modo como ele atuava, o remédio era arranjar um novo supervisor e não interferir diretamente. Qualquer restrição quanto ao castigo corporal é logo descoberta pelas crianças e, na prática, o fato de o supervisor ser reprimido pela comissão constitui sério prejuízo para ele.

Num determinado caso, quando a comissão teve dúvidas, o supervisor foi solicitado a registrar cada punição num livro, que era inspecionado semanalmente.

Ao lado dessa política geral havia um empenho no sentido da educação do pessoal, de modo que a punição corporal era evitada o mais possível. Através da compreensão das dificuldades pessoais de cada criança, os excessos passíveis de castigo puderam ser freqüentemente evitados e em alguns grupos, durante longos períodos de tempo, a punição corporal foi, de fato, rara. (Nota do autor)

(3) Foi proposta, e gradualmente adotada, a idéia de que era preferível ter uma só pessoa (neste caso, a assistente social) no centro de todo o programa, em vez de as responsabilidades serem divididas no escritório administrativo do programa, tendo como conseqüência a sobreposição parcial e o desperdício de experiência, porque esta não era integrada com a experiência total.
(4) O psiquiatra foi originalmente nomeado para fornecer terapia. Isso foi alterado, e sua função passou a ser a de fazer a triagem dos casos antes da admissão, bem como decidir sobre a escolha do alojamento. Finalmente, ele acabou por tornar-se terapeuta indireto das crianças através de suas discussões regulares com os supervisores e demais membros da equipe.

Nesses e em inúmeros outros aspectos, a comissão e a equipe psiquiátrica empregada por ela sempre mantiveram uma flexibilidade e desenvolveram juntas uma adaptação ao trabalho.

A importância disso é inestimável e pode ser claramente avaliada se compararmos essa situação com a relação direta com um ministério. No Serviço Civil Britânico, é essencial que os funcionários adquiram experiência em cada um dos vários departamentos da administração pública. A conseqüência é que, se estabelecemos relações pessoais e de compreensão com o diretor do departamento apropriado num ministério, quando ocorre o inevitável remanejamento de pessoal, por treinamento e promoção, tem que se começar tudo de novo com outra pessoa. Quando isso acontece com muita freqüência, verificamos que, enquanto nós nos familiarizamos com o trabalho, não sentimos que o mesmo tenha acontecido com o diretor do departamento; nem podemos esperar dele compreensão para os detalhes do trabalho. Uma vez que essa situação certamente deve ser aceita como inevitável em grandes organizações centrais, o único remédio é recorrermos a tais órgãos para que dêem uma direção geral, mas deixando de lado qualquer tentativa para que mantenham contato com os detalhes. E, no entanto, em nenhum trabalho os detalhes são mais importantes do que no trabalho com crianças; por isso deve existir sempre uma comissão de "ligação", formada por pessoas interessadas que representem o órgão superior mais amplo e que esteja capacitada e disposta a debruçar-se sobre os detalhes, que constituem a principal preocupação de quem trabalha em campo.

Era importante que a assistente social assumisse o peso da responsabilidade, e isso era possível na medida em que ela sabia que contava com o apoio do subprocurador na comissão e do psiquiatra. Este último, vivendo longe dos problemas imediatos, podia discutir os detalhes locais sem profundo envolvimento emocional e, ao mesmo tempo, sendo médico, podia aceitar a responsabilidade pelos riscos que tinham de ser assumidos na medida em que se quisesse fazer o melhor pelas crianças.

Aqui está um exemplo dos benefícios de apoio e responsabilidade de ordem técnica. Um supervisor telefona para a assistente social e diz: "Tem um menino no telhado do alojamento. O que devo fazer?" Ele não se atreve a assumir a responsabilidade, pois não possui treinamento psiquiátrico e sabe que esse menino tem uma tendência suicida. A assistente social sabe que tem o apoio do psiquiatra para responder: "Ignore o menino e assuma o risco." O supervisor sabe que esse é o melhor tratamento mas, sem respaldo, teria abandonado o que estava fazendo, ignoraria as necessidades de outras crianças, talvez chamasse os bombeiros e, assim, causaria grave dano ao rapaz ao colocá-lo em evidência, chamando a atenção para a sua fuga. De fato, o resultado da atitude tomada foi que, na hora da refeição seguinte, o menino estava em seu lugar à mesa e muita confusão fora evitada.

A assistente social e o psiquiatra formavam uma equipe psiquiátrica pequena, em que portanto não havia rigidez, mas que podia assumir a responsabilidade sobre uma vasta área. Podiam decidir e agir rapidamente, dentro da margem dos poderes da comissão por quem eram nomeados e a quem respondiam diretamente.

Aqui estão mais alguns exemplos de detalhes que provaram ser importantes:

(1) Consideramos necessário dar-nos ao trabalho de reunir os fragmentos da história passada de cada criança, fazendo com que soubesse que havia alguém que conhecia tudo a respeito dela.

(2) Todas as pessoas que trabalhavam no alojamento tinham a mesma importância. Uma criança podia obter ajuda especial a

partir de sua relação com o jardineiro ou com o cozinheiro. Por isso, a seleção de pessoal era um aspecto que nos preocupava muito.

(3) Podia acontecer que, de repente, um supervisor se mostrasse incapaz de continuar tolerando uma determinada criança, e que a avaliação objetiva desse problema requeresse um conhecimento muito íntimo da situação. Partíamos do princípio de que um supervisor devia poder expressar seus sentimentos a alguém que estivesse apto, se necessário, a tomar providências ou pudesse impedir que o problema redundasse numa crise desnecessária.

Classificação para fins de alojamento

Para cada tipo de trabalho psiquiátrico, há um método mais apropriado de classificação de pacientes. Para distribuir adequadamente essas crianças em alojamentos, a classificação de acordo com sintomas era inútil e foi descartada. Foram desenvolvidos e adotados os seguintes princípios:

1. Em muitos casos, um diagnóstico adequado só pode ser feito depois que a criança foi observada, num grupo, durante um certo tempo.

Quanto ao tempo necessário, uma semana é melhor do que nada, mas três meses é melhor do que uma semana.

2. Se há a possibilidade de se obter a história do desenvolvimento da criança, a existência ou não de um lar razoavelmente estável é um fato de importância primordial.

No primeiro caso, a experiência da criança no lar poderá ser usada, e o alojamento poderá lembrar à criança o seu próprio lar e ampliar a idéia de lar que ela já tem. No segundo caso, o albergue terá de fornecer a idéia de um lar primário, e então a idéia que a criança faz de seu próprio lar mistura-se com o lar ideal de seus sonhos, em comparação ao qual o alojamento é um lugar bastante medíocre.

3. Se existe um lar de qualquer tipo, então é importante ter conhecimento de anormalidades que eventualmente haja nele.

São exemplos disso pai ou mãe que seja caso psiquiátrico, comprovado ou não, irmão ou irmã prepotente ou anti-social, ou condições habitacionais que são, em si mesmas, um vexame. A vida no alojamento pode oferecer alguma correção dessas anormalidades no decorrer do tempo e, gradualmente, habilitar a criança a encarar objetivamente, e até com indulgência, o seu próprio lar.

4. Caso se disponha de mais detalhes, é muito importante saber se a criança desfrutou ou não de uma relação bebê-mãe satisfatória.

Se houve a experiência de uma boa relação inicial, mesmo que depois se tenha perdido, ela poderá ser recuperada na relação pessoal de algum membro do alojamento com a criança. Se, de fato, não existiu esse bom começo, está além do alcance de um albergue criá-lo, *ab initio*. A resposta a essa importante questão é, com freqüência, uma questão de grau; mas, de qualquer modo, vale a pena buscar essa resposta. Muitas vezes é impossível obter uma história fidedigna desse relacionamento inicial, e nesse caso o passado terá de ser reconstituído através da observação da criança no alojamento, durante um período de meses.

5. Durante o período de observação, existem certas indicações especialmente valiosas: habilidade para jogos, perseverança, capacidade para fazer amigos.

Se uma criança pode brincar, esse é um sinal muito favorável. Se há gosto e perseverança no esforço construtivo, sem necessidade exagerada de supervisão e estímulo, existe esperança ainda maior de realização de trabalho útil durante a permanência no alojamento. A capacidade para fazer amigos é mais um sinal favorável. As crianças angustiadas mudam de amigos com muita freqüência e facilidade, e as crianças seriamente perturbadas só conseguem filiar-se a bandos, isto é, grupos cuja coesão se baseia em planejar perseguições. A maioria das crianças recrutadas para os alojamentos de evacuação era, no começo, incapaz de brincar, de realizar um esforço construtivo contínuo ou de estabelecer amizades.

6. O defeito mental tem importância óbvia e, em qualquer grupo de alojamentos para crianças difíceis, deverão existir acomodações separadas para aquelas de baixa inteligência.

Isso não é apenas porque essas crianças necessitam de orientação e educação especiais, mas também porque acabam esgotando as pessoas que trabalham no alojamento e causando nelas um sentimento de impotência. Num trabalho tão difícil como o exigido por crianças problemáticas, é preciso que haja alguma esperança de recompensa para os esforços desenvolvidos, mesmo que tal recompensa nunca aconteça realmente.
7. O comportamento bizarro ou "desligado" e as características extravagantes distinguem algumas crianças que, em seu todo, não são material promissor para a terapia em regime residencial.

Tais crianças confundem as pessoas que trabalham no alojamento, fazendo-as sentir que são elas que estão loucas. Em todo caso, as crianças desse tipo necessitam de psicoterapia pessoal, mas, mesmo que esta possa ser fornecida, freqüentemente está além da compreensão nos dias de hoje. São, de fato, casos de pesquisa para analistas empreendedores, e existem poucas instituições satisfatórias para essas crianças.

A classificação esboçada acima constituiu a base para a distribuição das crianças nos alojamentos, mas o principal fator a se considerar deve ser sempre o seguinte: o que pode tal alojamento, tal supervisor e tal grupo de crianças suportar neste momento determinado? Logo se constatou que era inconveniente decidir a colocação de uma criança num determinado alojamento simplesmente porque ela necessitava de assistência e esse alojamento tinha uma vaga. Cada criança nova, perturbada – perturbadas que eram as crianças que fracassavam nos lares adotivos –, não podia deixar de ser uma complicação e uma desvantagem para a comunidade de um alojamento. Essas crianças (exceto, talvez, nas primeiras duas semanas enganadoras e irreais) em nada contribuem e, pelo contrário, absorvem muita energia emocional. Se acabam sendo aceitas no grupo, então começam a ser capazes de contribuir, em certa medida, com a supervisão; mas isso é resultado de um trabalho árduo por parte do pessoal e das próprias crianças alojadas.

Para um supervisor, o mais conveniente é que a criança seja apresentada a ele antes que se decida a questão de sua admissão. Assim, sugere-se uma determinada criança para ingresso no alojamento, mas o supervisor poderá aceitar ou recusar sua admissão. Se ele achar que pode absorver essa nova criança, é porque começou a querê-la. Pelo outro método, o da simples colocação da criança, sem consulta prévia, não se pode evitar que os supervisores comecem por alimentar sentimentos negativos em relação à criança, e só com tempo, e sorte, descobrirão outros sentimentos. Essa consulta anterior à admissão foi muito difícil de pôr em prática, mas houve grande empenho para evitar exceções à regra, por causa das grandes diferenças práticas entre os dois métodos.

A idéia terapêutica central

A idéia central do plano era proporcionar estabilidade, que as crianças pudessem conhecer, testar, em que aos poucos pudessem confiar e em função da qual pudessem viver. Essa estabilidade era, em essência, algo que existia independentemente da capacidade individual ou coletiva das crianças para criá-la ou mantê-la[5].

A estabilidade do ambiente era transmitida da comunidade em geral para as crianças. O Ministério fornecia o *background*, coadjuvado pela administração do Condado. Sobre esse pano de fundo havia a comissão, a qual, neste programa, felizmente era constituída por um grupo de pessoas experientes e responsáveis, em quem se podia confiar para que essa estabilidade se mantivesse. Havia também o pessoal dos alojamentos, assim como seus prédios e terrenos, e a atmosfera emocional geral. Era tarefa da equipe psiquiátrica traduzir a estabilidade essencial do programa em termos de estabilidade emocional nos alojamentos. As crianças só poderão colher benefícios de suas relações com os supervisores se estes se sentirem felizes, satisfeitos e estáveis em suas funções. Nesses albergues de características tão especiais, a posi-

....
5. Por certo, qualquer experiência no sentido de levar as crianças a criarem sua própria gestão central deve sempre ser realizada antes com aquelas crianças que tiveram uma boa experiência familiar anterior. Mas com essas crianças que sofreram privação parece uma crueldade levá-las a realizar justamente o que as faz sentirem-se desamparadas.

ção dos supervisores é tão difícil, que a compreensão e o apoio de alguém são, para eles, uma necessidade absoluta. No programa que estamos descrevendo, cabia à equipe psiquiátrica dar esse apoio.

Portanto, o fundamental era, como dissemos, fornecer estabilidade e, sobretudo, estabilidade emocional ao pessoal dos alojamentos, embora, é claro, isso nunca pudesse ser plenamente conseguido. Mas o trabalho era realizado o tempo todo com esse objetivo em vista. A fim de ajudar na criação de uma base emocional estável para as crianças, recomendou-se à comissão a política – adotada por ela e já mencionada anteriormente – de empregar casais de supervisores. Esses casais, às vezes, tinham filhos, e então seguiam-se imensas complicações. No entanto, essas complicações eram amplamente compensadas pelo enriquecimento da comunidade do alojamento, através da existência de uma família real dentro dele.

Alguém disse, certa vez, em tom de crítica: "O alojamento parece ter sido instituído mais para o pessoal"; mas achamos que não era realmente uma crítica. O pessoal deve viver uma vida satisfatória; deve desfrutar de tempo livre, férias adequadas e, em tempo de paz, deve receber uma remuneração financeira condigna, se é que se deseja de fato realizar um trabalho válido com crianças anti-sociais e insanas. Não é suficiente providenciar um belo alojamento que conte com pessoal agradável. Para uma gestão residencial eficaz, as pessoas que trabalham no alojamento devem permanecer no lugar por um longo tempo – o suficiente para acompanhar as crianças até o final do período escolar e o início da vida profissional –, pois sua tarefa só estará terminada depois que tiverem, gradualmente, lançado as crianças no mundo.

1

Não existe treinamento especial para supervisores de alojamento e, de qualquer modo, a seleção de pessoas adequadas para esse trabalho tem maior importância do que o seu treinamento. Consideramos impossível generalizar quanto ao tipo de pessoa que seria um bom supervisor. Os mais bem sucedidos em nosso programa têm diferido muito uns dos outros quanto a aspectos como educação, experiência prévia e interesses, e foram recrutados nos mais variados contextos de vida. Eis uma lista de ocupações anteriores de alguns deles: professor primário, assistente social, trabalhador paroquial, artista comercial, preceptor e governanta numa escola particular, funcionário numa instituição de assistência pública, funcionário dos serviços de bem-estar na prisão.

Achamos que a natureza do treinamento e da experiência anteriores tem menos importância do que a capacidade para assimilar experiências e para lidar de modo autêntico e espontâneo com os acontecimentos e as relações. Esse aspecto é extremamente importante, pois somente aqueles que são suficientemente confiantes para serem eles mesmos, e para agirem de um modo natural, podem atuar coerentemente todos os dias. Além disso, os supervisores são submetidos a uma prova tão severa pelas crianças, que só os que são capazes de serem sempre eles mesmos conseguem suportar a tensão. Devemos ressaltar, entretanto, que em certos momentos o supervisor terá de "atuar naturalmente" no mesmo sentido em que um ator atua naturalmente. Isso é especialmente importante no caso de crianças doentes. Se uma criança aparece choramingando – "Cortei o dedo" – justamente quando o supervisor está preenchendo seu formulário de Imposto de Renda, ou está demitindo o cozinheiro, ele deverá agir como se a criança não tivesse aparecido num momento tão inoportuno; pois essas crianças estão, com freqüência, doentes demais ou angustiadas demais para serem capazes de admitir tanto as dificuldades pessoais do supervisor quanto as suas próprias.

Por conseguinte, tentamos escolher como supervisores dos alojamentos pessoas, de ambos os sexos, que tenham essa capacidade para serem sistematicamente naturais e coerentes em sua conduta, pois consideramos isso essencial para o trabalho. Também consideramos importante que a pessoa tenha alguma habilidade especial, como música, pintura, cerâmica, etc. Acima e além de tudo isso, entretanto, é vital que os supervisores, é claro, gostem sinceramente de crianças, pois só isso os fará superar os inevitáveis altos e baixos da vida de um alojamento.

Pessoas brilhantes, que organizam muito bem um alojamento e depois seguem para outro a fim de fazer a mesma coisa, são um mal para as crianças. É a natureza permanente do lar que o torna valioso, mais do que o fato de o trabalho ser realizado com inteligência.

Não esperamos que os supervisores sigam nenhum tipo de prescrição ou mesmo executem planos estabelecidos. Supervisores a quem se precisa dizer o que devem fazer são inúteis, porque as coisas importantes têm que ser feitas em cima da hora, no momento preciso e de um modo que seja natural para quem está envolvido. Só assim o relacionamento com o supervisor se torna real e, por conseguinte, importante para a criança. Os supervisores são estimulados a construir uma vida no lar e na comunidade dando o máximo de suas aptidões e capacidades, e isso estará de acordo com suas próprias crenças e modo de vida. Portanto, não há dois alojamentos idênticos.

Verificamos que há supervisores que preferem organizar grandes grupos de crianças e outros que preferem relações pessoais íntimas com poucas crianças. Há os que preferem crianças anormais de um tipo ou de outro, e os que gostam de lidar com deficientes mentais.

A educação dos supervisores no próprio trabalho é importante e foi discutida antes como parte da tarefa do psiquiatra e da assistente social psiquiátrica. Essa educação é melhor administrada no trabalho, através do debate dos problemas à medida que eles surgem. É importante que os supervisores tenham suficiente confiança em si mesmos para poderem pensar de acordo com diretrizes psicológicas e discutir os problemas com outros colegas e pessoas experientes.

A escolha das demais pessoas para trabalharem nos albergues apresenta dificuldades peculiares, sobretudo quando as crianças são um tanto anti-sociais. Quando se trata de crianças normais, os assistentes podem ser jovens que estejam aprendendo o trabalho, praticando a assunção de responsabilidades e agindo por iniciativa própria, com vistas a, no futuro, tornarem-se supervisores. Entretanto, quando as crianças são anti-sociais, a administração tem de ser forte e não pode evitar ser ditatorial; por isso, os assistentes têm que estar constantemente executando ordens do supervisor, quando prefeririam trabalhar por iniciativa própria, e acabam se aborrecendo. Caso prefiram que se diga o que devem fazer, certamente não são muito bons. Esses problemas são inerentes ao trabalho.

2

Uma vez que se reconhece o quanto o sentimento de segurança de uma criança está intimamente vinculado às suas relações com os pais, torna-se óbvio que ninguém mais lhe pode dar tanto. Toda criança tem direito de crescer num bom lar, e ver-se privada disso é uma desgraça.

Em nosso trabalho reconhecemos, portanto, que não podemos dar às crianças algo tão bom quanto teria sido seu próprio lar. Somente podemos oferecer-lhes um lar substituto.

Cada alojamento tenta reproduzir o mais fielmente possível um ambiente familiar para as crianças. Isso significa, acima de tudo, o fornecimento de coisas positivas: instalações, alimentação, vestuário, compreensão e amor; horário, escola; equipamentos e idéias para jogos fecundos e trabalho construtivo. O alojamento também fornece pais substitutos e outras relações humanas. E depois, proporcionadas todas essas coisas, cada criança, conforme o grau de sua desconfiança, e o grau de sua desesperança quanto à perda de seu próprio lar (e, por vezes, seu reconhecimento das inadequações desse lar, enquanto durou), está o tempo todo testando o pessoal do alojamento, como testaria seus próprios pais. Às vezes ela faz isso diretamente, mas quase sempre se contenta em deixar que outra criança faça esses testes para ela. Uma coisa importante em relação a esses testes é que não se trata de algo que possa ser realizado e encerrado. Há sempre alguém que é a "peste". É freqüente algum membro da equipe dizer: "Tudo estaria bem se não fosse o Tommy..." mas, na verdade, os outros só podem dar-se ao luxo de serem "bonzinhos" porque Tommy se encarrega de ser a "peste", e prova para eles que o lar pode perfeitamente resistir ao teste de Tommy – presumindo-se, portanto, que também resistiria ao teste de cada um deles.

A reação usual de uma criança colocada num bom alojamento pode ser descrita como tendo três fases. Na primeira, bastante curta, a criança é notavelmente "normal" (levará muito tempo para que ela volte a ser tão normal); ela alimenta uma nova esperança, dificilmente vê as pessoas como elas são, e o pessoal do alojamento e as outras crianças ainda não deram motivo algum para que ela comece a se desiludir. Quase todas as crianças passam por um breve período de bom comportamento logo que chegam. É uma fase perigosa, porque o que a criança vê no supervisor e no pessoal é o seu ideal do que deveriam ser um bom pai e uma boa mãe. Os adultos tendem a pensar: "Esta criança está vendo que somos bons e confiará facilmente em nós." Mas ela não está vendo que eles são bons; na verdade, está simplesmente *imaginando* que são bons. É um sintoma de doença acreditar que qualquer coisa possa ser 100% boa, e a criança começa com um ideal que está destinado a desmoronar.

Mais cedo ou mais tarde, a criança entra na segunda fase: o colapso desse ideal. Primeiramente, dispõe-se a testar fisicamente o prédio e as pessoas. Quer saber que danos poderá causar e até que ponto poderá causá-los impunemente. Então, se descobre que pode ser fisicamente controlada, isto é, que o lugar e as pessoas nada têm a temer fisicamente dela, começa a testar mais sutilmente, jogando as pessoas umas contra as outras, tentando fazê-las brigarem, tentando fazer com que uma denuncie a outra, e empenhando-se ao máximo em se favorecer à custa de todas essas manobras. Quando um alojamento está sendo administrado de forma insatisfatória, é essa segunda fase que se torna uma característica quase constante.

Se o alojamento passa sem problemas por esses testes, a criança entra na terceira fase; acalma-se, dá um suspiro de alívio, e adere à vida do grupo como um membro comum. É preciso lembrar que os seus primeiros contatos reais com as outras crianças se farão, provavelmente, sob forma de uma briga ou alguma espécie de ataque, e temos notado que, com freqüência, a primeira criança a ser atacada por uma criança nova torna-se depois a sua primeira amiga.

Em suma, os alojamentos fornecem coisas boas e positivas, e dão oportunidade para que seu valor e realidade sejam continuamente testados pelas crianças. Não há lugar para sentimentalismo ao se lidar com as crianças e nada resultará de bom oferecer a elas condições artificiais de indulgência; através da aplicação criteriosa da justiça, as crianças devem ser levadas gradualmente a confrontar-se com as conseqüências de suas próprias ações destrutivas. Cada criança estará apta a suportar isso na medida em que tiver sido capaz de extrair algo de bom e positivo da vida no alojamento, ou seja, na medida em que encontrou pessoas verdadeiramente confiáveis e começou a construir a confiança e a crença nessas pessoas e em si mesma.

É preciso lembrar que a preservação da lei e da ordem é necessária às crianças, e será um alívio para elas, pois significa que a vida no alojamento e as coisas boas que ele representa serão preservadas, a despeito de tudo que elas possam fazer.

A imensa tensão resultante das vinte e quatro horas diárias de assistência a essas crianças não é facilmente reconhecida nos escalões superiores e, de fato, qualquer pessoa que esteja apenas visitando um alojamento e não esteja emocionalmente envolvida pode muito bem esquecer esse fato. Podemos indagar por que os supervisores têm que se envolver emocionalmente. A resposta é que essas crianças, que estão procurando e desejando uma experiência de lar primário, não conseguirão nada se alguém, de fato, não se envolver emocionalmente com elas. A primeira coisa que essas crianças fazem, quando começam a ter esperança, é meterem-se na pele de outrem. A experiência subseqüente a esse estado constitui a essência da terapia de alojamento.

Portanto, os alojamentos devem ser pequenos. Além disso, os supervisores não devem ser sobrecarregados com nenhuma criança a mais do que podem suportar emocionalmente em qualquer momento; pois se um número excessivo de crianças for confiado a um supervisor, ele se verá obrigado a proteger-se expulsando alguém que não esteja preparado para isso. Um ser humano só consegue se preocupar seriamente com um determinado número de pessoas, num mesmo momento. Se isso for ignorado, o supervisor será obrigado a realizar um trabalho superficial e inútil, e a substituir por uma gestão ditatorial a combinação saudável de amor e energia que preferiria manifestar. Caso contrário, e isso é muito comum, ele sucumbe, e todo o trabalho que realizou se anula. Pois qualquer mudança de supervisor produz vítimas entre as crianças e interrompe a terapia natural do trabalho no alojamento.

9. Alojamentos para crianças em tempo de guerra e em tempo de paz

(Uma contribuição para o simpósio sobre "Lições para Psiquiatria Infantil", apresentada numa reunião da Seção Médica da British Psychological Society, em 27 de fevereiro de 1946. Revista e publicada em 1948.)

A evacuação produziu problemas específicos, e a guerra, soluções específicas para esses problemas. Poderemos fazer uso, em tempo de paz, dos resultados do que foi tão penosamente experimentado em época de estresse agudo e consciência do perigo comum?

Provavelmente muito pouco de novo em teoria psicológica resultou da experiência de evacuação, mas não há dúvida de que, por causa dessa experiência, esses problemas passaram a ser conhecidos por grande número de pessoas que, em outras circunstâncias, continuariam a ignorá-los. O grande público tornou-se especialmente consciente da existência de um comportamento anti-social, incluindo desde a enurese noturna até a depredação de trens.

De fato, muito se tem dito a respeito do comportamento anti-social: que constitui um fator de estabilização da sociedade, um retorno do reprimido, um sinal da espontaneidade ou impulsividade individual, e da negação do inconsciente, para onde o instinto é relegado, pela sociedade.

Quanto a mim, tive a felicidade de ser contratado pela administração de um condado (de 1939 a 1946), para trabalhar com um grupo de cinco alojamentos para crianças difíceis. Durante esse trabalho, que envolvia uma visita semanal ao condado, conheci profundamente 285 crianças, tendo sido a maioria delas observada num período de vários anos. A nossa tarefa consistia em resolver o problema imediato e nosso sucesso ou fracasso dependia de conseguirmos ou não aliviar os responsáveis pela organização da evacuação local das dificuldades que ameaçavam o êxito de seu trabalho. Agora a guerra terminou, mas ainda há o que se extrair da experiência por que passamos, especialmente pelo fato de que o público adquiriu uma nova consciência das tendências anti-sociais enquanto fenômenos psicológicos.

É claro, devemos evitar qualquer sugestão de que os alojamentos (ou internatos para crianças desajustadas, como são oficialmente chamados agora) são uma panacéia para os distúrbios emocionais das crianças. Nossa tendência é pensar no sistema de alojamentos simplesmente porque a alternativa é não fazer nada, em virtude da escassez de psicoterapeutas. Mas essa tendência tem que ser controlada. Com esta cláusula restritiva, pode-se dizer que existem crianças que necessitam urgentemente receber cuidados em algum tipo de "lar". Na minha clínica no Paddington Green Children's Hospital (um departamento médico ambulatorial) há uma considerável proporção de casos que necessitam absolutamente ser encaminhados para alojamentos.

Essas crianças, em tempos de paz, podem ser classificadas segundo duas amplas categorias: crianças cujos lares não existem ou cujos pais não conseguem estabelecer uma base para o desenvolvimento delas, e crianças que têm um lar mas, nele, um pai ou uma mãe mentalmente doente. Crianças como essas apresentam-se em nossas clínicas em tempo de paz, e verificamos que necessitam justamente do que precisavam as crianças que, durante a guerra, eram difíceis de alojar. Seu ambiente familiar as frustrara. Digamos que o que essas crianças precisam é de *estabilidade ambiental*, cuidados *individuais* e *continuidade* desses cuidados. Estamos pressupondo um padrão comum de cuidados físicos.

Para assegurar a possibilidade de proporcionar cuidados individuais às crianças, o alojamento deve contar com um quadro adequado de pessoal, e os supervisores devem ser capazes de suportar a tensão emocional envolvida em cuidar de qualquer criança, mas especialmente de crianças cujos próprios lares não conseguiram suportar tal tensão. Por isso, os supervisores de alojamentos necessitam do apoio constante do psiquiatra e da assistente social psiquiátrica[1]. As crianças (de um modo espontâneo) esperam que o alojamento ou, caso ele falhe, a sociedade, num sentido mais amplo, forneça-lhes a referência que seus próprios lares não conseguiram lhes dar. Uma equipe de trabalho inadequada não só torna impossível o tratamento pessoal como leva a problemas de saúde e colapso entre seus próprios membros, interferindo, portanto, na continuidade das relações entre eles, essencial nesse tipo de trabalho.

Um psiquiatra responsável por uma clínica que encaminha casos para alojamentos deveria ser, ele mesmo, responsável por um alojamento, para poder manter-se em contato com os problemas especiais envolvidos nesse trabalho. O mesmo se pode dizer a respeito de magistrados em tribunais juvenis, que deveriam ter assento nas comissões de alojamentos.

Psicoterapia. Ao lidar com crianças anti-sociais em clínicas, é inútil recomendar apenas psicoterapia. O primeiro fator essencial é conseguir que cada criança seja adequadamente alojada, e em muitos casos o alojamento adequado funciona por si só como terapia, desde que se dê tempo ao tempo. A psicoterapia pode ser acrescentada. É essencial que a terapia seja introduzida com muito tato. Se houver um psicoterapeuta, e se os supervisores do alojamento forem favoráveis, no caso de uma determinada criança, então a psicoterapia poderá ser introduzida. Mas há um fator que não se pode ignorar; ao se cuidar de uma criança desse tipo, ela terá que se tornar quase uma parte do supervisor. Se outra pessoa estiver cuidando de seu tratamento a criança poderá perder algo vital em sua relação com o supervisor (ou algum outro membro da equipe), e não será fácil o psicoterapeuta compensar isso, apesar de ter condições de oferecer uma compreensão mais profunda. Um bom supervisor tenderá, necessariamente, a não ver com bons olhos a psicoterapia para as crianças sob seus cuidados. Do mesmo modo, os bons pais detestam

----
1. Parece conveniente que, em certa medida, o psiquiatra se responsabilize pela seleção do pessoal, porque o estado mental e físico do pessoal é o mais importante na terapia. Um alojamento em que o pessoal é nomeado e administrado por uma autoridade e as crianças estão sob os cuidados de uma outra tem muito pouca probabilidade de êxito.

que seus filhos se submetam à análise, mesmo quando eles a buscam e cooperam plenamente.

A assistente social psiquiátrica e eu, nesse programa, mantivemos estreito contato com os supervisores, no que se referia tanto a problemas pessoais deles e das crianças, quanto a problemas que iam surgindo ao lidarem com as crianças. Nesse sentido, era um trabalho diferente daquele da clínica comum, em que o psiquiatra pode empenhar-se num relacionamento pessoal direto com cada paciente-criança e com os pais dela.

Instauração de alojamentos. Apesar dos decretos ministeriais favorecendo a criação de alojamentos, e apesar do grande número de crianças que necessitam deles, não é de surpreender que nada aconteça e que, pelo contrário, se tenha notícia de alojamentos fechando por todo o país. A ligação entre o suprimento e a necessidade só pode ser promovida por homens e mulheres que estejam aptos e dispostos a viver uma experiência com as crianças, dispostos a deixar que um grupo de crianças roube alguns anos de suas vidas. Aqueles que, como nós, estão envolvidos num trabalho clínico com essas crianças deverão estar sempre desempenhando um papel de integrar três aspectos – política oficial, supervisores e crianças. Não devemos esperar que nada de bom realmente aconteça, a não ser através dos nossos próprios esforços deliberados e voluntários. Mesmo em Medicina de Estado, as idéias e os contatos clínicos cabem ao médico, sem o qual o melhor dos programas é inútil.

Colocação. O método óbvio a ser adotado por um grande órgão (como o Conselho Municipal de Londres ou um ministério) é fazer a distribuição de casos a partir de um escritório central que se mantém em contato com os vários grupos de alojamentos. Se na minha clínica há uma criança necessitando de alojamento (e isso sempre é urgente), devo enviar um relatório, incluindo informações sobre QI e aproveitamento escolar, ao escritório central, de onde todos os casos serão distribuídos de acordo com a rotina administrativa. Mas eu não entro nesse jogo, nem os pais, exceto quando a criança é tão terrível que a única necessidade é livrar-se dela imediatamente. Nesse arranjo de produção em massa falta algo de pessoal. O fato é que se uma criança está sob meus cuidados, eu não posso simplesmente colocar o nome dela numa lista, num lugar qualquer. Deve ser permitido aos médicos e pais que participem na colocação de suas crianças; devem poder verificar e comprovar que aquilo que se oferece é bom.

Deve haver algum vínculo pessoal entre a clínica e o alojamento, alguém deve conhecer alguém. Se ninguém conhece ninguém, então desenvolve-se a suspeita, porque *na imaginação* existem maus pais, maus médicos, maus supervisores, maus alojamentos e até maus ministérios. E por maus entendo malignos. Se um médico ou um supervisor é conhecido por não ser bom, ele é facilmente sentido como maligno.

É evidente que os nossos "lares para convalescentes" são inadequados para essas crianças, em geral fisicamente saudáveis, que necessitam ser cuidadas a longo prazo, por supervisores especialmente escolhidos e apoiados pela assistente social psiquiátrica e pelo psiquiatra. Além disso, enfermeiras com treinamento hospitalar parecem já não ser adequadas a esse trabalho, em virtude de sua formação profissional; e muitos pediatras ignoram a existência da psicologia.

Prevenção da delinqüência. Este é um trabalho profilático, que atende ao Ministério do Interior, cuja missão principal é implementar a lei. Por alguma razão, encontrei oposição a essa idéia por parte de médicos que trabalham para o Ministério do Interior. Mas os alojamentos para evacuados em todo o país conseguiram impedir que muitas crianças chegassem aos tribunais, economizando assim imensas somas de dinheiro e produzindo cidadãos em vez de delinqüentes; e do nosso ponto de vista, enquanto médicos, o importante é que as crianças ficaram subordinadas ao Ministério da Saúde, isto é, foram reconhecidas como doentes. Só podemos esperar que o Ministério da Educação, que está agora (1945) assumindo o controle do trabalho, atue em tempo de paz tão bem quanto o Ministério da Saúde atuou durante a guerra, nesse trabalho de profilaxia.

Tese principal. Em virtude de minhas duas nomeações, eu estava em contato com a necessidade de alojamentos em Londres e, ao mesmo tempo, estava envolvido com a instalação de alojamentos numa área de evacuação. Como médico num hospital de Londres para crianças, notei que esse programa de tempo de guerra resolvia o problema do tratamento dos casos anti-sociais em tempos de paz.

Em dezesseis casos, pude encaminhar pacientes ambulatoriais de Londres para alojamentos que eu havia visitado como psiquiatra. Isso aconteceu pelo fato de eu exercer as duas funções, e pareceu-me um bom arranjo, que poderia ser adaptado às condições de paz. Devido à minha posição, eu podia ser o elo entre a criança, os pais ou parentes, e os supervisores do alojamento, e também entre o passado, o presente e o futuro da criança.

O valor desse trabalho não está apenas no grau de alívio da doença psiquiátrica de cada criança. Está também no fato de oferecer um lugar onde o médico possa cuidar daquelas crianças que, sem isso, ficariam degenerando no hospital ou em casa, causando a grande aflição dos adultos e afetando seriamente as outras crianças.

É triste pensar que muitos dos alojamentos criados durante a guerra tenham sido fechados e não haja agora nenhuma tentativa séria no sentido de criar urgentemente as acomodações residenciais necessárias para crianças que constituem casos anti-sociais. Quanto às crianças insanas, não existe praticamente nenhum dispositivo referente a elas. Oficialmente, não existem.

Segunda Parte
**Natureza e origens
da tendência anti-social**

Introdução dos organizadores da obra

A ordem dos artigos na Segunda Parte foi ditada pela necessidade de reunir de modo compreensível e legível as várias facetas da exposição geral sobre a tendência anti-social. Como a destrutividade é tão freqüentemente uma parte do comportamento delinqüente, a seção começa com dois artigos sobre as raízes da agressão, escritos para pais e responsáveis por crianças pequenas. O primeiro, escrito em 1939, é um capítulo de *The Child and the Family*, livro hoje esgotado; o segundo, escrito em 1964, substituiu-o em *The Child, the Family and the Outside World*. Nesses dois estudos, a agressão é vista, em suas raízes, como algo inato, coexistente com o amor. O primeiro estudo deve muito a Melanie Klein, que assinalou (desenvolvendo as idéias de Freud) que é a elaboração do impulso destrutivo no mundo interior da criança que se converte, finalmente, no desejo de reparar, de construir, de assumir a responsabilidade. O segundo estudo fornece uma explicação mais original: a agressividade, no começo da vida, é equiparada ao movimento corporal e ao estabelecimento do que é e do que não é o eu (*self*). Aqui, dá-se ênfase ao brincar e ao uso de símbolos enquanto um modo de conter a destrutividade interna – idéia que já aparece na palestra da Primeira Parte intitulada "De novo em casa". Winnicott constatou que uma característica da criança antisocial é o fato de não haver em sua personalidade nenhuma área para o brincar: este é substituído pela atuação (*acting out*). Esses e outros aspectos da destrutividade são discutidos sob diferentes pontos de vista no artigo inédito "Agressão, culpa e reparação" (1960), na Segunda Parte, e em "Darão as escolas progressistas excesso de liberdade à criança?" (1965), na Terceira Parte.

O segundo capítulo desta seção, escrito em 1963, é a exposição mais completa feita por Winnicott sobre a capacidade de cada indivíduo para desenvolver um sentimento de envolvimento – de responsabilidade pessoal pela destrutividade que existe em sua própria natureza. Trata-se do mesmo tema que foi abordado no primeiro estudo, e é essencialmente uma adaptação do conceito de "posição depressiva", de Melanie Klein, que Winnicott reelabora de maneira própria, sendo uma das principais diferenças a maior ênfase que ele dá à importância do ambiente humano (especialmente a mãe) na identificação e no fomento da tendência inata na criança para o envolvimento. Isso é particularmente importante no presente contexto, pois Winnicott acreditava que é na época em que a capacidade de envolvimento está se desenvolvendo – aproximadamente dos 6 meses aos 2 anos de idade – que a privação ou perda pode ter conseqüências especialmente devastadoras: os primórdios do processo de socialização decorrentes das tendências inatas da criança podem se perder ou se obstruir.

O artigo seguinte, "A ausência de um sentimento de culpa" (1966), liga a idéia dessa obstrução da capacidade de envolvimento diretamente à tendência anti-social. Também nos recorda que a moralidade social é um compromisso; e aqui Winnicott expõe o ponto de vista de que a mais precoce e feroz moralidade está em não trair o eu. "A psicologia da separação", artigo escrito em 1958 para assistentes sociais, também está ligado a essas idéias. Utiliza as afirmações de Freud sobre o luto e mostra como este depende da capacidade para tolerar o ódio a uma pessoa que foi amada e perdida. Esses dois artigos são inéditos.

O capítulo intitulado "A tendência anti-social" (1956) é o artigo central da seção, sendo o registro mais definitivo de Winnicott sobre o tema. Descreve o que considerava serem as duas principais tendências no comportamento anti-social, exemplificadas por roubar e mentir, de um lado, e atos destrutivos, do outro; e localiza suas origens na vida dos bebês e crianças pequenas. Contém a idéia de delinqüência como um sinal de esperança. "Alguns aspectos psicológicos da delinqüência juvenil", uma palestra feita para magistrados cerca de dez anos antes, é incluída aqui (embora, de certo modo, pertença aos escritos do tempo de guerra) porque aborda em linguagem mais simples muito do que foi exposto em "A tendência anti-social", e também dá maior ênfase à tendência destrutiva na delinqüência – a busca de um quadro de referência seguro, dentro do qual o impulso e a espontaneidade estão a salvo. Essa palestra representa um momento em que muitas das idéias usadas por Winnicott em sua obra posterior passaram a ser focalizadas com maior clareza.

Os dois últimos capítulos da Segunda Parte, "A luta para superar depressões" (1963) e "A juventude não dormirá" (1964), discutem a associação entre adolescência e comportamento anti-social. Estuda-se o clima contemporâneo e expõem-se as razões, usando a teoria do desenvolvimento emocional, para o comportamento característico do adolescente e sua desconfiança das conciliações. O comportamento anti-social é considerado como um desafio a ser enfrentado firmemente pelos indivíduos maduros na sociedade, que devem contê-lo; mas a única "cura" para o adolescente é, segundo Winnicott, a passagem do tempo. Talvez seja lícito dizer que nenhum escritor na área da psicologia realizou uma abordagem tão positiva dos problemas da adolescência quanto Winnicott.

10. Agressão e suas raízes

AGRESSÃO

(Escrito para professores, c. 1939)

Amor e ódio constituem os dois principais elementos a partir dos quais se constroem as relações humanas. Mas amor e ódio envolvem agressividade. Por outro lado, a agressão pode ser um sintoma de medo.

Seria uma tarefa imensa examinar todas as questões implícitas neste enunciado preliminar, mas há certas coisas relativamente simples a serem ditas acerca da agressão, e estas cabem no âmbito deste artigo.

Parti do pressuposto, o qual tenho consciência de que nem todos consideram correto, de que todo o bem e o mal encontrados no mundo das relações humanas serão encontrados no âmago do ser humano. Levo esse pressuposto mais longe afirmando que no bebê existe amor e ódio com plena intensidade humana.

Se pensarmos em termos do que o bebê está organizado para enfrentar, poderemos facilmente chegar à conclusão de que amor e ódio não são experimentados mais violentamente pelo adulto do que pela criança pequena.

Se tudo isso é aceito, deveria seguir-se que é só observar o ser humano adulto ou a criança pequena para ver o amor e o ódio que existem neles; mas se o problema fosse tão simples, nem haveria problema. De todas as tendências humanas, a agressividade, em especial, é escondida, disfarçada, desviada, atribuída a agentes externos, e quando se manifesta é sempre uma tarefa difícil identificar suas origens.

Os professores conhecem bem os impulsos agressivos de seus alunos, sejam latentes ou manifestos, e às vezes se vêem obrigados a enfrentar explosões agressivas ou uma criança que é agressiva. Ao escrever isto, sou capaz de entreouvir as palavras "A criança deve estar sofrendo em resultado da energia supérflua que não é dirigida para os canais certos." (Estou escrevendo sentado à vontade nos jardins de um colégio onde professores estão em conferência e parte da discussão de domingo à tarde dessas professoras chega até mim.)

Aí está o conhecimento consciente de que a energia instintiva reprimida constitui um perigo potencial para o indivíduo e para a comunidade, mas, quando se trata de aplicar essa verdade, surgem complicações que mostram que há muita coisa a aprender sobre as origens da agressividade.

A conversa das professoras chega uma vez mais até mim: "...e vocês sabem o que ela fez no semestre passado? Trouxe-me um ramo de violetas, e eu quase me deixei iludir, mas soube que ela as roubara do jardim vizinho! 'Dai a César...', disse eu. Imaginem que ela rouba dinheiro e depois oferece doces às outras crianças...!"

Nesse caso, não se trata, é claro, de simples agressão. A criança quer sentir-se amando, mas é impotente para consegui-lo. Poderá sentir-se amando por um momento se a professora ou as crianças puderem ser iludidas, mas para ser digna de amor, ela deve obter algo de alguma parte fora de si mesma.

Para se entenderem as dificuldades dessa menina, temos que compreender suas fantasias inconscientes. É aí que podemos estar certos de encontrar a agressividade que causa seu sentimento de irremediável desespero e, portanto, que causa indiretamente sua atitude anti-social. Pois o comportamento agressivo de crianças que chama a atenção de um professor nunca é uma questão exclusiva de emergência de instintos agressivos primitivos. Nenhuma teoria válida sobre a agressividade infantil poderá ser construída a partir de premissa tão falsa.

Antes de examinarmos a fantasia, buscaremos a agressividade primária que se manifesta em relações externas. Como poderemos aproximar-nos disso?

Devemos estar preparados, é claro, para descobrir que nunca podemos ver desnudado o ódio que, no entanto, sabemos que existe no íntimo do ser humano. Até a criança pequena que deseja que saibamos que ela gosta de derrubar torres de blocos de armar, somente permite que saibamos disso porque existe, num determinado momento, uma atmosfera geral de construção de uma torre com blocos de armar, e nesse contexto ela pode ser destrutiva sem que se sinta desesperada.

Um menino bastante tímido, de 4 anos, tem ataques de irracionalidade. Ele grita para a babá, ou para a mãe ou o pai. "Vou pôr fogo na casa de vocês! Vou arrancar suas tripas!"

Esses ataques eram considerados, por quem não estava familiarizado com eles, como altamente agressivos e, originalmente, eram mesmo. Eles destroem *magicamente*. Mas, com o tempo, o menino acabou reconhecendo que a mágica falha e transformou então o ataque agressivo em orgias verbais, em que se compraz em injuriar com a boca. A maneira como sublinha as palavras ameaçadoras é terrível. Nenhuma violência concreta é cometida.

Mas ele fere realmente seus pais quando é incapaz de manifestar agrado pelos presentes que lhe dão. E a agressividade é efetiva quando ele é levado a um piquenique, por exemplo, e seu comportamento exasperador faz com que todos voltem para casa exaustos. Até a criança mais novinha consegue exaurir os pais. No começo, ela os esgota sem saber; depois, espera que eles gostem que ela os esgote; finalmente, esgota-os de cansaço quando está furiosa com eles.

Um garotinho de 2 anos e meio é trazido à minha clínica porque, embora seja habitualmente uma criança-modelo, "levanta-se de repente e morde as pessoas até lhes tirar sangue". Às vezes, arranca tufos de cabelos das pessoas que cuidam dele ou joga louça no chão. Terminado o espasmo, fica triste com o que acabou de fazer.

Acontece que ele só magoa aqueles de quem gosta muito. Agride principalmente a avó materna, que é inválida, e de quem ele geralmente cuida como um adulto, colocando a cadeira no lugar que ela pede, cuidando solicitamente do conforto dela.

Temos aí algo que se assemelha bastante à agressão primária, pois o menino é constantemente estimulado pela mãe e a avó, e estas acreditam (corretamente, em minha opinião) que ele "só morde quando está excitado e não sabe, simplesmente, o que fazer de sua excitação". Essa manifestação de agressão primária não é muito comum nessa idade. O remorso que se segue ao ataque geralmente assume (na idade desse menino) a forma de proteger efetivamente as pessoas de qualquer dano concreto. Numa análise, certamente seria apurado que os ataques desse menino contêm algo mais do que agressividade primária.

Encorajados pelo êxito parcial, consideremos agora o bebê. Se um bebê se dispõe a fazer mal, é evidente que não pode causar grande dano real. Será que o bebê pode mostrar-nos a agressividade sem disfarces?

De fato, não existe uma compreensão clara a esse respeito. Sabe-se que os bebês mordem os seios da mãe, tirando até sangue. Com suas gengivas, podem provocar gretas nos mamilos e, quando nascem os primeiros dentes, podem chegar a machucar muito. Uma mãe conhecida minha disse: "Quando me trouxeram o bebê, ele investiu contra meu seio de um modo selvagem, dilacerando meus mamilos com as gengivas, e em poucos instantes o sangue escorria. Senti-me dilacerada e aterrorizada. Levei muito tempo para me recuperar do ódio que surgiu em mim contra a pequena fera, e acho que essa é uma das principais razões por que o bebê nunca desenvolveu verdadeira confiança quanto ao bom alimento."

Este relato revela a fantasia da mãe, assim como aquilo que pode ter acontecido. Seja o que for que esse bebê realmente fez, é certo que a maioria dos bebês não destroem os seios que lhes são oferecidos, embora tenhamos provas de que eles querem destruí-los enquanto são amamentados, e até acreditam que o fazem.

Mas, na verdade, geralmente ocorre que, em duzentas ou trezentas mamadas, o bebê morde menos de uma dúzia de vezes. E morde principalmente quando está excitado, e não quando está frustrado!

Conheço um bebê que nasceu com um incisivo inferior já no lugar e, portanto, poderia machucar muito o mamilo da mãe; ele sofreu realmente de inanição parcial por proteger o seio materno de danos. Em vez de morder o seio, o bebê chupava o lado interno de seu lábio inferior, causando-lhe uma ferida.

Ao que parece, se admitirmos que o bebê pode machucar, e sente um impulso para isso, teremos de admitir também a existência de uma inibição dos impulsos agressivos, facilitando a proteção do que é amado e está, portanto, em perigo. Pouco depois do nascimento, os bebês já diferem quanto ao grau em que manifestam ou escondem a expressão direta de sentimentos, e as mães de bebês coléricos, gritões, podem consolar-se sabendo que bebês dóceis e sossegados de outras mães, os quais dormem quando não estão mamando e mamam quando não estão dormindo, não estão necessariamente estabelecendo bases melhores e mais sólidas para a sua saúde mental. É evidentemente importante para a criança em desenvolvimento que ela tenha se encolerizado com freqüência numa idade em que não precisa sentir remorso. Encolerizar-se pela primeira vez aos 18 meses deve ser verdadeiramente aterrador para a criança.

Se é verdade, portanto, que o bebê tem uma grande capacidade para a destruição, não é menos verdadeiro que ele também tem uma grande capacidade para proteger o que ama de sua própria destrutividade, e a principal destruição existe sempre, necessariamente em sua fantasia. E, quanto a essa agressividade instintiva, é importante assinalar que, embora se torne em breve algo que pode ser mobilizado a serviço do ódio, é originalmente uma parte do apetite, ou de alguma outra forma de amor instintivo. É algo que recrudesce durante a excitação, e seu exercício é sumamente agradável.

Talvez a palavra voracidade expresse melhor do que qualquer outra a idéia de fusão original de amor e agressão, embora o amor neste caso esteja confinado ao amor-boca.

Creio que, até aqui, constatamos três coisas. Em primeiro lugar, existe uma voracidade teórica ou amor-apetite primário, que pode ser cruel, doloroso, perigoso, mas só o é por acaso. O objetivo do bebê é a satisfação, a paz de corpo e de espírito. A satisfação acarreta a paz, mas o bebê percebe que, para sentir-se gratificado, põe em perigo o que ama. Normalmente, ele chega a uma conciliação e permite-se suficiente satisfação ao mesmo tempo que evita ser excessivamente perigoso. Mas, em certa medida, frustra-se; assim, deve odiar alguma parte de si mesmo, a menos que possa encontrar alguém fora de si mesmo para frustrá-lo e que suporte ser odiado.

Em segundo lugar, vem a separação do que pode causar dano daquilo que é menos provável que o cause. Morder, por exemplo, pode ser desfrutado separadamente das pessoas que ama, através de mordidas em objetos que não podem sentir. Desse modo, os elementos agressivos do apetite podem ser isolados e poupados para serem usados quando a criança está furiosa e, finalmente, mobilizados para combater a realidade externa percebida como má.

A nossa busca da agressividade pura através do estudo do bebê fracassou parcialmente, e devemos tentar extrair algum proveito de nosso fracasso. Já indiquei a pista para a razão de nosso fracasso, ao mencionar a palavra fantasia.

A verdade é que, ao oferecermos uma descrição extremamente minuciosa do comportamento do bebê ou da criança, estamos deixando de fora pelo menos a metade, pois a riqueza da personalidade é, predominantemente, um produto do mundo de relações internas que a criança está construindo o tempo todo através do dar e receber psíquico, algo que ocorre permanentemente e é paralelo ao dar e receber físico que se pode facilmente presenciar.

A parte principal dessa realidade interior, um mundo que se sente estar dentro do corpo ou dentro da personalidade, é inconsciente, exceto na medida em que pode ser isolada pelo indivíduo dos milhões de expressões instintivas que acabaram formando sua característica.

Vemos agora que há aí um jogo de forças destrutivas que não examinamos, no interior da personalidade da criança, e aí podemos encontrar, de fato (no decorrer da psicanálise, por exemplo), as forças boas e más em plena força.

Ser capaz de tolerar tudo o que podemos encontrar em nossa realidade interior é uma das grandes dificuldades humanas, e um dos importantes objetivos humanos consiste em estabelecer relações harmoniosas entre as realidades pessoais internas e as realidades exteriores.

Sem tentar nos aprofundar muito na origem das forças que lutam pelo predomínio dentro da personalidade, posso assinalar que, quando as forças cruéis ou destrutivas ameaçam dominar as forças de amor, o indivíduo tem de fazer alguma coisa para salvar-se, e uma das coisas que ele faz é pôr para fora o seu íntimo, dramatizar exteriormente o mundo interior, representar ele próprio o papel destrutivo e provocar seu controle por uma autoridade externa. O controle pode ser estabelecido desse modo, na fantasia dramatizada, sem sufocação séria dos instintos, ao passo que o controle interno necessitaria ser geralmente aplicado e resultaria num estado de coisas conhecido clinicamente como depressão.

Quando existe esperança, no que se refere às coisas internas, a vida instintiva está ativa e o indivíduo pode usufruir do uso de impulsos instintivos, incluindo os agressivos, convertendo em bem na vida real o que era dano na fantasia. Isso constitui a base do brincar e do trabalho. Observa-se que, ao aplicar a teoria, a extensão em que podemos ajudar uma criança no sentido da sublimação é limitada pelo estado do mundo interior da criança. Se a destruição for excessiva e incontrolável, muito pouca reparação é possível e nada podemos fazer para ajudar. Tudo o que a criança pode fazer é negar a propriedade de fantasias más ou então dramatizá-las.

A agressividade, que dificulta seriamente o trabalho da professora, é quase sempre essa dramatização da realidade interior que é ruim demais para ser tolerada como tal. Freqüentemente implica um colapso da masturbação ou da exploração sensual, a qual, quando bem-sucedida, proporciona um vínculo entre realidade exterior e interior, entre sensações corporais e fantasia (embora esta seja principalmente fantasia inconsciente). Assinalou-se que há uma relação entre o abandono da masturbação e o início do comportamento anti-social (recentemente mencionada por Anna Freud, numa conferência ainda não publicada), e a causa dessa relação será encontrada na tentativa que a criança faz de levar uma realidade interna terrível demais a ser reconhecida em relação com a realidade externa. A masturbação e a dramatização constituem métodos alternativos, mas ambos falharão, necessariamente, quanto ao seu objetivo, porque o único elo verdadeiro é a relação da realidade interna com as experiências instintivas originais que a formam. Essa relação só pode ser reconstituída por tratamento psicanalítico e, como a fantasia é terrível demais para ser aceita e tolerada, não pode ser usada na sublimação.

Os indivíduos normais estão sempre fazendo o que os anormais só podem fazer por tratamento analítico, isto é, alterando seus eus internos por novas experiências de incorporação e projeção. É um problema constante de crianças e adultos encontrar formas seguras de eliminar a maldade. Muita coisa é dramatizada e resolvida (falsamente) através dos cuidados em torno da eliminação de elementos físicos provenientes do corpo. Um outro método é por meio de jogos ou trabalho que envolvam uma ação distinta que possa ser desfrutada com prazer, com a conseqüente eliminação do sentimento de frustração e ofensa: um menino que luta boxe ou chuta bola sente-se melhor com o que está fazendo, em parte porque gosta de agredir e dar pontapés e em parte porque sente inconscientemente (falsamente) que está expulsando a maldade através dos punhos e dos pés.

Uma menina que anseia por um bebê está, em certa medida, ansiando pela reafirmação de que incorporou algo bom, de que o reteve e de que tem uma coisa boa desenvolvendo-se dentro dela. Essa é a reafirmação tranqüilizadora (embora falsa) que ela necessita por causa de seu sentimento inconsciente de que pode estar vazia, ou cheia de coisas ruins. É sua agressividade que lhe dá essas idéias. Também busca, é claro, a paz que sente que poderá obter se for instintualmente gratificada, o que significa que ela teme os elementos agressivos de seu apetite, os quais ameaçam dominá-la se for frustrada durante a excitação. A masturbação pode ajudar nesta última necessidade, mas não na primeira.

Em decorrência disso, pode-se perceber que o ódio ou frustração ambiental desperta reações controláveis ou incontroláveis no indivíduo, conforme o montante de tensão que já existe na fantasia inconsciente pessoal do indivíduo.

Um outro método importante para lidar com a agressão na realidade interna é o método masoquista, por meio do qual o indivíduo encontra o sofrimento e, ao mesmo tempo, expressa agressividade, é punido e, assim, aliviado de sentimentos de culpa, e desfruta de excitação e gratificação sexuais. Isto está fora de nosso atual objeto de estudo.

Em segundo lugar, há o controle da agressão orientada pelo medo, a versão dramatizada de um mundo interno terrível demais. O objetivo dessa agressão é encontrar o controle e forçá-lo a funcionar. É tarefa do adulto impedir que essa agressão fuja ao controle, proporcionando uma autoridade confiante, dentro de cujos limites um certo grau de maldade pode ser dramatizado e usufruído sem perigo. A retirada gradual dessa autoridade é uma parte importante do lidar com adolescentes, e os meninos e meninas adolescentes podem ser agrupados segundo sua capacidade para tolerar a retirada da autoridade imposta.

É tarefa de pais e professores cuidar para que as crianças nunca se vejam diante de uma autoridade tão fraca a ponto de ficarem livres de qualquer controle ou, por medo, assumirem elas próprias a autoridade. A assunção de autoridade provocada por ansiedade significa ditadura, e aqueles que tiveram a experiência de deixar as crianças controlarem seus próprios destinos sabem que o adulto tranqüilo é menos cruel, enquanto autoridade, do que uma criança poderá se tornar se for sobrecarregada com responsabilidades.

Em terceiro lugar (e neste caso o sexo faz diferença), há o controle da agressividade madura, aquela que se observa nitidamente em meninos adolescentes e que, em grande medida, motiva a competição dos adolescentes em jogos e no trabalho. A potência envolve que se tolere a idéia de matar um rival (o que leva ao problema do valor da idéia de guerra, um tema deveras impopular).

A agressividade madura não é algo a ser curado; é algo a ser notado e consentido. Se for incontrolável, saímos de lado e deixamos que a lei se encarregue. A lei está aprendendo a respeitar a agressão do adolescente, e o país conta com ela em tempo de guerra.

Finalmente, toda a agressão que não é negada, e pela qual pode ser aceita a responsabilidade pessoal, é aproveitável para dar força ao trabalho de reparação e restituição. Por trás de todo jogo, trabalho e arte está o remorso inconsciente pelo dano causado na fantasia inconsciente, e um desejo inconsciente de começar a corrigir as coisas.

O sentimentalismo contém uma negação inconsciente da destrutividade subjacente à construção. É devastador para a criança em desenvolvimento e pode acabar por fazer com que ela tenha de mostrar de forma direta a destrutividade que, num meio menos sentimentalista, ela teria podido comunicar indiretamente, mostrando desejo de construir.

É parcialmente falso afirmar que "devemos dar oportunidade para a expressão criativa, se quisermos neutralizar os impulsos destrutivos da criança". O que se faz necessário é uma atitude não-sentimentalista em relação a todas as produções, o que significa a apreciação não tanto do talento como da luta que há por trás de qualquer realização, por menor que seja. Pois, com exceção do amor sensual, nenhuma manifestação de amor é sentida como valiosa se não implicar agressão reconhecida e controlada.

Um dos objetivos na construção da personalidade é tornar o indivíduo capaz de drenar cada vez mais o instintual. Isso envolve a capacidade crescente para reconhecer a própria crueldade e avidez, que então, e só então, podem ser dominadas e convertidas em atividade sublimada.

Só se soubermos que a criança quer derrubar a torre de cubos, será importante para ela vermos que sabe construí-la.

RAÍZES DA AGRESSÃO

(Escrito para *The Child, the Family and the Outside World*, 1964)

O leitor terá compreendido, pelas diversas referências disseminadas por todo este presente livro, que sei que as crianças gritam, mordem, dão pontapés e puxam os cabelos das mães e têm impulsos agressivos ou destrutivos, ou, de qualquer modo, desagradáveis.

A tarefa de cuidar de bebês e de crianças é complicada por episódios destrutivos que podem necessitar de tratamento e, por certo, precisam de compreensão. Seria de grande ajuda para a compreensão desses acontecimentos cotidianos se pudéssemos fazer uma exposição teórica sobre as raízes da agressividade. Entretanto, como poderei abranger todos os aspectos desse vasto e difícil tema, lembrando ao mesmo tempo que muitos dos meus leitores não estão estudando psicologia, mas se dedicam, na prática, a cuidar de crianças e bebês?

Em resumo, a agressão tem dois significados. Por um lado, constitui direta ou indiretamente uma reação à frustração. Por outro lado, é uma das muitas fontes de energia de um indivíduo. Problemas imensamente complexos surgem a partir de um exame mais detalhado dessa simples afirmação e, na verdade, só poderei começar a elaborar aqui o tema principal.

Todos concordarão que não poderemos apenas falar da agressividade tal como se revela na vida da criança. O assunto é muito mais amplo; e, de qualquer modo, trata-se sempre de uma criança em evolução, e é o desenvolvimento de uma coisa a partir de outra o que mais profundamente nos interessa.

Às vezes, a agressão se manifesta plenamente e se consome, ou precisa de alguém para enfrentá-la e fazer algo que impeça os danos que ela poderia causar. Outras vezes os impulsos agressivos não se manifestam abertamente, mas aparecem sob a forma de algum tipo oposto. Talvez seja bom observar alguns tipos de opostos da agressão.

Mas, em primeiro lugar, devo fazer uma observação de ordem geral. Convém assumir que, fundamentalmente, todos os indivíduos são semelhantes em sua essência, apesar dos fatores hereditários que fazem de nós aquilo que somos e tornam os indivíduos distintos uns dos outros. Quero dizer que existem certas características na natureza humana *que se podem encontrar em todas as crianças* e em todas as pessoas de qualquer idade; há constatações abrangentes a respeito do desenvolvimento da personalidade humana, desde os primeiros anos de vida até a independência adulta, que são aplicáveis a todos os seres humanos, independentemente de sexo, raça, cor da pele, credo ou posição social. As aparências podem variar, mas existem denominadores comuns nos problemas humanos. Pode ser que uma criança tenda para a agressividade e outra dificilmente revele qualquer sintoma de agressividade, desde o princípio, embora ambas tenham o mesmo problema. Acontece simplesmente que essas duas crianças estão lidando de maneiras distintas com suas cargas de impulsos agressivos.

Se tentarmos observar o início da agressividade num indivíduo, o que encontraremos é o fato de um movimento do bebê. Este ocorre até antes do nascimento, não só nas evoluções do bebê antes de nascer mas também nos movimentos mais bruscos das pernas, que fazem a mãe dizer que sente o filho dando pontapés.

Uma parte da criança movimenta-se e, ao mover-se, dá de encontro com algo. Um observador poderia talvez chamar a isso uma pancada ou um pontapé, mas a substância dessas pancadas e pontapés está faltando porque o bebê (antes de nascer ou recém-nascido) ainda não se converteu numa pessoa que possa ter uma razão clara para uma ação.

Por conseguinte, existe em toda criança essa tendência para movimentar-se e obter alguma espécie de prazer muscular no movimento, lucrando com a experiência de mover-se e dar de encontro com alguma coisa. Acompanhando essa característica, poderíamos descrever o desenvolvimento de uma criança anotando a progressão desde um simples movimento até as ações que exprimem raiva ou os estados que denunciam ódio e controle do ódio. Poderíamos continuar descrevendo a maneira como a pancada casual converte-se em machucar com a intenção de machucar e, ao lado disso, poderemos encontrar uma proteção do objeto que é simultaneamente amado e odiado. Além disso, poderemos definir a organização das idéias e impulsos destruidores numa criança como um padrão de comportamento; e, no desenvolvimento sadio, tudo isso pode mostrar a maneira como as idéias destrutivas, conscientes ou inconscientes, e as reações a tais idéias, aparecem nos sonhos e brincadeiras da criança, e também na agressão dirigida contra aquilo que é aceito no meio imediato da criança como merecedor de destruição.

Podemos compreender que essas primeiras pancadas infantis levam a uma descoberta do mundo que não é o eu da criança e ao começo de uma relação com objetos externos. O que logo será comportamento agressivo não passa, portanto, no início, de um simples impulso que leva a um movimento e aos primeiros passos de uma exploração. A agressão está sempre ligada, desta maneira, ao estabelecimento de uma distinção entre o que é e o que não é o eu.

Tendo deixado claro, espero, que todos os indivíduos humanos são semelhantes, apesar de cada um ser essencialmente distinto, posso agora referir-me a alguns dos inúmeros opostos da agressão.

Como exemplo temos o contraste entre a criança ousada e a tímida. Na primeira, a tendência é obter o alívio que faz parte da manifestação aberta de agressão e hostilidade, e na outra há uma tendência a encontrar essa agressividade não no eu mas em outro lugar, e a ter medo dela ou ficar apreensiva, na expectativa de que se volte para a própria criança, a partir do mundo externo. A primeira criança é feliz por descobrir que a hostilidade manifestada é limitada e consumível, ao passo que a segunda criança jamais atinge um termo satisfatório, e continua à espera de dificuldades. E, em alguns casos, as dificuldades realmente existem.

Algumas crianças tendem, definitivamente, a ver seus próprios impulsos agressivos controlados (reprimidos) na agressão de outros. Isso pode evoluir de um modo não sadio, uma vez que o suprimento de perseguição poderá esgotar-se e terá de ser fornecido por ilusões. Assim, encontramos crianças que estão sempre na expectativa de perseguição e tornando-se agressivas, talvez, por autodefesa contra ataques imaginados. Isso é uma doença, mas pode ser encontrado, enquanto padrão, numa fase do desenvolvimento de quase todas as crianças.

Observando outro tipo de oposto, podemos contrastar a criança facilmente agressiva com aquela que mantém a agressividade "dentro dela" e, portanto, torna-se tensa, excessivamente controlada e séria. Segue-se, naturalmente, certo grau de inibição de todos os impulsos e, assim, da capacidade criadora, pois esta está vinculada à irresponsabilidade infantil e à vida sem preocupações. No entanto, no caso desta última alternativa, embora a criança perca algo em termos de liberdade interior, pode-se afirmar que há um benefício, na medida em que o autodomínio começou a se desenvolver, ao lado de um certo respeito pelos outros e uma proteção ao mundo contra aquilo que seria crueldade da criança. Na criança sadia desenvolve-se, com efeito, a capacidade para colocar-se na situação das outras pessoas e identificar-se com pessoas e objetos externos.

Uma das coisas mais embaraçosas que envolvem o autocontrole excessivo é o fato de que uma criança gentil, que não seria capaz de fazer mal a uma mosca, pode estar sujeita a surtos periódicos de sentimentos e conduta agressivos, como uma explosão de raiva, por exemplo, ou uma ação perversa, e isso não tem valor positivo para ninguém, ainda menos para a criança, que mais tarde pode até nem se lembrar do que aconteceu. Tudo que os pais podem fazer é encontrar um meio de sair desse episódio incômodo e esperar que, ao crescer, a criança possa desenvolver uma expressão mais significativa de agressão.

Outra opção mais madura para o comportamento agressivo é a criança sonhar. Nos sonhos, a destruição e o assassínio são experimentados em fantasia e essa atividade onírica está associada a um determinado grau de excitação no corpo; é uma experiência concreta e não apenas um exercício intelectual. A criança que consegue controlar os sonhos está ficando apta para qualquer tipo de brincar, sozinha ou com outras crianças. Se o sonho contiver destruição excessiva, ou envolver uma ameaça séria demais para objetos sagrados ou se sobrevier o caos, então a criança acordará gritando. Neste ponto, a mãe desempenhará o seu papel ficando disponível para a criança e ajudando-a a despertar do pesadelo, para que a realidade externa possa exercer uma vez mais sua função tranqüilizadora. Esse processo de despertar pode constituir também uma experiência estranhamente satisfatória para a criança.

É preciso estabelecer aqui uma distinção nítida entre sonho e devaneio. Não estou me referindo ao encadeamento de fantasias, durante a vigília. A diferença essencial do sonho, em relação ao devaneio, é que a pessoa que sonha está dormindo, e pode ser acordada. O sonho pode ser esquecido, mas foi sonhado, e isso é significativo. (Existe também o sonho verdadeiro, que transborda para a vigília da criança, mas isso é outra história.)

Falei no brincar, que se aproxima da fantasia e do reservatório total do que poderia ser sonhado, e das camadas profundas – as mais profundas de todas – do inconsciente. Pode-se facilmente entender o quanto é importante, num desenvolvimento sadio, o papel da aceitação dos símbolos pela criança. Uma coisa "sustenta" a outra, e a conseqüência é um enorme alívio em relação aos crus e incômodos conflitos pertinentes à verdade pura.

É embaraçoso quando uma criança ama ternamente a mãe e também quer comê-la; ou quando uma criança ama e ao mesmo tempo detesta o pai, e não pode deslocar o ódio ou o amor para um tio; ou quando uma criança quer ver-se livre de um novo bebê na família e não pode expressar satisfatoriamente esse sentimento perdendo um brinquedo. Há algumas crianças que são assim e sofrem por isso.

Geralmente, porém, a aceitação de símbolos começa cedo. Essa aceitação dá condições para as experiências de vida da criança. Por exemplo, quando um bebê adota muito cedo algum objeto especial para acariciar, este representa tanto a criança como a mãe. Constitui, assim, um símbolo de união, como o polegar que o bebê chupa; e o próprio símbolo pode ser atacado, e também muito mais apreciado do que todas as coisas que a criança venha a possuir mais tarde.

O brincar, baseado como é na aceitação de símbolos, contém possibilidades infinitas. Torna a criança capaz de experimentar tudo o que se encontra em *sua íntima realidade psíquica* pessoal, que é a base do sentimento de identidade em desenvolvimento. Tanto haverá agressividade como amor.

Na criança em processo de amadurecimento surge uma alternativa muito importante à destruição. É a *construção*. Tentei descrever um pouco da maneira complexa como, em condições ambientais favoráveis, um impulso construtivo está relacionado com a aceitação pessoal, por parte da criança, da responsabilidade pelo aspecto destrutivo da sua natureza. Um dos mais importantes sinais de saúde é o surgimento e a manutenção, na criança, do brincar construtivo. Trata-se de algo que não pode ser implantado como não pode ser implantada, por exemplo, a confiança. Aparece, com o tempo, como resultado da totalidade das experiências de vida da criança no ambiente, proporcionadas pelos pais ou pelos que atuam como pais.

Essa relação entre agressão e construção pode ser comprovada se retirarmos de uma criança (ou de um adulto) a oportunidade de fazer alguma coisa pelos que lhe são próximos e queridos, ou a possibilidade de "contribuir", de participar na satisfação das necessidades da família. Por "contribuir" entendo fazer coisas por prazer, ou ser como alguém, mas ao mesmo tempo verificando que isso é uma necessidade para a felicidade da mãe ou para o andamento do lar. É como "'encontrar o próprio nicho". Uma criança participa fazendo de conta que cuida do bebê, arruma a cama, usa a máquina de lavar ou faz doces, e uma condição para que essa participação seja satisfatória é que esse faz-de-conta seja levado a sério por alguém. Se alguém zomba, tudo se converte em pura mímica, e a criança experimenta uma sensação de impotência e inutilidade físicas. Então, facilmente poderá ocorrer uma explosão de franca destrutividade e agressão.

Fora dessas experiências, a mesma coisa poderá ocorrer em situações comuns, pois ninguém compreende que uma criança tenha necessidade de dar, mais ainda do que de receber.

Observa-se que a atividade de um bebê sadio caracteriza-se por movimentos naturais e uma tendência para bater contra as coisas; isso gradualmente é usado pelo bebê, ao lado dos gritos, cuspidas, de passar fezes e urina, a serviço da raiva, do ódio e da vingança. A criança passa a amar e odiar simultaneamente, e a aceitar a contradição. Um dos mais importantes exemplos da conjugação de amor e agressão surge com o impulso para morder, que passa a ter um sentido aproximadamente a partir dos cinco meses de idade. Por fim, integra-se no prazer que acompanha o ato de comer qualquer espécie de alimento. Originalmente, porém, é o objeto bom, o corpo materno, que excita o morder e produz idéias de morder. Assim, o alimento acaba por ser aceito como um símbolo do corpo da mãe, do corpo do pai ou de qualquer outra pessoa amada.

É tudo muito complicado e é necessário muito tempo para que a criança domine as idéias e excitações agressivas e seja capaz de controlá-las sem perder a capacidade para ser agressivo em momentos apropriados, seja ao odiar ou ao amar.

Disse Oscar Wilde: "Todo homem mata aquilo que ama." A cada dia verificamos que, ao lado do amor, devemos esperar a mágoa. Cuidando de crianças, observamos que elas tendem a amar aquilo que machucam. Machucar faz parte da vida da criança e a pergunta é: de que maneira seu filho encontrará uma forma de aproveitar essas forças agressivas para a tarefa de viver, amar, brincar e (finalmente) trabalhar?

E isso não é tudo. Há ainda a pergunta: qual é o ponto de origem da agressão? Vimos que, no desenvolvimento do recém-nascido, existem os primeiros movimentos naturais e os gritos, e que estes podem ser agradáveis, mas não têm um significado claramente agressivo, pois a criança ainda não está devidamente organizada como pessoa. Queremos saber, no entanto, como acontece, talvez muito cedo, que um bebê destrua o mundo. Isso é de importância vital, pois é o resíduo dessa destruição infantil "difusa" que poderá realmente destruir o mundo em que vivemos e que amamos. Na mágica infantil, o mundo pode ser aniquilado num abrir e fechar de olhos, e recriado através de um novo olhar e uma nova fase de necessidade. Os venenos e as armas explosivas dão à magia infantil uma realidade que é o próprio oposto da mágica.

A grande maioria das crianças recebe cuidados suficientes, nas primeiras fases, para que se realize um determinado grau de integração na personalidade, e o perigo de uma irrupção maciça de destrutividade inteiramente vazia de sentido torna-se improvável. A título de prevenção, o mais importante é reconhecermos o papel desempenhado pelos pais na facilitação dos processos de maturação de cada criança, no decurso da vida familiar; e, em especial, podemos aprender a avaliar o papel da mãe nos primeiros tempos, quando a relação do bebê com a mãe se transforma de relação puramente física em uma relação em que o bebê toma contato com a atitude da mãe, e o puramente físico começa a ser enriquecido e complicado por fatores emocionais.

Mas a pergunta permanece: o que sabemos sobre a origem dessa força inerente aos seres humanos e subjacente à atividade destrutiva ou seu equivalente no sofrimento sob autocontrole? Por trás dela, está a *destruição mágica*. Isso é normal para as crianças nas primeiras fases de seu desenvolvimento, e caminha lado a lado com a criação mágica. A destruição primitiva ou mágica de todos os objetos está ligada ao fato de que (para a criança) o objeto deixa de ser parte de "mim" para ser "não-mim", deixa de ser fenômeno subjetivo para passar a ser percebido objetivamente. Geralmente essa mudança ocorre por gradações sutis que acompanham as mudanças graduais na criança em desenvolvimento, mas, havendo uma participação deficiente da mãe, essas mesmas mudanças ocorrem bruscamente e de uma maneira imprevisível para a criança.

Ao acompanhar a criança, com sensibilidade, através dessa fase vital do início do desenvolvimento, a mãe estará dando tempo ao filho para adquirir todas as formas de lidar com o choque de reconhecer a existência de um mundo situado fora do seu controle mágico. Dando-se tempo para os processos de maturação, a criança se tornará capaz de ser destrutiva e de odiar, agredir e gritar, em vez de aniquilar magicamente o mundo. Dessa maneira a *agressão concreta é uma realização positiva.* Em comparação com a destruição mágica, as idéias e o comportamento agressivos adquirem valor positivo e o ódio converte-se num sinal de civilização, quando se tem em mente todo o processo do desenvolvimento emocional do indivíduo, e especialmente suas primeiras fases.

Tentei descrever em outra parte justamente essas fases sutis por meio das quais, quando existe participação adequada da mãe e boa orientação dos pais, a maioria das crianças alcança a saúde e capacidade para deixar de lado o controle e a destruição mágicos, e para desfrutar da agressão que nelas acompanha as gratificações e todas as relações ternas e riquezas pessoais íntimas que compõem a vida da infância.

11. O desenvolvimento da capacidade de envolvimento

(Artigo apresentado à Topeka Psychoanalytic Society, 12 de outubro de 1962. Publicado pela primeira vez em 1963.)

A origem da capacidade de envolvimento apresenta um problema complexo. O envolvimento é uma característica importante na vida social. Os psicanalistas geralmente buscam as origens no desenvolvimento emocional do indivíduo. Nós queremos conhecer a etiologia do envolvimento e o ponto em que ele aparece no desenvolvimento da criança. Também estamos interessados na ausência de estabelecimento da capacidade do indivíduo para se envolver, bem como na perda do envolvimento, quando este já foi, em certa medida, estabelecido.

A palavra "envolvimento" é usada para cobrir de modo positivo um fenômeno que é coberto, de modo negativo, pela palavra "culpa". Um sentimento de culpa é angústia vinculada ao conceito de ambivalência, e implica um grau de integração no ego individual que permite a retenção da imago do objeto bom, ao lado da idéia de sua destruição. O envolvimento implica maior integração e maior crescimento, e relaciona-se de modo positivo com o senso de responsabilidade do indivíduo, especialmente com respeito às relações em que se introduziram pulsões instintuais.

O envolvimento refere-se ao fato de o indivíduo *preocupar-se* ou *importar-se*, e tanto sentir como aceitar responsabilidade. No nível genital, no enunciado da teoria do desenvolvimento, poder-se-ia dizer que o envolvimento é a base da família, quando os cônjuges em intercurso – para além do prazer – assumem a responsabilidade pelo resultado. Mas na vida imaginativa total do indivíduo, o envolvimento suscita questões ainda mais amplas, e a capacidade de envolvimento está por trás de todo o trabalho e brincar construtivos. Está ligado à existência normal e saudável, e merece a atenção do psicanalista.

Há muitas razões para se acreditar que o envolvimento – em seu sentido positivo – emerge no começo do desenvolvimento emocional da criança, num período anterior ao do complexo de Édipo clássico, que implica uma relação entre três pessoas, cada uma sentida como pessoa total pela criança. Mas não é necessário que haja uma precisão absoluta quanto ao tempo, e, de fato, a maioria dos processos que se iniciam nos primeiros meses de vida nunca se estabelecem plenamente e continuam sendo fortalecidos pelo crescimento que prossegue nos anos subseqüentes da infância – e, na verdade, da vida adulta e até mesmo da velhice.

Geralmente se descreve a origem da capacidade de envolvimento em termos das relações bebê-mãe, quando a criança já constitui uma unidade estabelecida e sente a mãe, ou a figura materna, como pessoa total. É um desenvolvimento que se liga essencialmente ao período da relação de dois corpos.

Em qualquer enunciado sobre o desenvolvimento infantil, certos princípios são considerados pontos pacíficos. Neste ponto, quero dizer que os processos de maturação formam a base do desenvolvimento da criança, tanto em psicologia quanto em anatomia e fisiologia. Não obstante, quanto ao desenvolvimento emocional, é claro que certas condições externas são necessárias para que os potenciais de maturação se concretizem. Ou seja, o desenvolvimento depende de um ambiente suficientemente bom, e quanto mais recuamos em nosso estudo do bebê mais é verdade que, sem os cuidados maternos adequados, os estágios iniciais do desenvolvimento não podem acontecer.

Muita coisa aconteceu no desenvolvimento do bebê antes que se possa falar em envolvimento. A capacidade de se envolver é uma questão de saúde, uma capacidade que, uma vez estabelecida, pressupõe uma complexa organização do ego, que só pode ser concebida como uma proeza, uma proeza dos cuidados proporcionados ao bebê e à criança, e uma proeza em termos dos processos de crescimento interno do bebê e da criança. Partirei do princípio de que houve um ambiente suficientemente bom nos estágios iniciais, para simplificar a questão que desejo examinar. O que tenho a dizer, portanto, resulta de complexos processos maturacionais que dependem, para serem realizados, de cuidados adequados ao bebê e à criança.

Dos muitos estágios que foram descritos por Freud e pelos psicanalistas que o seguiram, devo destacar um que envolve o uso da palavra "fusão". Trata-se da realização do desenvolvimento emocional em que o bebê experimenta pulsões eróticas e agressivas em relação ao mesmo objeto, ao mesmo tempo. Quanto ao aspecto erótico, há busca de satisfação e busca de objeto; e, quanto ao aspecto agressivo, há um complexo de raiva, empregando erotismo muscular, e ódio, envolvendo a retenção de uma imago do objeto bom para comparação. No impulso agressivo-destrutivo como um todo, também está contido um tipo primitivo de relação com o objeto em que o amor envolve destruição. Muito disso é necessariamente obscuro e não preciso conhecer tudo a respeito da origem da agressão para prosseguir minha argumentação, pois parto do princípio de que o bebê tornou-se capaz de combinar a experiência erótica e agressiva, e em relação a um único objeto. Foi alcançada a ambivalência.

No momento em que isso se tornou um fato no desenvolvimento de uma criança, esta tornou-se capaz de experimentar a ambivalência em fantasia, assim como na função corporal de que a fantasia é, originalmente, uma elaboração. Além disso, a criança está começando a relacionar-se com objetos que são cada vez menos fenômenos subjetivos e cada vez mais elementos "não-mim" objetivamente percebidos. Ela começou a estabelecer um eu, uma unidade que está fisicamente contida na pele do corpo e está psicologicamente integrada. A mãe tornou-se agora – na mente da criança – uma imagem coerente, e a expressão "objeto total" torna-se agora aplicável. Esse estado de coisas, precário no começo, poderia ser apelidado de "estágio *humpty-dumpty*", sendo que o muro onde Humpty-Dumpty* está precariamente empoleirado é a mãe que deixou de lhe oferecer o colo.

....
* Humpty-Dumpty é um personagem baixinho e redondo de uma tradicional canção inglesa de ninar, a personificação de um ovo que caiu de um muro e se espatifou. (N. do T.)

Esse desenvolvimento implica um ego que começa a ser independente do ego auxiliar da mãe, e pode-se agora dizer que existe um lado de dentro do bebê e, por conseguinte, um lado de fora. O esquema corporal adquiriu existência e rapidamente desenvolve complexidade. De agora em diante, o bebê possui uma vida psicossomática. A realidade psíquica interna que Freud nos ensinou a respeitar converte-se numa coisa real para o bebê, que agora sente que a riqueza pessoal reside dentro do eu. Esta riqueza pessoal desenvolve-se a partir da experiência simultânea amor-ódio, a qual implica a realização de ambivalência, cujo enriquecimento e aprimoramento leva à emergência do envolvimento.

É importante postular a existência para a criança imatura de duas mães – deverei chamar-lhes a mãe-objeto e a mãe-ambiente? Não desejo inventar nomes que se fixem e acabem por se tornar rígidos e obstrutores, mas parece possível usar essas palavras, "mãe-objeto" e "mãe-ambiente", no presente contexto, a fim de descrever a grande diferença que existe para o bebê entre dois aspectos dos cuidados com a criança: a mãe como objeto, ou detentora do objeto parcial que pode satisfazer as necessidades urgentes do bebê, e a mãe como a pessoa que afasta o imprevisível e cuida ativamente da criança. O que a criança faz no auge da tensão do id e o uso assim feito do objeto parece-me muito diferente do uso que ela faz da mãe como parte do ambiente total[1].

Nessa terminologia, é a mãe-ambiente quem recebe tudo o que pode ser chamado afeição e coexistência sensual; é a mãe-objeto quem se converte no alvo para a experiência excitada, apoiada pela rudimentar tensão do instinto. Minha tese é de que o envolvimento surge na vida do bebê como uma experiência sumamente complicada da integração, na mente da criança, da mãe-objeto com a mãe-ambiente. O suprimento ambiental continua sendo vitalmente importante aqui, embora o bebê esteja começando a ser capaz de ter aquela estabilidade interior ligada ao desenvolvimento da independência.

....

1. Tema recentemente desenvolvido num livro de Harold Searles: *The Non-Human Environment in Normal Development and in Schizophrenia*. Nova York: International Universities Press, 1960.

Em circunstâncias favoráveis, quando o bebê atingiu o estágio necessário de desenvolvimento pessoal, dá-se uma nova fusão. Em primeiro lugar, há a experiência plena, e a fantasia, de relacionamento com o objeto baseado no instinto, sendo que o objeto é usado sem que se levem em conta as conseqüências, usado implacavelmente (se usarmos o termo como descrição de nosso ponto de vista sobre o que está acontecendo). E, concomitantemente, há o relacionamento mais tranqüilo do bebê com a mãe-ambiente. Essas duas coisas se integram. O resultado é complexo, e é especialmente isso que desejo descrever.

As circunstâncias favoráveis necessárias a esse estágio são as seguintes: que a mãe continue viva e disponível, isto é, acessível fisicamente e acessível no sentido de não estar preocupada com alguma outra coisa. A mãe-objeto tem que sobreviver aos episódios guiados pelo instinto, que adquiriram agora toda a força de fantasias de sadismo oral e outros resultados da fusão. À mãe-ambiente cabe, por outro lado, uma função especial, que é continuar sendo ela mesma, continuar empática em relação ao seu bebê e presente para receber o gesto espontâneo dele e para ser agradada.

A fantasia que acompanha as pulsões vigorosas do id contém ataque e destruição. Não é só que o bebê imagina que come o objeto, mas também quer apossar-se do conteúdo do objeto. Se o objeto não é destruído, isso se deve à sua própria capacidade de sobrevivência, não ao fato de o bebê protegê-lo. Este é um aspecto do quadro.

O outro aspecto tem a ver com a relação do bebê com a mãe-ambiente e, desse ângulo, pode ocorrer uma proteção tão grande da mãe, que a criança se torna inibida ou se retrai. Eis um elemento positivo na experiência infantil do desmame e uma das razões por que algumas crianças se desmamam espontaneamente.

Em circunstâncias favoráveis, elabora-se uma técnica para a solução dessa forma complexa de ambivalência. A criança sente angústia porque, se ela consumir a mãe, irá perdê-la, mas essa ansiedade acabará modificada pelo fato de que o bebê tem uma contribuição a dar à mãe-ambiente. Há uma confiança crescente com a qual haverá oportunidade para contribuir, para dar à mãe-ambiente, confiança essa que torna a criança capaz de dominar a ansiedade. A ansiedade dominada desse modo altera sua qualidade e converte-se em sentimento de culpa.

As pulsões instintuais levam ao uso implacável de objetos e depois a um sentimento de culpa que é dominado e aliviado pela contribuição que o bebê pode fazer para a mãe-ambiente em poucas horas. Além disso, a oportunidade de dar e de fazer uma reparação, oportunidade essa que a mãe-ambiente oferece através de sua presença confiável, capacita o bebê a tornar-se cada vez mais audacioso na vivência de suas pulsões do id; em outras palavras, liberta a vida instintual do bebê. Desse modo, a culpa não é sentida mas permanece adormecida, ou potencial, e só aparece (como tristeza ou estado de ânimo deprimido) se a oportunidade de reparação não aparecer.

Quando se estabelece a confiança nesse ciclo benigno e na expectativa da oportunidade, o sentimento de culpa em relação às pulsões do id se modifica e, nesse caso, precisamos de um termo mais positivo, como envolvimento. A criança está agora se tornando capaz de se envolver, de assumir a responsabilidade por seus próprios impulsos instintuais e pelas funções ligadas a eles. Isso fornece um dos elementos construtivos fundamentais do brincar e do trabalho. Mas, no processo de desenvolvimento, foi a oportunidade para contribuir que possibilitou a inclusão do envolvimento entre as capacidades da criança.

Uma característica que pode ser verificada, especialmente com respeito ao conceito de ansiedade que é "dominada", é que a integração *no tempo* acrescentou-se à integração mais estática dos estágios anteriores. A marcha do tempo é mantida pela mãe, e esse é um aspecto do funcionamento do seu ego auxiliar; mas o bebê passa a ter um senso pessoal de tempo, que, no início, tem uma amplitude pequena. É a mesma coisa que a capacidade do bebê de manter viva a imago da mãe no mundo interior, que também contém os elementos fragmentários benignos e persecutórios que resultam das experiências instintuais. O período de tempo pelo qual a criança pode manter viva a imago na realidade psíquica interior depende, em parte, dos processos de amadurecimento e, em parte, do estado da organização de defesa interna.

Esbocei alguns aspectos das origens do envolvimento nos estágios iniciais em que a presença contínua da mãe tem valor específico para o bebê, isto é, se o que se pretende é que a vida instintual tenha liberdade de expressão. Mas esse equilíbrio tem que ser obtido sempre de novo. Veja-se, por exemplo, o caso óbvio da adolescência, ou o caso igualmente óbvio do paciente psiquiátrico, para quem a terapia ocupacional é freqüentemente o ponto de partida para uma relação construtiva com a sociedade. Ou se considerem um médico e suas necessidades. Privem-no do seu trabalho, e o que será dele? Ele necessita de seus pacientes e da oportunidade para usar suas aptidões, como qualquer outro profissional.

Não desenvolverei em detalhes o tema da falta de desenvolvimento do envolvimento, ou da perda dessa capacidade de envolvimento que tenha sido quase – mas não inteiramente – estabelecida. Em poucas palavras, a não-sobrevivência da mãe-objeto ou o fracasso da mãe-ambiente em propiciar uma oportunidade confiável para a reparação leva à perda da capacidade de envolvimento e à sua substituição por angústias cruas e por defesas cruas, tais como a clivagem ou desintegração. Discutimos freqüentemente a angústia de separação, mas estou tentando descrever aqui o que acontece entre as mães e seus bebês, e entre pais e filhos, quando *não há* separação, e quando a continuidade externa dos cuidados à criança *não é* quebrada. Estou procurando explicar coisas que acontecem quando a separação é evitada.

12. A ausência de um sentimento de culpa
(Palestra preparada para a Devon and Exeter Association for Mental Health, 10 de dezembro de 1966)

Não é necessário que eu descreva a idéia convencional de certo e errado. Num dado ambiente (mãe, família, lar, grupo cultural, escola, etc.), isto é bom, aquilo não é bom. As crianças ajustam suas próprias idéias a esse ambiente ou então rebelam-se e sustentam o ponto de vista oposto, neste ou naquele aspecto. Gradualmente, esse estado de coisas é alterado porque a complexidade torna-o absurdo ou então a criança amadurece, na medida em que estabelece um senso de eu e um direito a ter uma opinião pessoal sobre todas as coisas. A criança madura ainda gosta ou necessita de poder confrontar tudo com o código aceito, nem que seja apenas para saber em que pé estão as coisas entre ela e a comunidade. Essa é uma característica permanente dos adultos maduros.
 Nesse tipo de discussão, logo de início surgirá a pergunta: até que ponto o código moral é ensinado e em que medida ele é inato? Em linguagem prática, você espera até que seu filho use o urinol ou combate a incontinência obrigando-o a usá-lo? A resposta a este tipo de indagação exige um estudo do interjogo muito sutil, na vida da criança em desenvolvimento, entre a tendência herdada ou pessoal para o desenvolvimento, ou processo de maturação, por um lado, e, por outro, o ambiente facilitador representado pelos seres humanos que se adaptam às necessidades da criança e que, de um modo humano, não conseguem adaptar-se.

Ao empreendermos esse estudo, logo deparamos com a existência de duas escolas de pensamento. Nos extremos, elas são muito diferentes, de fato inconciliáveis:

> (a) Não podemos correr riscos. Como sabemos que existem fatores inatos na criança em desenvolvimento, tendentes para a aquisição pela criança de um sentimento de certo e errado? O risco é grande demais. Precisamos plantar um código moral no solo virgem, e fazê-lo antes que a criança tenha idade suficiente para resistir ao que fazemos. Então, com sorte, a moralidade que adotamos como "revelada" aparecerá em todos aqueles que não estão dotados de um excesso de algo a que poderíamos chamar pecado original.

No outro extremo está o seguinte ponto de vista:

> (b) A única moralidade que conta é aquela que provém do próprio indivíduo. Afinal, a moralidade "revelada" do outro grupo extremo foi construída ao longo dos séculos, ou milênios, por milhares de gerações de indivíduos, ajudados por um punhado de profetas. É melhor aguardar até que, por processos naturais, cada criança passe a ter um senso de certo e errado que seja pessoal. Não é o comportamento que importa, mas os sentimentos de certo e errado que a criança possa ter, independentemente de sua submissão.

Não é necessário tentarmos reunir os protagonistas desses dois pontos de vista extremos. É preferível mantê-los separados, para que não se encontrem e acabem brigando. Uns e outros jamais poderão entrar em acordo.

Agrada-me pensar que haja um modo de vida que parte do pressuposto de que a moralidade vinculada à submissão acaba tendo pouco valor, e de que é o senso de certo e errado de cada criança que esperamos encontrar em desenvolvimento, ao lado de tudo o mais que se desenvolve por causa dos processos herdados que levam a todos os tipos de crescimento; um modo de vida que, partindo desse pressuposto, reconhece as dificuldades e empenha-se em estudá-las e aprender a enfrentá-las, na teoria e na prática.

Em termos práticos comuns, uma mãe pode constatar que dois de seus filhos deixaram naturalmente de molhar a fralda – que ótimo! O terceiro, entretanto, continua se molhando e se sujando, e causando dores nas costas da mãe. Quando ela pensa no terceiro filho, é bem capaz que se veja refletindo duas vezes sobre a moralidade inata, e sobre como poderá começar a exigir submissão sem destruir a alma da criança.

Neste terceiro modo de ver as coisas devemos considerar integralmente os seguintes fatos:

(1) A dependência absoluta do bebê no começo, que logo se torna quase absoluta e depois relativa – sendo a tendência no sentido da independência. Veremos que, neste caso, tudo se apóia muito na capacidade das mães (dos pais, etc.), que não podem ser mais do que humanas (a perfeição nada significa), que devem ter atitudes diferentes em relação aos vários filhos, que estão mudando constantemente em virtude de seu próprio crescimento, de suas próprias experiências emocionais, de sua própria vida íntima, que estão vivendo ou deixando temporariamente de lado por amor a seu bebê.

(2) Cada filho é diferente do que veio antes e do que veio depois, no sentido de que aquilo que é herdado é pessoal. Até mesmo os gêmeos idênticos não são idênticos quanto às tendências herdadas, embora talvez semelhantes. Deste modo, as experiências no campo limitado das relações bebê-mãe são específicas, não gerais, e isso sem se levarem em conta quaisquer anormalidades.

(3) Existem anormalidades em grau variável – as circunstâncias favorecem as primeiras experiências num determinado caso, e em outro ocorrem ingerências que produzem reações desagradáveis. Talvez a mãe que citamos, quando tinha apenas os primeiros dois bebês, não tenha cometido deslizes técnicos significativos, mas com o terceiro falhou (ela escorregou e quase quebrou um pulso no tombo, e teve que cuidar disso antes de responder à sutil comunicação de seu bebê, indicando uma necessidade que ela teria satisfeito naturalmente se não estivesse, naquele momento, preocupada com seu próprio problema – além do alcance do bebê). Pode ser que ela e o terceiro bebê

tenham estabelecido um padrão de procedimento que, se verbalizado, seria: "OK, posso confiar em você como fiz antes, desde que eu reivindique a sua aceitação do meu direito de adiar minha submissão quanto à higiene." As mães (os pais de modo geral) estão o tempo todo realizando, com sucesso, psicoterapias a respeito de suas inevitáveis falhas técnicas e dos efeitos dessas falhas sobre a vida de cada bebê. Nós, que estamos observando, somos capazes de dizer: "Você está mimando demais o seu filho, sabe?". Deste modo, estamos reprovando, exatamente como o público reprova o psicoterapeuta que consente uma certa medida de liberdade a uma criança durante a hora de terapia, ou reprovamos até aqueles que tentam compreender o comportamento anti-social quando, certamente, devíamos endossá-lo.

Se observarmos exemplos razoavelmente normais de crianças em crescimento no contexto de relações humanas claramente confiáveis, poderemos estudar com proveito o modo como se desenvolve o senso de certo e errado em cada criança. O assunto é muito complexo mas já não estamos à deriva. Ou já conhecemos os nossos faróis.

Assim como Freud assinalou o valor do conceito de superego, como uma área da mente, muito influenciado pelas figuras parentais introjetadas, também Melanie Klein desenvolveu o conceito de formações precoces do superego, que surgem até na mente do bebê e são relativamente independentes das introjeções dos pais. Naturalmente, não pode haver independência de *atitudes* parentais; isso pode ser verificado sempre que vemos um bebê estender a mão para pegar algum objeto e refrear o impulso para avaliar primeiro a atitude da mãe. Isso pode ser loucura (a mãe pensa que tudo o que é verde contém arsênico) ou sanidade (o caldeirão contém água fervente). Durante algum tempo, até que o bebê comece a tornar-se cientista, tudo isso será para ele muito desconcertante. Feliz o bebê cuja mãe é sempre coerente.

Tentei apresentar um resumo do conceito kleiniano de Posição Depressiva[1] (que, embora tenha um nome inadequado, é im-

....

1. D. W. Winnicott, "The Depressive Position in Normal Emotional Development" (1954-55) em *Through Paediatrics to Psycho-Analysis*, Lon-

portante neste contexto) e não posso voltar aqui a percorrer esse caminho. Mas diria que, assim como um bebê ou criança pequena torna-se, às vezes, uma coisa total, uma unidade, um integrado, alguém que poderia dizer "eu sou" (se dispusesse de palavras), também ocorre um estado de coisas pelo qual existe um senso de responsabilidade pessoal, e quando nas relações a criança tem impulsos e idéias destrutivas (eu te amo, eu te como), então verifica-se um começo claro e natural de um sentimento pessoal de culpa. Como disse Freud, o sentimento de culpa torna o indivíduo capaz de *ser* malvado. De acordo com o padrão, a criança tem o impulso, talvez morda (ou coma um biscoito) e tenha a idéia de estar comendo o objeto (digamos, o seio da mãe), e então sente culpa. Meu Deus, como sou horrível! E daí resulta o impulso para ser construtivo.

Se o sentimento de culpa da criança está ausente no padrão, então ela não chega ao ponto de permitir o impulso. Instala-se, em vez disso, o medo, e a criança se inibe com relação a todo o sentimento que naturalmente se constrói em torno desse impulso.

E chego agora à ausência de um sentimento de culpa. Retrocedendo a partir do que Melanie Klein chamou de Posição Depressiva, que é uma realização do desenvolvimento saudável, chego ao bebê cuja experiência não permitiu a ocorrência de tal estado de coisas.

(1) A inconfiabilidade da figura materna torna vão o esforço construtivo, de modo que o sentimento de culpa fica intolerável e a criança é pressionada a retroceder para a inibição, ou perda do impulso que é, de fato, parte do amor primitivo.
(2) Pior, as experiências iniciais não possibilitaram que o processo inato no sentido da integração se efetuasse, de modo que não existe unidade e nem senso de responsabilidade total por coisa alguma. Surgem idéias e impulsos que afetam o compor-

....
dres: Hogarth Press, 1975. Ver também "O desenvolvimento da capacidade de envolvimento" (Capítulo 11 deste volume), que contém o desenvolvimento por Winnicott do conceito de Klein. (Nota dos organizadores.)

tamento, mas nunca se poderá dizer: este bebê teve o impulso para comer o seio (atendo-nos artificialmente, para fins ilustrativos, a este limitado campo).

É difícil para mim saber como aprofundar mais o meu tema aqui e agora no tempo limitado de que disponho. Gostaria de chamar a atenção para o caso especial da criança afetada pela tendência anti-social, talvez em processo de se tornar delinqüente. É especialmente nesse caso que ouvimos dizer: esse menino ou menina não tem senso moral – nenhum senso clínico de culpa. Mas refutamos essa idéia porque não a consideramos verdadeira quando temos oportunidade de realizar uma investigação psiquiátrica da criança, especialmente no estágio anterior àquele em que os ganhos secundários passaram a predominar. Existe esse estágio anterior à chegada dos ganhos secundários, quando a criança necessita de ajuda e se sente louca porque de dentro dela vem uma compulsão para roubar, para destruir.

De fato, o padrão é o seguinte:

(a) as coisas corriam bastante bem para a criança;
(b) alguma coisa perturbou essa situação;
(c) a criança foi exigida além de sua capacidade (as defesas do ego desmoronaram);
(d) a criança reorganizou-se com base em um novo modelo de defesa do ego, inferior em qualidade;
(e) a criança começa a ter esperanças de novo e organiza atos anti-sociais na esperança de compelir a sociedade a retroceder com ela para a posição em que as coisas deram errado, e a reconhecer esse fato;
(f) se isso for feito (seja por um período de complacência ou diretamente numa entrevista psiquiátrica), então a criança pode retornar ao período que antecedeu o momento de privação e redescobrir o objeto bom e o bom ambiente humano controlador que, por existir originalmente, tornou-a capaz de experimentar impulsos, inclusive os destrutivos.

Veremos que o último desses estágios, (f), é difícil de alcançar. Mas o princípio precisa, em primeiro lugar, ser entendido e aceito. E, de fato, qualquer pai ou mãe que tenha muitos filhos sabe que essa reparação mediante o emprego de técnicas adaptativas especiais e temporárias de fato ocorre repetidamente, e com sucesso.

Por mais difícil que consideremos a aplicação dessas idéias, precisamos abandonar totalmente a teoria de que as crianças podem ser inatamente amorais. Isso nada significa em termos do estudo do indivíduo que se desenvolve em conformidade com os processos de maturação herdados e permanentemente interligados com a ação do ambiente facilitador.

E agora, finalmente, desejo apresentar-lhes algumas das coisas que os nossos pacientes esquizóides nos ensinam, ou exigem que saibamos. Esses pacientes são, em alguns aspectos, mais morais do que nós, mas, é claro, sentem-se terrivelmente desconfortáveis. Talvez prefiram continuar desconfortáveis a serem "curados". A sanidade implica conciliação. Isso é o que eles sentem como pernicioso. O intercurso extraconjugal, para eles, não tem importância em comparação com a traição do eu. E é verdade (acho que eu poderia mostrar-lhes) que as pessoas mentalmente sãs relacionam-se com o mundo através do que eu chamo impostura. Ou, melhor, se é que existe uma sanidade eticamente respeitável, é a que se estabeleceu muito cedo, nos primórdios da infância do indivíduo, quando a impostura não era significativa. (O bebê cria o objeto com que se relaciona, mas o objeto já existia, de modo que, num outro sentido, o bebê descobriu o objeto e depois o criou.) Mas isso não é suficiente. Toda criança precisa tornar-se capaz de criar o mundo (a técnica adaptativa da mãe faz com que isso seja sentido como um fato), caso contrário o mundo não terá significado. Todo bebê precisa ter suficiente experiência de onipotência para tornar-se capaz de ceder a onipotência à realidade externa ou a um princípio-Deus.

Assim, o único comer real tem como base *não* comer. É a partir de não ser criativo, de estar isolado, que a criação de objetos e do mundo passa a ter um significado. O prazer da companhia só existe como um desenvolvimento a partir do isolamento essencial, o isolamento que reaparece quando o indivíduo morre.

Há pessoas que passam toda a vida não sendo, num esforço desesperado para encontrar uma base para ser. Para as pessoas esquizóides (sinto-me humilde na presença delas, embora consuma muito tempo e muita energia tentando curá-las, porque se sentem tão desconfortáveis), pernicioso significa qualquer coisa falsa, como o fato de estar vivo por condescendência. Eu poderia ilustrar essa idéia, mas talvez seja melhor deixar as coisas simplesmente enunciadas assim. Se alguém puder juntar alguma coisa dessa colheita desordenada, que seja algo que valha a pena. No final, como vocês vêem, chego ao conceito de um sentimento de culpa que é tão fundamental para a natureza humana que há bebês que morrem dele, ou, se não podem morrer, organizam um eu condescendente ou falso, que trai o verdadeiro eu na medida em que parece ser bem-sucedido em termos daquilo que os observadores acham que tem valor.

Comparados com essas poderosas forças (que se apresentam na vida e nas artes e em termos de *integridade*), os *mores* da sociedade local são meras digressões. Seus filhos adolescentes, alguns deles pacientes, estão mais preocupados em não traírem a si mesmos do que com fumar ou não, ou dormir fora ou não. Podemos ver que, para eles (tal como para as crianças pequenas, embora isso seja mais obscuro no caso delas), a solução falsa é descartada.

É embaraçoso, mas terrivelmente verdadeiro. Se vocês querem uma vida tranqüila, recomendo ou que não tenham filhos (já terão que lidar consigo mesmos, o que poderá ser mais do que suficiente) ou então que mergulhem de cabeça, logo de início, quando o que vocês fizerem poderá (com sorte) ter o efeito de levar esses indivíduos a superarem a fase de impostura antes de chegarem à idade de enfrentar o princípio de realidade e o fato de que a onipotência é subjetiva. Não só a onipotência é subjetiva como, enquanto fenômeno subjetivo, é uma experiência real – quer dizer, no princípio, quando tudo está correndo bastante bem.

13. Alguns aspectos psicológicos da delinqüência juvenil

(Uma palestra para magistrados, 1946)

Pretendo dar uma descrição simples e, no entanto, exata de um aspecto da delinqüência, uma descrição que ligue a delinqüência à privação da vida familiar. Isso pode ser proveitoso para aqueles que desejam entender as raízes do problema do delinqüente.

Em primeiro lugar, convido a um exame da palavra inconsciente. Esta palestra é dirigida a magistrados, que estão, por sua formação e exercício, habituados a pesar provas, a refletir sobre as coisas e a senti-las. Ora, nesse sentido a contribuição de Freud foi realmente útil. Ele mostrou que se substituímos o sentimento pela reflexão, não podemos deixar de fora o inconsciente sem cometer sérios erros – de fato, sem nos fazermos de bobos. O inconsciente pode ser um estorvo para quem gosta de tudo simples e arrumado, mas, decididamente, não pode ser ignorado por planejadores e pensadores.

O homem que sente, o homem que intui, longe de menosprezar o inconsciente, foi sempre influenciado pelo seu inconsciente. Mas o homem que pensa ainda não se deu conta de que pode pensar e também, ao mesmo tempo, incluir o inconsciente em seu pensamento. As pessoas pensantes, tendo tentado a lógica e tendo-a considerado superficial, iniciaram uma reação no sentido da não-razão, na verdade uma tendência muito perigosa. É estranho o quanto os pensadores de primeira categoria, até cientistas, deixaram de fazer uso desse avanço científico específico. Não há economistas que deixam de levar em conta a ganância inconsciente, ou políticos que ignoram o ódio recalcado, médicos que são incapazes de reconhecer a depressão e a hipocondria subjacentes a doenças como o reumatismo e que deterioram a máquina industrial? Temos até magistrados que não enxergam que os ladrões estão inconscientemente procurando algo mais importante do que bicicletas e canetas-tinteiro.

Todo magistrado sabe perfeitamente que os ladrões têm motivos inconscientes. Em primeiro lugar, entretanto, quero expor e enfatizar uma aplicação muito diferente do mesmo princípio. Quero pedir uma reflexão sobre o inconsciente em sua relação com a tarefa de ser magistrado, sendo essa tarefa a implementação da lei.

É porque estou tão ansioso para que se apliquem métodos psicológicos na investigação de casos judiciais e na orientação de crianças anti-sociais que quero atacar uma das maiores ameaças a um avanço nessa direção; essa ameaça provém da adoção de uma atitude sentimentalista em relação ao crime. Se parece haver avanços, mas se eles se baseiam em sentimentalismo, não têm nenhum valor; acabará havendo necessariamente uma reação, e então seria preferível que não houvesse avanços. No sentimentalismo existe ódio recalcado ou inconsciente, e esse recalcamento não é saudável. Mais cedo ou mais tarde, o ódio vem à tona.

O crime produz sentimentos de vingança pública. A vingança pública redundaria em algo perigoso, se não fosse a lei e aqueles que têm por missão implementá-la. No tribunal, o magistrado, antes de mais nada, expressa os sentimentos de vingança pública e só assim podem ser estabelecidas as bases para um tratamento humano do infrator.

Creio que essa idéia poderá provocar muita indignação. Muitas pessoas, se indagadas, poderão declarar que não desejam punir criminosos, que preferem vê-los sendo tratados. Mas a minha sugestão, baseada em premissas muito definidas, é de que nenhum delito pode ser cometido sem que haja um acréscimo do fundo comum de sentimentos inconscientes de vingança pública. Uma das funções da lei é proteger o criminoso contra essa mesma vingança inconsciente e, portanto, cega. A sociedade sente-se frustrada mas, passado um certo tempo e esfriadas as paixões, consente que os tribunais se encarreguem do infrator; quando se faz justiça, há alguma satisfação. Existe um perigo real de que aqueles que desejam que os infratores sejam tratados como pessoas doentes (como são, de fato) sejam contrariados tanto quanto estão, ao que parece, tendo êxito, se não se levar em conta o potencial inconsciente de vingança. Seria perigoso adotar-se um objetivo puramente terapêutico nas decisões judiciais.

Dito isto, posso passar ao que me interessa muito mais: a compreensão do crime como doença psicológica. É um assunto gigantesco e complexo, mas tentarei dizer algo simples a respeito de crianças anti-sociais e da relação da delinqüência com a privação da vida familiar.

Vocês sabem que na investigação dos internos de um reformatório, o diagnóstico pode variar segundo uma escala que vai de normal (ou saudável) a esquizofrênico. Entretanto, existe algo comum a todos os delinqüentes. De que se trata?

Numa família comum, homem e mulher, marido e esposa, assumem responsabilidade conjunta pelos filhos. Os bebês nascem, a mãe (apoiada pelo pai) vai criando os filhos, estudando a personalidade de cada um, defrontando-se com o problema pessoal de cada um na medida em que afeta a sociedade em sua menor unidade, a família e o lar.

Como é a criança normal? Ela simplesmente come, cresce e sorri docemente? Não, não é assim. Uma criança normal, se tem a confiança do pai e da mãe, usa de todos os meios possíveis para se impor. Com o passar do tempo, põe à prova o seu poder de desintegrar, destruir, assustar, cansar, manobrar, consumir e apropriar-se. Tudo o que leva as pessoas aos tribunais (ou aos manicômios, pouco importa no caso) tem seu equivalente normal na infância, na relação da criança com o seu próprio lar. Se o lar consegue suportar tudo o que a criança pode fazer para desorganizá-lo, ela sossega e vai brincar; mas primeiro os negócios, os testes têm que ser feitos e, especialmente, se a criança tiver alguma dúvida quanto à estabilidade da instituição parental e do lar (que para mim é muito mais do que a casa). Antes de mais nada, a criança precisa estar consciente de um quadro de referência se quiser sentir-se livre e se quiser ser capaz de brincar, de fazer seus próprios desenhos, ser uma criança irresponsável.

Por que deve ser assim? O fato é que os estágios iniciais do desenvolvimento emocional estão repletos de conflito e desintegração potenciais. A relação com a realidade externa ainda não está firmemente enraizada; a personalidade ainda não está bem integrada; o amor primitivo tem um propósito destrutivo e a criança pequena ainda não aprendeu a tolerar e enfrentar os instintos. Pode chegar a fazer essas coisas e mais, se o seu ambiente for estável e pessoal. No começo, ela tem necessidade absoluta de viver num círculo de amor e força (com a conseqüente tolerância), para não sentir um medo excessivo de seus próprios pensamentos e dos produtos de sua imaginação, a fim de progredir em seu desenvolvimento emocional.

Ora, o que acontece se o lar faltar à criança antes de ela ter adquirido uma idéia de um quadro de referência como parte de sua própria natureza? A idéia corrente é que, vendo-se "livre", a criança passa a fazer tudo o que lhe dá prazer. Isso está muito longe da verdade. Ao constatar que o quadro de referência de sua vida se desfez, ela deixa de se sentir livre. Torna-se angustiada e, se tem alguma esperança, trata de procurar um outro quadro de referência fora do lar. A criança cujo lar não lhe ofereceu um sentimento de segurança busca fora de casa as quatro paredes; ainda tem esperança e recorre aos avós, tios e tias, amigos da família, escola. Procura uma estabilidade externa sem a qual poderá enlouquecer. Fornecida em tempo oportuno, essa estabilidade poderá ter crescido na criança como os ossos em seu corpo, de modo que, gradualmente, no decorrer dos primeiros meses e anos de vida, terá avançado, da dependência e da necessidade de ser cuidada, para a independência. É freqüente a criança obter em suas relações e na escola o que lhe faltou no próprio lar.

A criança anti-social está simplesmente olhando um pouco mais longe, recorrendo à sociedade em vez de recorrer à família ou à escola para lhe fornecer a estabilidade de que necessita a fim de transpor os primeiros e essenciais estágios de seu crescimento emocional.

Explico as coisas da seguinte maneira. Quando uma criança rouba açúcar, ela está procurando a boa mãe, de quem ela tem o direito de tirar toda a doçura que houver. De fato, essa doçura é a da própria criança, pois ela inventou a mãe e a doçura desta a partir de sua própria capacidade para amar, a partir de sua própria criatividade primária, seja ela qual for. Também procura o pai, se assim podemos dizer, que protegerá a mãe de seus ataques contra ela, ataques realizados no exercício de amor primitivo. Quando uma criança rouba fora de casa, ainda está procurando a mãe, mas procura-a com maior sentimento de frustração e necessitando cada vez mais encontrar, ao mesmo tempo, a autoridade paterna que pode pôr e porá um limite ao efeito concreto de seu comportamento impulsivo e à atuação das idéias que lhe ocorrem quando está excitada. Na delinqüência plenamente desenvolvida, a situação fica difícil para nós como observadores porque o que nos chama a atenção é a necessidade aguda que a criança tem de um pai rigoroso, severo, que proteja a mãe quando ela é encontrada. O pai rigoroso que a criança evoca também pode ser amoroso mas deve ser, antes de tudo, severo e forte. Somente quando a figura paterna rigorosa e forte está em evidência a criança pode recuperar seus impulsos primitivos de amor, seu sentimento de culpa e seu desejo de corrigir-se. A menos que se veja em apuros, o delinqüente só poderá tornar-se cada vez mais inibido no amor e, por conseguinte, cada vez mais deprimido e despersonalizado, tornando-se por fim totalmente incapaz de sentir a realidade das coisas, exceto a realidade da violência.

A delinqüência indica que alguma esperança subsiste. Vocês verão que, quando a criança se comporta de modo anti-social, não se trata *necessariamente* de uma doença, e o comportamento anti-social nada mais é, por vezes, do que um SOS, pedindo o controle de pessoas fortes, amorosas e confiantes. Entretanto, a maioria dos delinqüentes são, em certa medida, doentes, e a palavra doença torna-se apropriada pelo fato de que, em muitos casos, o sentimento de segurança não chegou à vida da criança a tempo de ser incorporado às suas crenças. Enquanto está sob forte controle, uma criança anti-social pode parecer muito bem; mas, se lhe for dada liberdade, ela não tardará em sentir a ameaça de loucura. Assim, ela transgride contra a sociedade (sem saber o que está fazendo) a fim de restabelecer o controle proveniente do exterior.

A criança normal, ajudada nos estágios iniciais pelo seu próprio lar, desenvolve a capacidade para controlar-se. Desenvolve o que é denominado, por vezes, "ambiente interno", com uma tendência para descobrir um bom meio. A criança anti-social, doente, não tendo tido a oportunidade de criar um bom "ambiente interno", necessita absolutamente de um controle externo se quiser ser feliz e capaz de brincar ou trabalhar. Entre esses dois extremos – crianças normais e crianças doentes, anti-sociais – estão as crianças que podem ainda vir a acreditar na estabilidade se uma experiência contínua de controle por pessoas extremosas puder ser-lhes proporcionada durante um período de anos. Uma criança de 6 ou 7 anos tem muito mais possibilidade de receber ajuda desse modo do que uma criança de 10 ou 11 anos.

Durante a guerra, tivemos precisamente a experiência desse fornecimento tardio de um ambiente estável para crianças privadas de vida familiar, nos alojamentos para crianças evacuadas, especialmente para crianças difíceis. Estas ficaram sob os cuidados do Ministério da Saúde. Durante os anos da guerra, as crianças com tendências anti-sociais foram tratadas como doentes. Tenho a satisfação de dizer que esses alojamentos não estão sendo todos fechados agora e foram transferidos para supervisão do Ministério da Educação. Realizam um trabalho profilático para o Ministério do Interior. Podem tratar a delinqüência *como uma doença mais facilmente*, pois a maioria das crianças ainda não enfrentou tribunais juvenis. Esse é, certamente, o lugar adequado para o tratamento da delinqüência como doença; constitui, sem dúvida, uma oportunidade para pesquisa e para adquirir experiência. Todos conhecemos o trabalho excelente feito em alguns reformatórios, mas o fato de a maioria das crianças nessas instituições já ter recebido condenações num tribunal torna as coisas mais difíceis.

Nesses alojamentos, às vezes denominados internatos para crianças desajustadas, há uma oportunidade, para aqueles que vêem o comportamento anti-social como o SOS de uma criança doente, para desempenharem seu papel e aprenderem. Cada alojamento ou grupo de alojamentos sob o controle do Ministério da Saúde em tempo de guerra tinha uma comissão de administração, e no grupo a que eu estive ligado a comissão leiga interessava-se realmente pelos detalhes do trabalho dos alojamentos e assumia a responsabilidade por sua execução. Sem dúvida, muitos magistrados poderiam ser eleitos para tais comissões e assim ter contato íntimo com a questão dos cuidados de crianças que ainda não se apresentaram diante de tribunais juvenis. Não é suficiente visitar reformatórios ou alojamentos, ou ouvir os outros falarem a respeito. A única maneira interessante é assumir alguma responsabilidade, mesmo que indiretamente, apoiando de forma inteligente aqueles que cuidam de meninos e meninas com tendência para o comportamento anti-social.

Nesses alojamentos para as chamadas crianças desajustadas, existe liberdade para trabalhar com um objetivo terapêutico, e isso faz muita diferença. Os fracassos acabarão chegando aos tribunais, mas os êxitos serão bons cidadãos.

É claro, o trabalho realizado nesses pequenos alojamentos, com pessoal adequado, é feito pelos supervisores. Estes têm de ser, de início, o tipo certo de pessoas, mas necessitam de educação e de oportunidades para discutir seu trabalho à medida que ele se desenvolve, e também precisam de alguém que atue como intermediário entre eles e essa coisa impessoal chamada ministério. No programa que conheço, essa era a função da assistente social psiquiátrica e do psiquiatra. Estes, por sua vez, necessitavam de uma comissão que pudesse se desenvolver junto com o programa e tirar proveito da experiência. É em comissões dessa natureza que um magistrado poderia participar proveitosamente.

Voltemos agora ao tema da criança privada de vida familiar. Além de serem negligenciadas (e nesse caso chegarão aos tribunais juvenis como delinqüentes), essas crianças podem ser tratadas de duas maneiras. Podem receber psicoterapia pessoal, ou pode-se oferecer-lhes um ambiente estável e forte, com assistência e amor pessoais, e doses crescentes de liberdade. De fato, sem esta segunda alternativa, a primeira (psicoterapia pessoal) não terá grandes probabilidades de êxito. E se houver um lar-substituto adequado, a psicoterapia poderá tornar-se desnecessária, o que é ótimo porque, praticamente, ela nunca é acessível. Levará anos até que se disponha de psicanalistas adequadamente treinados, mesmo em número moderado, para fornecer os tratamentos pessoais tão urgentemente necessários em muitos casos.

A psicoterapia pessoal é orientada no sentido de tornar a criança capaz de completar seu desenvolvimento emocional. Isso significa muita coisa, inclusive o estabelecimento de uma boa capacidade para sentir a realidade de coisas reais, internas e externas, e o estabelecimento da integração da personalidade individual. O pleno desenvolvimento emocional significa isso e muito mais. Depois dessas coisas primitivas, seguem-se os primeiros sentimentos de envolvimento e culpa, bem como os primeiros impulsos para fazer reparações. E na própria família há as primeiras situações triangulares e todas as complexas relações interpessoais que acompanham a vida no lar.

Além disso, se tudo correr bem, e se a criança tornar-se apta a controlar-se e a controlar suas relações com adultos e com outras crianças, ela ainda terá que começar a enfrentar complicações, como a mãe que é deprimida, o pai com episódios maníacos, um irmão com tendências cruéis, uma irmã com desmaios histéricos. Quanto mais pensamos nessas coisas, melhor entendemos por que os bebês e as crianças pequenas necessitam absolutamente do *background* de suas próprias famílias e, se possível, da estabilidade do ambiente físico; e, a partir dessas considerações, vemos que as crianças privadas de vida familiar ou são dotadas com algo pessoal e estável quando ainda são suficientemente jovens para fazer uso disso em alguma medida, ou então nos obrigarão mais tarde a fornecer-lhes estabilidade sob forma de um reformatório ou, como último recurso, das quatro paredes de uma cela de prisão.

14. *A tendência anti-social*

(Conferência proferida na British Psycho-analytical Society, 20 de junho de 1956)

A tendência anti-social cria para a psicanálise alguns problemas espinhosos, problemas de natureza prática e teórica. Freud, através de sua introdução ao livro de Aichhorn, *Wayward Youth*, mostrou que a psicanálise não só contribui para a compreensão da delinqüência como é enriquecida por uma compreensão do trabalho daqueles que lidam com delinqüentes.

Decidi discutir não a delinqüência mas a tendência anti-social. A razão é que a defesa anti-social organizada está sobrecarregada de ganho secundário e reações sociais que tornam difícil ao investigador atingir seu âmago. Em contrapartida, a tendência anti-social pode ser estudada tal como se apresenta na criança normal ou quase normal, em que se relaciona com dificuldades inerentes ao desenvolvimento emocional.

Começarei com duas simples referências a material clínico:

> Para a minha primeira análise escolhi um delinqüente. Esse menino compareceu regularmente, durante um ano, e o tratamento foi suspenso por causa dos distúrbios que causou na clínica. Eu poderia dizer que a análise estava correndo bem e sua interrupção afligiu tanto o menino quanto a mim mesmo, apesar de, em numerosas ocasiões, eu ter sido seriamente mordido nas nádegas. Certa vez o menino fugiu para cima do telhado; outra vez, derramou tanta água que o andar térreo ficou inundado. Arrombou meu carro e arrancou em primeira, na

partida automática. A clínica ordenou que o tratamento cessasse, para o bem dos outros pacientes. Ele foi para um reformatório.

Devo dizer que hoje ele está com 36 anos e tem ganho a vida num emprego que se adapta à sua natureza irrequieta. Está casado e tem vários filhos. No entanto, receio acompanhar o seu caso por temer envolver-me de novo com um psicopata, e prefiro que a sociedade continue se encarregando de cuidar dele.

Pode-se facilmente perceber que o tratamento para esse menino não deveria ser psicanálise, mas internação especializada. A psicanálise só fazia sentido se adicionada à internação. Desde essa época, tenho observado analistas de todas as correntes fracassarem na análise de crianças anti-sociais.

Em contrapartida, a história seguinte destaca o fato de que uma tendência anti-social pode, por vezes, ser tratada muito facilmente se o tratamento for coadjuvante da assistência ambiental especializada.

Fui solicitado por uma amiga a examinar o caso de seu filho, o primogênito de uma família de quatro. Ela não podia trazer-me John abertamente por causa do marido, que faz objeções à psicologia por motivos religiosos. Tudo o que ela pôde fazer foi ter uma conversa comigo sobre a compulsão do menino para roubar, o que estava se tornando um problema muito sério; ele roubava em grande escala, em lojas e em casa. Por razões práticas, a única coisa possível foi combinarmos um almoço rápido num restaurante, durante o qual ela me contou o problema e pediu meu conselho. Eu só tinha aquele momento e aquele lugar para fazer alguma coisa. Portanto, expliquei-lhe o significado do roubo e sugeri que ela encontrasse um bom momento em suas relações com o menino e lhe desse uma interpretação. Ao que parecia, John e a mãe tinham alguns momentos de boas relações mútuas todas as noites, depois que ele ia para a cama; então, geralmente, ele gostava de contemplar e falar sobre as estrelas e a lua. Esse momento poderia ser usado.

Sugeri: "Por que não dizer a John que você sabe que, quando ele rouba, ele não está querendo as coisas que rouba mas procura algo a que tem direito: está protestando contra a mãe e o pai porque se sente privado do amor de ambos?". Recomendei-lhe que usasse uma linguagem que o menino pudesse entender. Devo dizer que eu conhecia suficientemente essa família, em que os pais são músicos, para perceber como esse menino, em certa medida, sofrera privação, embora tivesse um bom lar.

Algum tempo depois recebi dessa amiga uma carta dizendo-me que fizera o que eu havia sugerido. "Disse-lhe que o que ele realmente queria quando roubava dinheiro, alimentos e outras coisas, era sua mãe; devo dizer que realmente não esperava que ele entendesse isso, mas parece que entendeu. Perguntei-lhe se achava que não o amávamos por ele às vezes ser tão travesso, e ele respondeu sem pestanejar que achava que não o amávamos muito. Pobre criança! Eu me senti tão mal, nem lhe posso explicar. Então eu lhe disse para nunca, nunca mais duvidar e disse-lhe que, se alguma vez ele sentisse dúvida me fizesse lembrar de dizer outra vez. Mas é claro que não precisarei ser lembrada por muito tempo, foi um choque tão grande. Parece que todos nós precisamos desses choques. Assim, estou sendo muito mais demonstrativa, para tentar evitar que ele volte a ter dúvidas. E até agora não houve mais nenhum roubo."

A mãe conversava com a professora de John, explicando-lhe que o menino necessitava de amor e compreensão, e obtivera a colaboração dela, embora o menino desse muito trabalho na escola.

Agora, depois de oito meses, é possível informar que não houve recaída no roubo, e as relações entre o menino e a família melhoraram muito.

Ao considerar este caso, devo lembrar que eu conhecera muito bem a mãe durante sua adolescência e, em certa medida, vira-a superar uma fase anti-social própria. Ela era a primogênita de uma família numerosa. Tinha um lar muito bom, mas o pai exercera uma disciplina férrea, especialmente na época em que ela era pequena. Portanto, o que eu fiz teve o efeito de uma dupla terapia, tornando essa jovem mulher capaz de adquirir um *insight* sobre suas próprias dificuldades através da ajuda que pôde prestar ao filho. Quando conseguimos ajudar os pais a ajudarem seus filhos, na verdade estamos ajudando-os a respeito de si mesmos.

(Num outro estudo, proponho-me fornecer exemplos clínicos que ilustram o lidar com crianças com tendência anti-social; aqui, não faço mais do que tentar uma breve exposição da base de minha atitude pessoal em face do problema clínico.)

Natureza da tendência anti-social

A tendência anti-social *não é um diagnóstico*. Não se compara diretamente com outros termos diagnósticos, como neurose e psicose. A tendência anti-social pode ser encontrada num indivíduo normal ou num indivíduo neurótico ou psicótico.

Por uma questão de simplicidade, irei referir-me apenas a crianças, mas a tendência anti-social pode ser encontrada em todas as idades. Os vários termos em uso podem ser reunidos da seguinte maneira:

Uma criança *sofre privação* quando passam a lhe faltar certas características essenciais da vida familiar. Torna-se manifesto um certo grau do que poderia ser chamado de "complexo de privação". O *comportamento anti-social* será manifesto no lar ou numa esfera mais ampla. Em virtude da *tendência anti-social*, a criança poderá finalmente ter que ser *considerada desajustada* e receber tratamento num *alojamento para crianças desajustadas*, ou pode ser levada aos tribunais como *criança incontrolável*. Agora, *delinqüente*, a criança pode tornar-se um indivíduo em *liberdade condicional* sob mandado judicial ou ser enviada para um *reformatório*. Se um aspecto importante do lar deixa de funcionar, a criança pode ser assumida pelo Children's Committte (conforme o *Children Act*, 1948) e receber "*assistência e proteção*". Se possível, será encontrado um lar adotivo. Caso todas essas medidas fracassem, o jovem adulto será considerado um *psicopata* e remetido pelos tribunais para um instituto correcional para jovens delinqüentes ou para uma prisão. Pode ter-se estabelecido uma tendência para repetir crimes, para o que se usa o termo *reincidência*.

Nada disso se refere ao diagnóstico psiquiátrico do indivíduo. A tendência anti-social caracteriza-se por *um elemento nela que compele o meio ambiente a ser importante*. O paciente, através de pulsões inconscientes, compele alguém a encarregar-se de cuidar dele. É tarefa do terapeuta envolver-se com a pulsão inconsciente do paciente, e o trabalho é realizado pelo terapeuta em termos de administrar, tolerar e compreender.

A tendência anti-social implica esperança. A ausência de esperança é a característica básica da criança que sofreu privação que, é claro, não está sendo anti-social o tempo todo. No período de esperança a criança manifesta uma tendência anti-social. Isso pode ser constrangedor para a sociedade em geral e para você, se a sua bicicleta é que foi roubada, mas aqueles que não estão pessoalmente envolvidos podem discernir a esperança subjacente na compulsão para roubar. Talvez uma das razões por que tendemos a deixar para outros a terapia do delinqüente seja o fato de nos desagradar sermos roubados.

A compreensão de que o ato anti-social é uma expressão de esperança é vital no tratamento de crianças que apresentam tendência anti-social. Vemos constantemente o momento de esperança ser desperdiçado, ou desaparecer, por causa de má administração ou intolerância. É outro modo de dizer que o tratamento da tendência anti-social não é psicanálise, mas administração, uma conduta no sentido de ir ao encontro do momento de esperança e corresponder a ele.

Existe uma relação direta entre a tendência anti-social e a privação. Isso é conhecido desde longa data pelos especialistas nesta área, mas deve-se predominantemente a John Bowlby o fato de haver hoje um reconhecimento generalizado das relações entre a tendência anti-social e a privação emocional, tipicamente no período que vai até a idade em que a criança começa a dar os primeiros passos, entre um e dois anos de idade.

Quando existe uma tendência anti-social, *houve um verdadeiro desapossamento* (não uma simples carência); quer dizer, houve perda de algo bom que foi positivo na experiência da criança até uma certa data[1], e que foi retirado; a retirada estendeu-se por um período maior do que aquele em que a criança pode manter viva a lembrança da experiência. A descrição abrangente da privação inclui o antes e o depois, o ponto exato do trauma e a persistência da condição traumática, e também o quase normal e o claramente anormal.

Nota

Numa explicação com palavras minhas da posição depressiva descrita por Melanie Klein, procurei deixar clara a íntima relação existente entre o conceito de Klein e a ênfase de Bowlby sobre a privação. Os três estágios definidos por Bowlby da reação clínica de uma criança de dois anos que é hospitalizada podem receber uma formulação teórica em termos da gradual perda de esperança por causa da morte do objeto interno ou versão introjetada do objeto externo que se perdeu. Pode-se discutir ainda a importância relativa da morte do objeto interno através da raiva e do contato de "objetos bons" com produtos do ódio no interior da psique, e a maturidade ou imaturidade do ego na medida em que isso afeta a capacidade para manter viva uma lembrança.

Bowlby necessita da intrincada descrição de Klein que foi construída em torno do entendimento da melancolia, e que deriva de Freud e Abraham[2]; mas também é verdade que a psicanálise necessita da ênfase de Bowlby sobre a privação, se é que a psicanálise algum dia aceitará o problema especial da tendência anti-social.

Existem sempre duas direções na tendência anti-social, embora às vezes uma seja mais acentuada do que a outra. Uma dire-

....

1. Essa idéia parece estar implícita no livro de Bowlby, *Maternal Care and Mental Health*, p. 47 [Título da edição brasileira: *Cuidados maternos e saúde mental*, Martins Fontes], onde ele compara suas observações com as de outros e sugere que os diferentes resultados se explicam de acordo com a idade de uma criança na época da privação.

2. Ver o Capítulo 15 deste volume. (Nota dos organizadores.)

ção é representada tipicamente pelo roubo e a outra pela destrutividade. *Numa* direção, a criança procura alguma coisa, em algum lugar, e não a encontrando busca-a em outro lugar, quando tem esperança. Na *outra*, a criança está procurando aquele montante de estabilidade ambiental que suporte a tensão resultante do comportamento impulsivo. É a busca de um suprimento ambiental que se perdeu, uma atitude humana que, uma vez que se possa confiar nela, dê liberdade ao indivíduo para se movimentar, agir e se excitar.

É sobretudo por causa da segunda tendência que a criança provoca reações ambientais totais, como que buscando uma moldura cada vez mais ampla, um círculo que teve como seu primeiro exemplo os braços da mãe ou o corpo da mãe. É possível discernir uma série – o corpo da mãe, os braços da mãe, a relação parental, o lar, a família (incluindo primos e parentes próximos), a escola, a localidade com suas delegacias policiais, o país com suas leis.

Ao examinar a criança quase normal e (em termos de desenvolvimento individual) as raízes da tendência anti-social, desejo ter em mente o tempo todo essas duas tendências: a busca de objeto e a destruição.

Furto

O furto está no centro da tendência anti-social, associado à mentira.

A criança que furta um objeto não está desejando *o objeto roubado, mas a mãe, sobre quem ela tem direitos*. Esses direitos derivam do fato de que (do ponto de vista da criança) a mãe foi criada pela criança. A mãe satisfaz a criatividade primária da criança e, assim, converteu-se no objeto que a criança estava disposta a encontrar. (A mãe não podia ter criado a mãe; além disso, o significado da mãe para a criança depende da criatividade desta última.)

Será possível unir as duas tendências, o furto e a destruição, a busca de objeto e aquilo que a provoca, as compulsões libidinais e agressivas? Na minha opinião, a união das duas tendências está na criança e representa *uma tendência para a autocura*, cura de uma dissociação de instintos. Quando há, na época da privação original, alguma fusão de raízes agressivas (ou motilidade) com raízes libidinais, a criança reclama a mãe por uma combinação de furto, agressividade e sujeira, de acordo com os detalhes específicos do estado de desenvolvimento emocional dessa criança. Quando existe menos fusão, a busca de objeto e a agressão estão mais separadas uma da outra e há um maior grau de dissociação na criança. Isso leva à proposição de que *o valor de incômodo da criança anti-social é uma característica essencial*, e também é, sob o aspecto positivo, *uma característica favorável* que indica ainda uma potencialidade de recuperação da fusão perdida dos impulsos libidinais e da motilidade.

Comumente, ao cuidar da criança, a mãe está constantemente lidando com o valor de incômodo de seu bebê. Por exemplo, é comum o bebê urinar no colo da mãe enquanto é amamentado. Mais tarde, isso aparece como uma regressão momentânea durante o sono ou no momento do despertar, e resulta a enurese. Qualquer exagero do valor do incômodo de um bebê pode indicar a existência de um certo grau de privação e tendência anti-social.

A manifestação da tendência anti-social inclui roubo, mentira, incontinência e, de modo geral, uma conduta desordenada, caótica. Embora cada sintoma tenha seu significado e valor específico, o fator comum para o meu propósito de tentar descrever a tendência anti-social é o *valor de incômodo dos sintomas*. Esse valor de incômodo é explorado pela criança e não é um caso fortuito. Boa parte da motivação é inconsciente, mas não necessariamente toda ela.

Primeiros sinais de tendência anti-social

Na minha opinião, os primeiros sinais de privação são tão comuns que passam por normais; veja-se, por exemplo, o comportamento imperioso com que a maioria dos pais se defrontam com um misto de submissão e reação. *Isso não é onipotência infantil*, que é uma questão de realidade psíquica, não de comportamento.

Um sintoma anti-social muito comum é a avidez estreitamente relacionada à inibição de apetite. Se estudarmos a avidez encontraremos o complexo de privação. Em outras palavras, se um bebê é ávido, existe um certo grau de privação e alguma compulsão para buscar uma terapia para essa privação através do meio ambiente. O fato de que a própria mãe está disposta a satisfazer a avidez do bebê facilita o êxito terapêutico na grande maioria dos casos em que essa compulsão pode ser observada. A avidez num bebê não é a mesma coisa que voracidade. A palavra voracidade é usada na explicação teórica das imensas reivindicações instintivas que um bebê faz à mãe no início, ou seja, quando o bebê está apenas começando a permitir que a mãe tenha uma existência separada, na aceitação inicial do Princípio de Realidade.

Entre parênteses: às vezes diz-se que a mãe necessariamente falha em sua adaptação às necessidades do bebê. Não será uma idéia equivocada, baseada numa consideração das necessidades do id e numa negligência das necessidades do ego? A mãe necessariamente falha em satisfazer exigências instintuais, mas pode ser completamente bem-sucedida em não "decepcionar o bebê", *em satisfazer as necessidades do ego* até que o bebê tenha uma mãe-suporte do ego introjetada e tenha idade suficiente para manter essa introjeção, a despeito de deficiências de suporte ao ego no ambiente real.

O impulso de amor primitivo (pré-remorso) não é a mesma coisa que avidez implacável. No processo de desenvolvimento do bebê, o primitivo impulso de amor e a avidez estão separados pela adaptação materna. A mãe necessariamente não mantém um alto grau de adaptação às necessidades do id e, em certa medida, portanto, todo o bebê sofre privação, mas é capaz de induzir a mãe a curar esse estado de subprivação, na medida em que ela cuida dessa avidez, da sujeira do bebê etc., que são sintomas de privação. A avidez é parte da compulsão do bebê para buscar uma cura por parte da mãe que causou a privação. Essa avidez é anti-social: é a precursora do furto e pode ser atendida e curada pela adaptação terapêutica da mãe, tão facilmente confundida com excesso de mimo. Deve-se dizer entretanto que, faça a mãe o que fizer, isso não anula o fato de que, primeiro, ela falhou em sua adaptação às necessidades do ego do bebê. A mãe geralmente é capaz de atender às reclamações compulsivas do bebê e, assim, realizar uma *terapia* bem-sucedida do complexo de privação que está próximo de seu ponto de origem. Ela se aproxima de uma cura porque torna o ódio do bebê capaz de expressar-se, embora ela, a terapeuta, seja de fato a mãe privadora.

Assinale-se que, enquanto o bebê não tem obrigação alguma para com a mãe no que diz respeito à satisfação, por parte dela, do impulso de amor primitivo, existe um certo sentimento de obrigação como resultado da terapia da mãe, ou seja, a vontade dela de satisfazer as reclamações decorrentes da frustração, reclamações que começam a ter valor de incômodo. A terapia pela mãe pode curar, mas isso não é amor materno.

Esse modo de encarar a indulgência da mãe em relação ao seu bebê envolve uma descrição de cuidados maternais mais complexa do que é geralmente aceitável. O amor materno é freqüentemente considerado em termos dessa indulgência, que é, de fato, *uma terapia a respeito de uma omissão de amor materno.* É uma terapia, uma segunda oportunidade dada às mães, das quais nem sempre se pode esperar que tenham tido êxito em sua tarefa inicial e sumamente delicada de amor primário. Se a mãe realiza essa terapia como uma formação reativa resultante de seus próprios complexos, então o que ela faz chama-se mimar. Na medida em que é capaz de realizá-la porque vê a necessidade de satisfazer as reclamações da criança e de ceder à voracidade compulsiva desta, então é uma terapia, geralmente bem-sucedida. Não só a mãe, mas também o pai e, na verdade, a família, podem estar envolvidos.

Clinicamente, existe uma linha divisória pouco nítida entre a terapia materna bem-sucedida e a que fracassa. É freqüente a mãe mimar o bebê e, no entanto, essa terapia não ser bem-sucedida, pois a privação inicial foi excessivamente severa para que possa ser corrigida "por primeira intenção" (para usar um termo da cirurgia de ferimentos).

Assim como a avidez pode ser uma manifestação de reação à privação e de uma tendência anti-social, o mesmo pode ser dito da sujeira (defecar, urinar) e da destrutividade compulsiva. Todas essas manifestações estão intimamente interligadas. Na enurese noturna, que é uma queixa tão comum, a ênfase recai sobre a regressão no momento do sonho, ou sobre a compulsão anti-social para reivindicar o direito de molhar o corpo da mãe.

Num estudo mais completo do furto, eu teria que me referir à compulsão para sair e comprar alguma coisa, que é uma manifestação comum da tendência anti-social que observamos em nossos pacientes psicanalíticos. É possível realizar uma análise longa e interessante de um paciente sem afetar esse tipo de sintoma, que não pertence às defesas neuróticas ou psicóticas do paciente mas sim à sua tendência anti-social, aquilo que é uma reação à privação de um tipo especial e teve lugar numa época especial. De tudo isso, fica claro que os presentes de aniversário e as mesadas absorvem parte da tendência anti-social que deve ser normalmente esperada.

Na mesma categoria da saída para fazer compras encontramos, clinicamente, uma "saída" sem objetivo, a *vadiagem*, uma tendência centrífuga que substitui o gesto centrípeto implícito no roubo.

A perda original

Há um ponto especial que desejo sublinhar. Na base da tendência anti-social está uma boa experiência inicial que se perdeu. Sem dúvida, *é uma característica essencial que o bebê tenha atingido a capacidade de perceber que a causa do desastre reside numa falha ou omissão ambiental*. O conhecimento correto de que a causa da depressão ou desintegração é externa, e não interna, é responsável pela distorção da personalidade e pelo impulso para buscar uma cura através de novos suprimentos ambientais. O estado de maturidade do ego, possibilitando uma percepção desse tipo, determina o desenvolvimento de uma tendência anti-social, em vez de uma doença psicótica. Um grande número de compulsões anti-sociais apresenta-se e é tratado com êxito pelos pais, nos estágios iniciais. Entretanto, as crianças anti-sociais pressionam constantemente para obter essa cura por meio de suprimentos ambientais (inconscientemente, ou por motivação inconsciente), mas são incapazes de fazer uso delas.

Tudo indica que o momento da privação original ocorre durante o período em que o ego do bebê ou da criança pequena está em processo de realização da fusão das raízes libidinais e agressivas (ou motilidade) do id. No momento de esperança, a criança:

Percebe um novo ambiente que possui alguns elementos de confiabilidade.
Experimenta um impulso que poderia ser chamado de busca do objeto.
Reconhece o fato de que a implacabilidade está prestes a tornar-se uma característica marcante e, assim:
Agita o ambiente imediato num esforço para alertá-lo para o perigo e para organizá-lo de modo que tolere o incômodo.
Se a situação se mantém, o ambiente deve ser testado repetidamente em sua capacidade para suportar a agressão, para impedir ou reparar a destruição, para tolerar o incômodo, para reconhecer o elemento positivo na tendência anti-social, para fornecer e preservar o objeto que é procurado e encontrado.

Num caso favorável, quando não existe excesso de loucura ou compulsão inconsciente ou organização paranóide etc., as condições favoráveis podem, com o tempo, habilitar a criança a encontrar e amar uma pessoa, em vez de continuar a busca através de reivindicações dirigidas a objetos substitutos que perderam todo o seu valor simbólico.

No estágio seguinte, a criança precisa estar apta a sentir desespero numa relação, em vez de esperança apenas. Para além disso está a probabilidade real de uma vida para a criança. Quando os supervisores e o pessoal de um alojamento conduzem uma criança através de todos os processos, *eles realizaram uma terapia que é certamente comparável ao trabalho analítico.*

Comumente, os pais fazem esse trabalho completo com um de seus próprios filhos. Mas muitos pais que estão perfeitamente aptos a criar filhos normais são incapazes de obter êxito com algum de seus filhos que eventualmente manifeste uma tendência anti-social.

Nesta exposição, omiti deliberadamente referências à relação da tendência anti-social com:

Atuação (*acting out*).
Masturbação.
Superego patológico, culpa inconsciente.
Estágios de desenvolvimento libidinal.

Compulsão de repetição.
Regressão ao pré-envolvimento.
Defesa paranóide.
Vinculação com o sexo a respeito da sintomatologia.

Tratamento

Em resumo, o tratamento da tendência anti-social não é a psicanálise. É o provimento de cuidados à criança, que podem ser redescobertos pela própria criança e nos quais ela pode experimentar de novo os impulsos do id, com possibilidades de testá-los. É a estabilidade do novo suprimento ambiental que dá a terapêutica. Os impulsos do id devem ser experimentados, para que façam sentido, num quadro de ligação com o ego, e, quando o paciente é uma criança que sofreu privação, a ligação egóica deve obter apoio do lado do relacionamento com o terapeuta. De acordo com a teoria apresentada neste estudo, é o ambiente que deve dar nova oportunidade à ligação egóica, uma vez que a criança percebeu que foi uma falha ambiental no apoio ao ego que redundou originalmente na tendência anti-social.

Se a criança está em análise, o analista deve permitir que o peso da transferência se desenvolva fora da análise ou então deve esperar que a tendência anti-social se desenvolva com total vigor na situação analítica, e deve estar preparado para suportar seu impacto.

15. A psicologia da separação

(Escrito para assistentes sociais em março de 1958)

Muito se tem escrito recentemente sobre a separação e seus efeitos. Os efeitos podem ser enunciados em termos de dados clínicos e atualmente há uma concordância considerável sobre o que se pode esperar quando há separação do bebê ou criança pequena da figura parental durante um período de tempo excessivamente longo. Foi estabelecido que existe uma relação entre a tendência anti-social e a privação.

A seguir será feita uma tentativa de estudar a psicologia da reação à perda, usando-se grande contribuição ao nosso conhecimento trazida por *Luto e melancolia*, de Freud, estudo influenciado, por sua vez, pelas idéias de Karl Abraham.

Há certas palavras que devem ser relacionadas umas às outras para que haja uma plena compreensão da psicologia da angústia de separação. É importante tentar relacionar a reação à perda com o desmame, com a aflição, o luto e a depressão.

O primeiro princípio necessário como base teórica a quem trabalha com crianças que sofreram privação é que a doença não resulta da própria perda, mas da ocorrência da perda num estágio do desenvolvimento emocional em que a criança ou o bebê ainda não são capazes de uma reação madura a ela. O ego imaturo não pode lamentar a perda, não pode sentir o luto. Por conseguinte, tudo o que se tenha a dizer sobre privação e angústia de separação deverá basear-se, necessariamente, numa compreensão da psicologia do luto.

Psicologia do luto

Em si mesmo, o luto indica maturidade no indivíduo. O mecanismo do luto é complexo e inclui o seguinte: um indivíduo sujeito à perda de um objeto introjeta o objeto, e este é submetido ao ódio dentro do ego. Clinicamente, existe um amortecimento variável do objeto introjetado, conforme esse objeto, num momento dado, seja mais odiado ou amado. No decorrer do luto, o indivíduo pode ser temporariamente feliz. É como se o objeto ganhasse vida porque se tornou vivo no íntimo do indivíduo, mas existe mais ódio por vir e, mais cedo ou mais tarde, a depressão retorna, ora sem causa óbvia, ora em virtude de eventos fortuitos ou aniversários que recordam a relação com o objeto e voltam a enfatizar o fracasso do objeto, por ele ter desaparecido. Com o tempo e com saúde, o objeto internalizado começa a libertar-se do ódio que, no começo, é tão poderoso. Num dado momento, o indivíduo recupera a capacidade de ser feliz, a despeito da perda do objeto, e por este ter readquirido vida no ego do indivíduo.

É impossível um bebê, que não atingiu ainda um certo estágio de maturidade, seguir um processo tão complexo. Mesmo para um indivíduo que chegou a esse estágio, são necessárias certas condições para a elaboração do processo de luto. O ambiente deve permanecer sustentador durante um certo tempo, enquanto a elaboração ocorre, e o indivíduo também deve estar livre da espécie de atitude que torna a tristeza impossível. Além disso, os indivíduos que adquiriram a capacidade de luto podem ser impedidos de uma elaboração dos processos por carência de compreensão intelectual, como, por exemplo, quando na vida da criança existe uma conspiração de silêncio em torno de uma morte. Nesse caso, a simples informação a respeito do fato pode, às vezes, fazer com que a criança se torne capaz de desenvolver todo o processo de luto, sendo a alternativa a confusão. É uma questão semelhante à de se dar informação a respeito da adoção.

Tem-se assinalado, com muita procedência, que parte do ódio ao objeto perdido pode ser consciente, mas deve-se esperar que haja mais do que o acessível. Sem dúvida, é também um sinal de saúde quando esse ódio é, em certa medida, consciente, e também a ambivalência em relação ao objeto perdido.

Com base nesta breve exposição da psicologia do luto, é possível examinar o tema da privação em seu todo e ver que aquilo com que a assistente social está lidando é o efeito da perda que está ocorrendo ou que ocorreu, e que está além da capacidade do ego imaturo do indivíduo enfrentar essa perda de um modo maduro, ou seja, pelo processo de luto. A assistente social necessita de um diagnóstico. Quero dizer com isso que a assistente social precisa estar apta a compreender qual era o estágio do desenvolvimento emocional do bebê ou da criança quando a perda ocorreu, a fim de que possa ser avaliado o tipo de reação à perda. Obviamente quando a criança está perto da capacidade para o luto, há mais esperança de que ela possa ser ajudada, ainda que exista uma séria doença clínica. Por outro lado, quando foram invocados mecanismos muito primitivos, a assistente social pode ter que reconhecer uma limitação essencial quanto à ajuda que poderá ser prestada.

Não cabe aqui uma enumeração das reações à perda que são primitivas e que indicam uma maturidade insuficiente para a ocorrência do luto. Entretanto, podem-se dar exemplos. É possível, às vezes, demonstrar que a perda do seio e da mãe ao mesmo tempo pode resultar num estado de coisas em que a criança perde não só o objeto mas também o aparelho para usar esse objeto, ou seja, a boca. A perda pode ir mais fundo e envolver toda a capacidade criativa do indivíduo, de modo que ocorre não tanto uma desesperança quanto à redescoberta do objeto, mas uma desesperança baseada na incapacidade de sair em busca de um objeto.

Entre os extremos das reações muito primitivas à perda e ao luto existem todos os graus de torturantes falhas de comunicação. Nessa área, há a ser observada clinicamente toda a sintomatologia da tendência anti-social, e aí aparece o furto como um sinal de esperança, talvez muito temporária, é certo, mas positiva enquanto dura, e antes que se dê uma regressão para a desesperança. A meio caminho entre os dois extremos há um tipo de reação à perda que indica uma anulação do que Melanie Klein chama de estabelecimento da posição depressiva no desenvolvimento emocional. Quando as coisas correm bem, o objeto que é a mãe ou a figura materna permanece durante um certo período de tempo, enquanto a criança chega ao pleno reconhecimento do objeto, no momento da experiência instintiva, como parte da mãe que está constantemente presente. Nessa fase ocorre a formação gradual, no indivíduo, de um senso de envolvimento. A perda da mãe durante essa fase leva a uma reversão do processo. Não estando a mãe presente quando o bebê se sente envolvido, anula-se o processo de integração em curso, de modo que a vida instintual torna-se inibida ou então dissociada da relação geral da criança com os cuidados que lhe são fornecidos. O senso de envolvimento, nesse caso, acaba por se perder, ao passo que quando o objeto, ou seja, a mãe, continua existindo e desempenhando o seu papel, o senso de envolvimento é gradualmente fortalecido. É o florescimento desse processo que resulta nessa coisa madura a que se dá o nome de capacidade para o luto.

16. *Agressão, culpa e reparação*

(Palestra proferida na Progressive League, 8 de maio de 1960)

Desejo apoiar-me na minha experiência como psicanalista para descrever um tema que se apresenta repetidamente no trabalho analítico e é sempre de grande importância. Relaciona-se com as raízes da atividade construtiva. Tem a ver com as relações entre construção e destruição. Talvez vocês reconheçam esse tema imediatamente como um dos que foram desenvolvidos sobretudo por Melanie Klein, que reuniu suas idéias sobre o assunto sob o item "a posição depressiva no desenvolvimento emocional". Se foi ou não uma boa designação não vem agora ao caso. O que interessa é que a teoria psicanalítica evolui permanentemente e foi Melanie Klein quem se ocupou da destrutividade existente na natureza humana e começou a dar-lhe um sentido em termos psicanalíticos. Foi um desenvolvimento importante que ocorreu na década seguinte ao final da Primeira Guerra Mundial, e muitos de nós sentimos que o nosso trabalho não poderia ter sido feito sem esse importante acréscimo à descrição feita pelo próprio Freud do desenvolvimento emocional do ser humano. O trabalho de Melanie Klein ampliou o de Freud e não alterou o método de trabalho do psicanalista.

Poder-se-ia pensar que este assunto pertence ao ensino da técnica psicanalítica. Se meu julgamento estiver correto, nem mesmo isso lhes importaria. Entretanto, creio que o tema é de importância vital para qualquer pessoa pensante, especialmente na medida em que enriquece a nossa compreensão do significado do termo "um sentimento de culpa", juntando o sentimento de culpa à destrutividade, por um lado, e à atividade construtiva por outro. Tudo isso parece bastante simples e óbvio. Vêm à tona idéias de destruição de um objeto, aparece um sentimento de culpa e resulta o trabalho construtivo. Mas o que se apura é muito mais complexo do que isso e é importante, quando se procura chegar a uma descrição abrangente, recordar que se trata de uma realização no desenvolvimento emocional de um indivíduo em que essa simples seqüência começa a ter sentido, ou a ser um fato, ou a ser significativa.

É característico dos psicanalistas, quando tentam abordar um assunto como esse, pensarem sempre em termos do *indivíduo em desenvolvimento*. Isso significa recuar até uma idade muito precoce e ver se o ponto de origem pode ser determinado. Seria possível, certamente, pensar nos primórdios da infância como um estado em que o indivíduo não possui capacidade para sentir culpa. Pode-se dizer então que, posteriormente, sabemos que (em saúde) pode ser experimentado um sentimento de culpa, sem que seja, talvez, registrado como tal na consciência. Entre essas duas coisas existe um período em que a capacidade de sentir culpa está em processo de se estabelecer – e é esse o período que me interessa nesta palestra.

Não é necessário atribuir idades e datas, mas eu diria que os pais podem, às vezes, detectar o começo de um sentimento de culpa antes de seu filho ter um ano de idade, embora ninguém pense que antes dos cinco anos tenha ficado solidamente estabelecida numa criança uma técnica para aceitação da plena responsabilidade por idéias destrutivas. Ao tratar desse desenvolvimento, sabemos que estamos falando da totalidade da infância e, em especial, da adolescência, e se estamos falando de adolescentes estamos falando de adultos, porque nenhum adulto é adulto o tempo todo. Isso porque as pessoas não têm apenas sua própria idade; elas têm, em certa medida, todas as idades, ou nenhuma idade.

De passagem, gostaria de dizer que me parece relativamente simples chegarmos à destrutividade que está em nós mesmos, quando ela está ligada à raiva resultante de uma frustração ou ao ódio de alguma coisa que reprovamos, ou quando é uma reação ao medo. O difícil para cada indivíduo é assumir plena responsabilidade pela destrutividade que é pessoal e que pertence à relação com um objeto sentido como bom; em outras palavras, relacionado com o amor.

A integração é uma palavra que cabe aqui porque, se podemos conceber uma pessoa plenamente integrada, então essa pessoa assume plena responsabilidade por *todos* os sentimentos e idéias que acompanham o estar vivo. Em contrapartida, é uma falha de integração o que ocorre quando precisamos encontrar fora de nós mesmos as coisas que desaprovamos, e isso tem um preço: a perda da destrutividade que realmente nos pertence.

Estou falando, portanto, do desenvolvimento, que tem de acontecer em todo indivíduo, da capacidade para assumir responsabilidade pela totalidade de seus sentimentos e idéias, estando a palavra "saudável" estreitamente vinculada ao grau de integração que torna possível que isso aconteça. É característica da pessoa saudável não ter que usar em grande escala a técnica de projeção para lidar com os seus próprios impulsos e pensamentos destrutivos.

Vocês compreenderão que estou passando por cima dos estágios mais precoces, daquilo que podemos chamar de aspectos primitivos do desenvolvimento emocional. Direi que não estou falando das primeiras semanas ou meses de vida. Um colapso nessa área do desenvolvimento emocional básico leva à doença de hospital psiquiátrico – em outras palavras, à esquizofrenia –, da qual não estou me ocupando nesta palavra. Neste trabalho, parto do pressuposto de que, em cada caso, os pais providenciaram um suprimento essencial que tornou o bebê capaz de começar uma existência individual. O que quero dizer poderia aplicar-se igualmente aos cuidados com uma criança normal durante um certo estágio do desenvolvimento ou a uma fase no tratamento de uma criança ou de um adulto, pois em psicoterapia nunca acontece realmente nada de novo; o melhor que pode ocorrer é que algo que não foi originalmente completado no desenvolvimento de um indivíduo venha, em certa medida, a ser completado posteriormente, no decorrer do tratamento.

A minha intenção agora é oferecer alguns exemplos provenientes de tratamentos analíticos. Levarei em conta apenas os detalhes que são importantes para a idéia que estou tentando expor.

Caso I

Um exemplo provém da análise de um indivíduo que é, ele próprio, psicoterapeuta. Iniciou uma sessão dizendo-me que tinha ido ver um de seus pacientes trabalhando, ou seja, tinha saído do papel de terapeuta lidando com o paciente no consultório e fora ver esse paciente em ação. Esse trabalho envolvia movimentos muito rápidos e exigia muita habilidade, o paciente saía-se muito bem nessa tarefa, em que usa movimentos rápidos, os quais, na hora terapêutica, não têm sentido, mas o levam a revolver-se no divã como se estivesse possesso. Meu paciente (que é o analista desse homem) tinha dúvidas a respeito do que fizera, se era bom ou não, embora sentisse que provavelmente fosse bom para ele ver esse homem trabalhando. Depois fez referência às suas próprias atividades durante os feriados da Páscoa. Ele tem uma casa de campo e gosta muito do trabalho físico e de todos os tipos de atividade construtiva, sendo vidrado em engenhocas, que ele realmente utiliza. Passou então a descrever acontecimentos de sua vida familiar. Não preciso transmiti-los com toda a sua coloração emocional, mas direi simplesmente que ele voltou a um tema que fora importante nas análises recentes, em que vários tipos de ferramentas de engenharia tinham tido um papel muito importante. No caminho para a sessão analítica, ele pára freqüentemente e fica contemplando uma serra elétrica exposta na vitrine de uma loja perto de minha casa. Essa serra tem dentes esplêndidos. É o modo de meu paciente chegar à sua agressividade oral, o impulso de amor primitivo com toda a sua crueldade e destrutividade implacáveis. Poderíamos chamar-lhe comer. A tendência em seu tratamento é no sentido dessa implacabilidade do amor primitivo e devorador, e, como se pode imaginar, a resistência de chegar a isso é enorme. (Diga-se de passagem que esse homem conhece a teoria e poderia fazer uma boa descrição de todos esses processos em termos intelectuais, mas ele vem para análise de pós-graduação porque necessita entrar verdadeiramente em contato com os seus impulsos primitivos como uma questão não da mente, mas de experiência instintiva e sensação corporal.) Houve muito mais no conteúdo da sessão, inclusive uma discussão da pergunta: será possível, ao mesmo tempo, comer o doce e guardá-lo?

A única coisa que quero extrair desse caso é a observação de que quando esse novo material surgiu relacionado com o amor primitivo e a destruição do objeto, *já tinha havido* alguma referência ao trabalho construtivo. Quando interpretei que o paciente precisava de algo de mim, acerca de sua destruição de mim (comendo) pude lembrar-lhe o que lhe tinha dito sobre construção. Pude recordar-lhe que, assim como ele viu seu paciente trabalhando, aquele desempenho deu um sentido aos movimentos sacudidos, também eu poderia tê-lo visto trabalhando no jardim, usando engenhocas para melhorar sua propriedade. Ele podia derrubar muros e árvores e tudo com a maior satisfação, mas se isso estivesse separado do objetivo construtivo teria sido um episódio maníaco e insensato. Isso acontece regularmente em nosso trabalho e constitui o tema desta palestra.

Talvez seja verdadeiro dizer que os seres humanos não podem tolerar o objetivo destrutivo em seu amor mais precoce. Entretanto, essa idéia pode ser tolerada se o indivíduo que se inclina a ela já tem em mãos sinais de um objetivo construtivo, que lhe possa ser lembrado.

Estou pensando, agora, no tratamento de uma mulher. Logo no início do tratamento cometi um erro que quase pôs tudo a perder. Interpretei essa coisa, sadismo oral, como devoramento implacável do objeto pertencente ao amor primitivo. Eu tinha provas abundantes e, na verdade, estava certo, mas a interpretação foi feita com uma antecipação de 10 anos. Foi realmente prematura. Aprendi a lição. No longo tratamento que se seguiu, a paciente reorganizou-se e tornou-se uma pessoa real e integrada que pôde aceitar a verdade a respeito de seus impulsos primitivos. Finalmente, após 10 ou 12 anos de análise diária, ela estava pronta para ouvir essa interpretação.

Caso II

Um paciente entrou no meu consultório e viu um gravador que me tinha sido emprestado. Isso lhe fez ter idéias e, ao deitar-se no divã e concentrar-se para o trabalho da hora analítica, disse: "Eu gostaria de pensar que, quando tiver terminado o tratamento, o que aconteceu aqui comigo será valioso para o mundo, de uma forma ou de outra." Anotei mentalmente esse comentário, o qual *poderia* indicar que o paciente estava perto de um dos acessos de destrutividade com que eu tivera de lidar repetidamente, desde que o tratamento se iniciara havia dois anos. Antes do final da hora, o paciente tinha tomado conhecimento da inveja que sentia de mim por eu ser razoavelmente bom como analista. Teve o impulso de me agradecer por eu ser bom e por ser capaz de fazer o que ele necessitava que eu fizesse. Já tínhamos passado antes por tudo isso, mas agora, muito mais do que em ocasiões anteriores, ele estava em contato com seus sentimentos destrutivos em relação ao que poderia ser chamado de objeto bom. Quando tudo isso ficou completamente estabelecido, recordei-lhe sua esperança, expressa quando entrou e viu o gravador, de que seu tratamento pudesse ser comprovadamente útil e valioso, algo que pudesse contribuir para o fundo comum de necessidades humanas. (Não me foi *necessário*, é claro, lembrar-lhe isso, porque o importante era o que tinha acontecido e não a discussão do que tinha acontecido.)

Quando liguei essas duas coisas, ele disse que estava certo, mas que teria sido horrível se eu tivesse interpretado com base em seu primeiro comentário. Ele quis dizer: se eu tivesse aproveitado o seu desejo de ser útil e lhe tivesse dito que isso indicava um desejo de destruir. Ele tinha que chegar primeiro ao impulso destrutivo, e tinha que o fazer em seu próprio tempo e à sua própria maneira. Sem dúvida, foi sua capacidade para ter a idéia de contribuir, em última instância, para o bem geral que lhe possibilitou entrar em contato mais íntimo com a sua destrutividade. Mas o esforço construtivo é falso e pior do que insignificante, a não ser que, como ele disse, tenha atingido primeiro a destruição. Ele achava que seu trabalho até então fora mal fundamentado e, na verdade (como ele me recordou), por isso me havia procurado para se tratar. A propósito, seu trabalho é muito bom, mas sempre que se avizinha do êxito tem uma sensação crescente de inutilidade e falsidade, e necessidade de provar sua insignificância. Esse tem sido o seu padrão de vida.

Caso III

Um colega está falando a respeito de um paciente. Esse homem apresenta material que pode ser adequadamente interpretado como um impulso para roubar da analista. De fato, ele disse-lhe, depois de ter experimentado uma boa amostra de trabalho analítico: "Agora sinto que a odeio por seu *insight*, justamente aquilo que necessito de você; tenho impulso para roubar de você tudo o que a torna capaz de realizar este trabalho." Ora, pouco antes disso, ele falara (de passagem) do quanto seria bom ganhar mais dinheiro para pagar melhores honorários à analista. Veremos aqui a mesma coisa, uma plataforma de generosidade alcançada e usada de modo que, a partir dela, pudessem ser vislumbrados a inveja, furto e destrutividade do objeto bom, aquilo que está subentendido na generosidade e acompanha o amor primitivo.

Caso IV

O fragmento seguinte é extraído da extensa descrição do caso de uma adolescente que está recebendo tratamento de alguém que, ao mesmo tempo, cuida dela em sua própria casa, junto com seus próprios filhos. Esse arranjo tem vantagens e desvantagens.

A menina esteve seriamente doente e, na época do incidente que relatarei, estava saindo de um longo período de regressão à dependência e a um estado infantil. Poder-se-ia dizer que ela agora não está em regressão em sua relação com o lar e a família, mas ainda se encontra num estado muito especial na área limitada das sessões de tratamento. Estas ocorrem num horário fixo ao fim da tarde.

Chegou um momento em que essa menina expressou o mais profundo ódio pela Dr.ª X (que está cuidando dela e fazendo o tratamento). Tudo corria bem no resto das 24 horas mas, na área do tratamento, a Dr.ª X era profunda e repetidamente destruída. É difícil transmitir o grau de seu ódio pela Dr.ª X, a terapeuta, e, de fato, sua aniquilação desta. Não era o caso de a terapeuta sair para ver a paciente trabalhando, pois a Dr.ª X tinha a jovem sob seus cuidados o tempo todo e havia dois relacionamentos separados que se mantinham entre elas simultaneamente. Durante o dia, coisas novas de todo tipo começaram a acontecer: a jovem começou a querer ajudar a limpar a casa, encerar os móveis, a querer ser útil. Essa solicitude era absolutamente nova e nunca fora uma característica pessoal dessa jovem em sua própria casa, mesmo antes de ficar seriamente enferma.

Eu diria mesmo que deve haver muito poucas adolescentes que ajudem tão pouco nos afazeres domésticos, e ela nem ajudava a lavar a própria roupa. Assim, essa solicitude era uma característica inteiramente nova e aconteceu silenciosamente (por assim dizer) a par da profunda destrutividade que a jovem começou a descobrir nos aspectos primitivos de seu amor, os quais ela alcançou em sua relação com a terapeuta durante as sessões de terapia.

Vemos repetir-se aqui a mesma idéia. Naturalmente, o fato de que a paciente estava adquirindo consciência da destrutividade possibilitou a atividade construtiva que se manifestava durante o dia. Mas é o outro lado da moeda que quero que vejam agora. As experiências construtivas e criativas estavam possibilitando à jovem chegar à experiência de sua destrutividade.

Observe-se o corolário que é o fato de a paciente necessitar da oportunidade para contribuir, e aqui o meu tema se liga com a vida do dia-a-dia. Oportunidade para atividade criativa, para jogos imaginativos e para o trabalho construtivo, é justamente isso que tentamos dar igualmente a todos. Voltarei a referir-me a isso.

Quero agora organizar as idéias que apresentei sob a forma de material extraído de casos.

Estamos lidando com um aspecto do sentimento de culpa. Resulta da tolerância dos impulsos destrutivos do indivíduo no amor primitivo. A tolerância dos próprios impulsos destrutivos resulta numa coisa nova, a capacidade de desfrutar de idéias, mesmo com destruição nelas, e das excitações corporais que as acompanham. Esse desenvolvimento propicia amplo espaço para a experiência de envolvimento, que é a base para tudo o que é construtivo.

Ver-se-á que vários pares de palavras podem ser usados de acordo com o estágio de desenvolvimento emocional que está sendo descrito.

aniquilar	criar
destruir	recriar
odiar	amor reforçado
ser cruel	ser terno
sujar	limpar
danificar	reparar

e assim por diante.

Permitam-me que formule a minha tese da seguinte maneira. Se quiserem, ao observarem uma pessoa se corrigindo, poderão dizer argutamente: "Ah, isso significa destruição inconsciente." Mas o mundo não ganhará grande coisa se fizerem isso. Alternativamente, poderão ver na reparação de alguém que essa pessoa está acumulando uma força do eu que possibilita a tolerância da destrutividade pertencente à própria natureza dela. Digamos que, de algum modo, bloqueia-se a reparação; nesse caso, em certa medida, essa pessoa torna-se incapaz de assumir a responsabilidade por seus impulsos destrutivos e o resultado, clinicamente, é a depressão ou então a busca de alívio pela descoberta da destrutividade em outro lugar, ou seja, através do mecanismo de projeção.

Para concluir esta breve exposição de um vasto tema, indicarei algumas das aplicações cotidianas do trabalho que está subjacente ao que eu disse.

(a) A oportunidade para contribuir, de um modo ou de outro, ajuda cada um de nós a aceitar a destrutividade que é parte de nós próprios, básica, e pertencente ao amor, que é comer.

(b) Propiciar a oportunidade, perceber momentos construtivos das pessoas, não funciona necessariamente, e podemos ver por que é assim.

(c) Damos a oportunidade a alguém para contribuir, e podemos obter três resultados:
(1) É justamente o que se fazia necessário.
(2) A oportunidade é falsamente usada e as atividades construtivas acabam por se retrair porque foram sentidas como falsas.
(3) A oportunidade oferecida a alguém que era incapaz de atingir a destrutividade pessoal é sentida como uma recriminação e o resultado é clinicamente desastroso.

(d) Podemos usar as idéias que discuti a fim de obtermos certa compreensão intelectual do modo como o sentimento de culpa funciona, estando no ponto de transformação da destrutividade em construtividade. (Deve-se assinalar aqui que, geralmente, o sentimento de culpa de que estou falando é silencioso, não consciente. É um sentimento de culpa potencial, anulado pelas atividades construtivas. O sentimento de culpa clínico, que é uma carga consciente, é outra questão.)

(e) De tudo isso chegamos a uma certa compreensão da destrutividade compulsiva, que pode aparecer em qualquer parte mas constitui um problema especial da adolescência e uma característica regular da tendência anti-social. A destrutividade, embora compulsiva e enganadora, é mais honesta do que a construtividade, quando esta última não está adequadamente fundada no sentimento de culpa decorrente da aceitação dos impulsos destrutivos pessoais dirigidos para o objeto que se sente como bom.

(f) Tudo isso tem relação com os processos muito importantes que estão ocorrendo de modo algo obscuro quando uma mãe e um pai estão dando ao seu novo bebê um bom começo de vida.

(g) Finalmente: chegamos à pergunta fascinante e filosófica: é possível, ao mesmo tempo, comer o doce e guardá-lo?

17. A luta para superar depressões

(Baseado numa conferência proferida para a equipe de seniores do Departamento Infantil do London County Council, fevereiro de 1961. Revisto e publicado em 1963.)

O atual interesse mundial pela adolescência e pelos problemas do adolescente indica as condições especiais dos tempos em que vivemos. Se desejamos explorar essa área da psicologia, talvez convenha perguntarmo-nos primeiro: desejarão os rapazes e moças adolescentes ser compreendidos? Penso que a resposta é não. De fato, os adultos deveriam esconder o que chegaram a compreender da adolescência. Seria absurdo escrever um livro para adolescentes sobre o tema da adolescência, porque esse período da vida tem que ser vivido. É essencialmente um período de descoberta pessoal. Cada indivíduo está empenhado numa experiência vital, um problema de existência, e de estabelecimento de uma identidade.

De fato, existe somente uma cura real para a adolescência: o amadurecimento. Isso e a passagem do tempo resultam, no final, no surgimento da pessoa adulta. O processo não pode ser acelerado, embora possa, na verdade, ser interrompido e destruído por uma condução inepta; ou pode definhar intimamente quando existe doença psiquiátrica no indivíduo. Precisamos, por vezes, ser lembrados de que, embora a adolescência seja algo que sempre temos conosco, cada rapaz ou moça adolescente converte-se num adulto no espaço de poucos anos. A irritação com os fenômenos da adolescência pode facilmente ser evocada pela referência descuidada à adolescência como um problema permanente, sem levar em conta que cada indivíduo está simplesmente em processo de tornar-se um adulto socialmente responsável.

Se examinarmos os processos de amadurecimento, veremos que o jovem nessa fase está tendo que enfrentar importantes mudanças associadas à puberdade. Desenvolve sua capacidade sexual e aparecem as manifestações sexuais secundárias. O modo como o indivíduo enfrenta essas mudanças e lida com as ansiedades decorrentes delas baseia-se, em grande medida, no padrão organizado desde os primeiros tempos da infância, quando houve uma fase similar de rápido crescimento emocional e físico. Nessa fase anterior, aqueles que foram bem cuidados e eram saudáveis desenvolveram o chamado complexo de Édipo, ou seja, a capacidade para enfrentar as relações triangulares – aceitar a força total da capacidade de amar e as complicações que daí resultam.

A criança saudável chega à adolescência já equipada com um método pessoal para atender aos novos sentimentos, tolerar situações de apuro e rechaçar situações que envolvam ansiedade intolerável. Também derivadas das experiências da infância do adolescente são certas características e tendências herdadas e adquiridas, padrões residuais de doença associados mais aos fracassos do que aos êxitos no lidar com sentimentos pertencentes ao período da infância. Os padrões que foram formados em relação às experiências infantis incluem necessariamente uma boa parte que é inconsciente, e também muito que a criança ignora porque ainda não foi experimentado por ela.

Surge sempre a pergunta: de que modo essa organização da personalidade enfrentará a nova capacidade instintual? Como as mudanças da puberdade se acomodarão no padrão de personalidade que é específico do adolescente em questão? Ademais, como lidará cada um com algo que é realmente novo: o poder de destruir e até de matar, um poder que não complicou os sentimentos de ódio que foram experimentados na infância?

O papel desempenhado pelo meio ambiente é muitíssimo significativo nesse estágio, tanto assim que, num relato descritivo, é preferível pressupor a existência e continuidade do interesse do pai e da mãe da própria criança e da organização familiar mais ampla. Grande parte do trabalho de um psiquiatra concerne às dificuldades que surgem em relação com falhas e omissões ambientais nesta ou naquela fase, e esse fato só acentua a importância vital do ambiente e do contexto familiar. No caso da ampla maioria dos adolescentes, é lícito supor que o ambiente é bastante bom. A maior parte dos adolescentes atinge, de fato, a maturidade adulta, mesmo que, no decorrer do processo, tenha dado a seus pais muitas dores de cabeça. Mas até nas melhores circunstâncias, quando o ambiente facilita os processos de maturação, cada adolescente ainda tem muitos problemas pessoais e muitas fases difíceis a transpor.

O isolamento do indivíduo

O adolescente é essencialmente um isolado. É a partir de uma posição de isolamento que ele se lança no que pode resultar em relações. São as relações individuais, uma por uma, que levam finalmente à socialização. O adolescente está repetindo uma fase essencial da infância, pois o bebê também é um isolado, pelo menos até que seja capaz de estabelecer a capacidade de relacionamento com objetos que estão fora de seu controle mágico. O bebê torna-se apto a reconhecer e a acolher com satisfação os objetos que não são parte integrante dele, mas isso é uma grande façanha. O adolescente repete essa batalha.

É como se o adolescente tivesse necessariamente que partir de um estado de isolamento. As relações devem ser primeiramente ensaiadas com coisas subjetivas. Assim, vemos por vezes adolescentes com coleções de jovens isolados, tentando ao mesmo tempo formar um agregado através da adoção de idéias, ideais, modos de viver e de vestir comuns. É como se pudessem agrupar-se em virtude de seus interesses e preocupações comuns. Eles podem, é claro, estabelecer um grupo se forem atacados como grupo, mas isso é apenas um agrupamento reativo e, finda a perseguição, o agrupamento cessa e se dissolve. Portanto, não é satisfatório porque não tem uma dinâmica interna.

As experiências sexuais dos adolescentes mais jovens são coloridas por esse fenômeno de isolamento e pela necessidade que existe de associação na base do interesse mútuo. Não é verdade, além disso, que o rapaz ou moça nesse estágio ignora ainda se será homossexual, heterossexual ou apenas narcisista? De fato, pode ser doloroso para um jovem adolescente perceber que só ama a si mesmo, e isso pode ser pior para o rapaz do que para a moça, porque a sociedade tolera elementos narcisistas numa menina, mas impacienta-se com a egolatria de um menino. Com freqüência, há um longo período de incerteza no adolescente sobre se um impulso sexual se revelará realmente.

A atividade masturbatória premente pode constituir, nesse estágio, uma forma repetida de desvencilhar-se do sexo, mais do que uma forma de experiência sexual. Quer dizer, será uma tentativa repetida de resolver um problema puramente fisiológico que se torna urgente antes de se revelar o pleno significado de sexo. Com efeito, as atividades heterossexuais ou homossexuais compulsivas também podem servir ao propósito de livrar-se da tensão sexual numa época em que ainda não se desenvolveu a capacidade de união entre seres humanos totais. A união entre seres humanos totais tem maiores probabilidades de surgir, em primeiro lugar, na intenção de um jogo sexual inibido ou num comportamento afetivo com ênfase na dependência ou interdependência. Também se trata aí de um padrão pessoal aguardando o momento de integrar-se aos novos desenvolvimentos instintuais; mas, nesse longo meio tempo, os adolescentes têm que encontrar alívio para a tensão sexual, e por isso se deve esperar o recurso à masturbação compulsiva, o que pode perturbar o jovem adolescente por causa de sua falta de sentido.

Nem mesmo é necessariamente agradável e produz suas próprias complicações. O pesquisador, é claro, raramente chega a conhecer a verdade sobre esses assuntos, que são muito secretos; na verdade, uma boa divisa para o pesquisador seria: quem faz perguntas deve esperar que lhe respondam com mentiras.

O tempo para adolescência

Não é sinal da saúde da sociedade o fato de que os adolescentes possam ser adolescentes no tempo certo, isto é, na idade que abrange o crescimento pubertal? Entre os povos primitivos, as mudanças da puberdade ou são escondidas sob tabus ou então o adolescente é convertido num adulto no espaço de algumas semanas ou meses, mediante certos ritos e severas provas de iniciação. Atualmente, em nossa sociedade, os adultos estão sendo formados por processos naturais, a partir de adolescentes que avançam em virtude das tendências de crescimento. Isso pode facilmente significar que os novos adultos de hoje têm vigor, estabilidade e maturidade.

Naturalmente, há um preço a ser pago, em tolerância e paciência; e esse desenvolvimento gera uma nova tensão na sociedade, pois é penoso para adultos que foram privados de adolescência observar rapazes e moças, em volta deles, em estado de viçosa adolescência.

Para mim, existem três principais desenvolvimentos sociais que, juntos, alteraram todo o clima para adolescentes.

A doença venérea deixou de ser um impedimento

A doença venérea já não é um espantalho. O espiroqueta e o gonococo deixaram de ser (como certamente eram considerados há 50 anos) agentes de um Deus punitivo. Agora podem ser tratados com penicilina e antibióticos apropriados. Lembro-me bem de uma jovem, pouco depois da I Guerra Mundial, que me disse que só o medo da doença venérea a impedira de ser prostituta. Ficou horrorizada quando eu disse, numa simples conversa, que a doença venérea brevemente poderia ser prevenida ou curada. Ela disse então que não podia imaginar como lhe teria sido possível passar pela adolescência (e ela tinha justamente acabado de sair dela) sem esse medo, que ela usara para se manter no caminho certo. Agora ela é mãe de uma grande família e poderíamos considerá-la uma pessoa normal; mas teve que travar sua batalha adolescente e enfrentar o desafio de seus próprios instintos. Fora um período difícil. Cometera alguns furtos, mentira, mas emergira de tudo isso uma mulher adulta.

Contracepção

O desenvolvimento das técnicas anticoncepcionais deu ao adolescente liberdade de exploração. Essa liberdade é nova, a liberdade para realizar descobertas sobre a sexualidade e a sensualidade quando há não só ausência de um desejo de paternidade e maternidade, mas também o desejo de evitar a vinda ao mundo de um bebê não desejado, de pais solteiros. É claro, acidentes acontecem e acontecerão, e esses acidentes levaram à prática infeliz e perigosa do aborto ou ao nascimento de filhos ilegítimos.

Mas, ao examinar o problema da adolescência, devemos aceitar o fato, sugiro eu, de que o adolescente moderno pode explorar, se quiser, toda a área da existência sexual, sem sofrer a angústia mental que a concepção acidental envolve. Isso é apenas parcialmente verdadeiro, porque a angústia mental associada ao medo de um acidente subsiste, mas o problema foi alterado no decorrer dos últimos 30 anos por esse novo fator. A angústia mental, podemos ver agora, provém menos do medo do que do sentimento de culpa de cada jovem. Não quero dizer com isso que todo jovem possua um sentimento inato de culpa, mas que a criança saudável desenvolve, de um modo muito complicado, um sentimento de certo e errado, bem como a capacidade para vivenciar um sentimento de culpa; e cada criança tem ideais e possui uma idéia do que quer para o futuro.

Estão envolvidos fatores conscientes e inconscientes muito fortes, sentimentos e medos conflitantes que só podem ser explicados em termos da fantasia total do indivíduo. Por exemplo, uma jovem sentiu-se compelida a largar dois filhos ilegítimos nas costas de sua mãe, antes de se estabelecer e ter sua própria família pelo casamento. A motivação incluía vingança relacionada com o lugar dessa jovem em sua própria família, e também a idéia de que devia dois bebês à mãe e, portanto, tinha que resgatar essa dívida antes de tratar de estabelecer sua própria vida. Podem existir motivações extremamente complexas para o comportamento nessa idade – e, na verdade, em todas as idades –, e qualquer simplificação vai contra a verdade. Felizmente, na maioria dos casos de dificuldades adolescentes, a atitude da família (a qual é, em si mesma, complexa) restringe as impetuosas atuações e conduz o rapaz ou a moça a superarem episódios embaraçosos ou constrangedores.

Um fim de luta

A bomba de hidrogênio talvez esteja produzindo mudanças mais profundas até que as duas primeiras características de nossa época que indiquei acima. A bomba atômica afeta o relacionamento entre a sociedade adulta e a maré adolescente que parece estar permanentemente desaguando naquela. Não é tanto o fato de essa nova bomba simbolizar um episódio maníaco, um momento de incontinência infantil expressa em termos de fantasia que se tornou realidade – um acesso de cólera que se converteu em destruição concreta. A pólvora já simbolizara antes tudo isso e os aspectos mais profundos de loucura, e o mundo foi alterado há muito tempo pela invenção da pólvora, que deu realidade à mágica. O resultado mais geral da ameaça da guerra nuclear é que, de fato, ela significa que *não haverá uma outra guerra*. Pode-se argumentar que uma guerra tem possibilidade de existir a qualquer minuto em algum lugar do mundo, mas, por causa da nova bomba, sabemos que já não se pode resolver um problema social através da organização de uma nova guerra. Portanto, já não existe nada que possa justificar a adoção de uma forte disciplina militar. Não podemos fornecer isso aos nossos jovens, nem podemos justificar que isso seja fornecido aos nossos filhos, a menos que recorramos a algo em nosso próprio íntimo a que se deve dar o nome de crueldade ou vingança.

Se deixou de fazer sentido lidar com os nossos adolescentes difíceis preparando-os para lutar por seu rei ou país, perdemos algo a que tínhamos o hábito de recorrer e, assim, vemo-nos novamente diante do problema: existe uma adolescência, uma coisa em si mesma, com a qual a sociedade deve aprender a conviver.

Poderia ser dito que a adolescência é um estado de prepotência. Na vida imaginativa do homem, potência não é apenas uma questão do ativo e do passivo em intercurso sexual; inclui a idéia da vitória do homem sobre o homem e de admiração da jovem pelo vencedor. Sugiro que tudo isso tem agora de se realizar na mística da lanchonete e nas ocasionais brigas de faca. A adolescência tem agora de conter-se, de conter-se como nunca tinha feito antes, e nós temos de levar em conta que a adolescência tem um potencial bastante violento. Quando pensamos nas atrocidades ocasionais da juventude moderna, devemos contrabalançá-las com as mortes que resultariam da guerra que não mais terá lugar, com toda a crueldade da guerra que não vai haver e com toda a sexualidade livre que acompanhou cada guerra que houve e não voltará a haver. Assim, a adolescência chegou para ficar e, com ela, a violência e o sexo que lhe são inerentes.

Essas três mudanças que enumerei situam-se entre aquelas que estão tendo um efeito sobre a nossa preocupação social, e uma das primeiras lições que temos a aprender é que a adolescência não é algo que possa ser empurrado para fora do palco por falsas manobras.

A luta para sentir-se real

Não é uma característica primordial dos adolescentes não aceitarem soluções falsas? Eles têm uma moralidade feroz que só aceita aquilo que é reconhecido como verdadeiro, e essa é uma moralidade que também caracteriza a infância. É uma moralidade que vai muito mais fundo do que a perversidade e tem como divisa "Sê verdadeiro para com o teu próprio eu". O adolescente está empenhado em descobrir o próprio eu para que lhe possa ser fiel.

Isso está ligado ao fato de que, como eu disse, a cura para a adolescência é a passagem do tempo, um fato que tem muito pouco significado para o adolescente que rejeita uma cura depois da outra, em virtude de algum elemento falso nela existente. Desde que ele possa admitir que a conciliação é possível, o adolescente descobrirá várias maneiras de atenuar a inexorabilidade da verdade essencial. Por exemplo, existe a solução por identificação com figuras parentais, e pode haver uma maturidade prematura em termos de sexo; pode existir uma transferência de ênfase da violência para o desempenho físico em atletismo, ou das funções corporais para as realizações intelectuais. De um modo geral, os adolescentes rejeitam essas ajudas porque ainda não estão aptos a aceitar conciliações, meios-termos ou concessões mútuas; pelo contrário, têm que atravessar o que poderíamos chamar de área de depressão, uma fase em que eles se sentem inúteis.

Estou pensando num rapaz que vive com a mãe num pequeno apartamento. Ele é muito inteligente mas desperdiça suas oportunidades escolares. Fica na cama ameaçando tomar uma superdose de alguma coisa e tocando música soturna de *jazz* na vitrola. Às vezes, tranca as portas da casa e deixa a mãe para fora, e ela tem de chamar a polícia para ajudá-la a entrar em seu próprio apartamento. Ele tem muitos amigos e às vezes o apartamento se anima de repente, quando aparece a turma toda, trazendo sua própria comida e cerveja; a festa chega a se prolongar noite adentro ou por todo um fim de semana. Há uma considerável participação de sexo e o próprio rapaz tem uma namorada firme; e as idéias suicidas dele estão relacionadas com a idéia de que essa moça o trata com indiferença.

Ele carece de uma figura paterna, mas de fato não sabe disso. Não sabe o que quer ser na vida, e isso aumenta sua depressão e seu sentimento de inutilidade. As oportunidades surgem, mas ele as despreza. Não pode deixar a mãe, embora estejam cansados um do outro.

Um adolescente que evita inteiramente conciliações, especialmente o uso de identificações e experiências vicariais, tem que começar da estaca zero, ignorando tudo o que foi realizado na história passada de nossa cultura. Podemos ver adolescentes lutando por começar tudo de novo como se nada houvesse a receber e aproveitar dos outros. Podemos vê-los formando grupos com base em uniformidades secundárias e em algum tipo de aparência grupal pertencente à localidade e à faixa etária. Podemos vê-los em busca de uma forma de identificação que não os decepcione em sua luta, a luta pela identidade, a luta por se sentirem verdadeiros, a luta para não se encaixarem num papel determinado pelos adultos, mas que lhes permita passarem por tudo o que tiverem de passar. Sentem-se verdadeiros só na medida em que recusam as falsas soluções; e sentirem-se não-verdadeiros leva-os a fazerem certas coisas que só são verdadeiras do ponto de vista da sociedade. De fato, a sociedade vê-se apanhada nesse aspecto curioso dos adolescentes: a mistura de desafio e dependência que os caracteriza. Quem cuida de adolescentes sente-se perplexo: como pode alguém ser tão desafiador e, ao mesmo tempo, tão dependente, a ponto de se mostrar pueril, até infantil. Além disso, os pais vêem-se gastando dinheiro para que os filhos possam ser contestadores, embora, é claro, sejam os pais quem sofre com o desafio. Esse é um bom exemplo de como aqueles que teorizam, escrevem e falam, estão operando num nível diferente daquele em que os adolescentes vivem. Os pais e pais substitutos defrontam-se com problemas práticos urgentes. Eles não estão preocupados com a teoria mas com o impacto de um sobre o outro, o adolescente e o pai (ou mãe).

Assim, é possível organizar uma lista do que julgamos que sejam algumas das necessidades dos adolescentes:

> a necessidade de evitar a solução falsa: a necessidade de se sentirem verdadeiros ou de tolerarem não sentir nada;
>
> a necessidade de desafiar – num contexto em que a dependência deles é satisfeita e podem confiar em que continuará sendo satisfeita;
>
> a necessidade de espicaçar constantemente a sociedade, para que o antagonismo da sociedade se manifeste e possa ser enfrentado com antagonismo.

Saúde e doença

Aquilo que se mostra no adolescente normal está relacionado com o que se mostra em várias espécies de pessoas doentes. Por exemplo, a idéia do repúdio da solução falsa corresponde à incapacidade do paciente esquizofrênico para transigir; e, em contraste com isso, existe a ambivalência psiconeurótica e também o fingimento e a auto-sugestão em pessoas saudáveis. A necessidade de sentir-se real corresponde, por outro lado, aos sentimentos de irrealidade associados à depressão psicótica, à despersonalização. E a necessidade de desafiar corresponde a um aspecto de tendência anti-social, tal como se manifesta na delinqüência.

Segue-se daí que, num grupo de adolescentes, as várias tendências são representadas, de um modo geral, pelos membros mais doentes do grupo. Um membro de um grupo toma uma superdose de uma droga, um outro fica o tempo todo de cama em depressão, um outro sente-se livre com uma arma no bolso. Em cada caso, há um bando de adolescentes isolados que se agrupam em torno do indivíduo doente, cujo sintoma extremo colide com a sociedade. Entretanto, na maioria desses indivíduos, quer sejam envolvidos ou não, por trás da tendência não havia pulsão suficiente para dar ao sintoma existência inconveniente e produzir uma reação social. O doente tinha que agir pelos outros.

Repetindo: se o adolescente quiser transpor esse estágio do desenvolvimento por processo natural, então deve-se esperar um fenômeno a que se poderia dar o nome de depressões adolescentes. A sociedade precisa incluir isso como característica permanente e tolerá-la, enfrentá-la, mas não a curar. Coloca-se então uma pergunta: a nossa sociedade terá saúde para fazer isso?

Um fato que complica esta questão é que alguns indivíduos são doentes demais (com psiconeurose, ou com depressão, ou com esquizofrenia) para chegar a um estágio do desenvolvimento emocional que possa ser chamado adolescência, ou só podem atingir esse estágio de um modo altamente distorcido. Não foi possível incluir nesta breve exposição um quadro de doença psiquiátrica severa, tal como se apresenta nesse nível etário. Não obstante, existe um tipo de doença que não pode ser posto de lado em nenhum estudo sobre adolescência: a delinqüência.

Também neste caso existe uma estreita relação entre as dificuldades normais da adolescência e a anormalidade que se pode chamar de tendência anti-social. A diferença entre esses dois estados está menos no quadro clínico apresentado por cada um deles do que na respectiva dinâmica – na respectiva origem. Na raiz da tendência anti-social existe sempre uma privação. Pode ser simplesmente que a mãe, num momento crítico, encontrava-se num estado de depressão, ou talvez a família tenha se dissolvido. Até uma privação menor, ocorrendo num momento difícil da vida de uma criança, pode ter um resultado duradouro ao forçar excessivamente as defesas disponíveis. Por trás da tendência anti-social há sempre uma história de alguma saúde e, depois, uma interrupção, após o que as coisas nunca mais voltaram a ser as mesmas. A criança anti-social está procurando de um modo ou de outro, violenta ou brandamente, levar o mundo a reconhecer sua dívida para com ela, está tentando fazer com que o mundo reconstitua o quadro de referência que se desmantelou. Na raiz da tendência anti-social está a privação.

Na raiz da adolescência saudável, em geral, é impossível dizer que exista, inerentemente, uma privação; mas há algo que é, de maneira difusa, a mesma coisa, embora num grau que só não é suficientemente forte para sobrecarregar as defesas disponíveis. Isso significa que, no grupo que o adolescente encontra para se identificar com ele, os membros extremos são os que atuam pelo grupo todo. Todos os tipos de coisas na luta do adolescente, o furto, a navalha, a fuga e o arrombamento, tudo isso tem que estar contido na dinâmica desse grupo sentado em círculo para ouvir *blue jazz* ou seja o que for que esteja na onda.

Se nada acontece, os membros começam a se sentir individualmente inseguros quanto à realidade de seu protesto e, no entanto, não estão ainda suficientemente perturbados para a prática de um ato anti-social. Mas se no grupo houver um rapaz ou uma moça anti-social disposto a cometer a coisa anti-social que produza uma reação social, isso faz com que todos os outros adiram, com que se sintam reais e, temporariamente, dá ao grupo uma estrutura coesa. Todos serão leais e apoiarão o indivíduo que agirá pelo grupo, embora nenhum deles tivesse aprovado o que o extremista anti-social fez.

Penso que esse princípio aplica-se ao uso de outros tipos de doença. A tentativa de suicídio de um dos membros é muito importante para todos os outros. Ou o fato de um deles não poder levantar-se da cama, paralisado pela depressão. Todos os outros sabem que isso está acontecendo. Esses acontecimentos pertencem ao grupo todo; o grupo muda e os indivíduos mudam de grupos mas, de algum modo, os membros individuais do grupo usam os extremos para ajudá-los a se sentirem reais, em sua batalha para suportar esse período de turbulência e depressão.

Tudo isso se resume num problema: como ser adolescente durante a adolescência? É uma coisa magnífica para qualquer um ser. Não significa, porém, que nós, adultos, tenhamos que andar dizendo: "Vejam esses queridos adolescentes vivendo sua adolescência; devemos suportar e tolerar tudo, e deixar que quebrem as nossas janelas." A questão não é essa. A questão é que somos desafiados e enfrentamos o desafio como parte da função da existência adulta. Mas enfrentamos o desafio em vez de nos dispormos a curar o que, em última instância, é essencialmente saudável.

A grande ameaça proveniente do adolescente é a ameaça àquele pedaço de nós mesmos que não teve realmente adolescência. Esse pedaço de nós mesmos faz com que nos ressintamos e nos irritemos porque essas pessoas foram capazes de ter sua fase de turbulência e depressão, e faz com que queiramos descobrir uma solução para elas. Existem centenas de falsas soluções. Qualquer coisa que digamos ou façamos está errado. Damos apoio e estamos errados, retiramos o apoio e também estamos errados. Não nos atrevemos a ser "compreensivos". Mas, com o passar do tempo, descobrimos que este adolescente, ou esta adolescente, superou a fase de depressão e está agora preparado para começar a identificar-se com a sociedade, com os pais e com grupos mais amplos, e a fazer tudo isso sem sentir ameaça de extinção pessoal.

18. A juventude não dormirá

(Escrito para *New Society*, 1964)

> *Gostaria de que não existisse idade alguma entre os dezesseis e vinte e três anos ou que os jovens dormissem todo esse tempo; pois nada existe nesse meio tempo senão promiscuidade com crianças, ultrajes com os anciãos, roubos, brigas.*
>
> "Um conto de inverno"

Esta inteligente citação de Shakespeare apareceu em *The Times*, numa carta – tola quanto ao mais – ao diretor, sobre a questão dos jovens arruaceiros. Existe um perigo real na situação presente, e o pior resultado da tendência do adolescente de hoje para a violência em grupo seria o começo de um movimento comparável ao da fase do regime nazista, quando Hitler resolveu da noite para o dia o problema do adolescente oferecendo aos jovens o papel de superego para a comunidade. Foi uma solução falsa, como podemos julgar retrospectivamente, mas resolveu temporariamente um problema social que, em alguns aspectos, assemelhava-se àquele em que estamos envolvidos agora.

Todos perguntam: qual é a solução? Pessoas importantes oferecem soluções. Subsiste, entretanto, o fato de que não há solução, exceto que *cada adolescente, rapaz ou moça, com o passar do tempo* (a menos que esteja doente), *crescerá e se tornará um adulto.* Uma reação doentia parte daqueles que não entendem, como Shakespeare muito bem entendeu, que está envolvido um fator tempo. Com efeito, a maior parte das vociferações provém daqueles que são incapazes de tolerar a idéia de uma solução com o tempo, em vez de uma solução através da ação imediata.

Existem, é claro, fatores favoráveis se considerarmos o contexto geral. O fator que dá mais esperança é a capacidade da grande maioria dos próprios adolescentes para tolerar sua própria posição de "ignorar o destino". Eles inventam todo tipo de atividades provisórias para enfrentar o aqui e agora, enquanto cada indivíduo espera que apareça um sentimento de existir como unidade, e a socialização disto funcionou bastante bem durante a infância e no que se designa, por vezes, como o "período de latência". Como se pode inferir da observação de crianças no jogo de "Eu sou o Rei do Castelo! Você um plebeu sujo!", tornar-se indivíduo e desfrutar da experiência de plena autonomia é algo inerentemente violento.

É dada publicidade a cada ato de baderna juvenil porque o público não quer realmente ouvir ou ler a respeito dessas façanhas adolescentes que estão isentas de qualquer desvio anti-social. Além disso, quando acontece um milagre, como os Beatles, existem aqueles adultos que franzem o cenho quando podiam soltar um suspiro de alívio – quer dizer, se estivessem livres da inveja que sentem do adolescente nesta fase.

Vale a pena comentar uma manchete em *The Observer* (24 de maio): *Rockers Held* (Roqueiros Detidos). Essa manchete reflete sucintamente o funcionamento da autoridade, com a polícia "detendo" e a sociedade contendo fenômenos que são inerentes à eterna dialética de indivíduos que crescem numa sociedade de adultos que realizaram, de um jeito ou de outro, uma identificação com a sociedade. (Às vezes, essa realização é precária, dependendo da existência de um subgrupo social.)

O fato de existir um elemento positivo nos atos anti-sociais pode realmente ajudar na consideração do elemento anti-social, que é concreto em alguns adolescentes, e potencial em quase todos. Esse elemento positivo pertence à história pessoal total do indivíduo anti-social; e, quando e onde a atuação é fortemente compulsiva, relaciona-se com uma decepção ambiental na experiência particular do indivíduo. Tal como no furto existe (se levarmos em conta o inconsciente) um momento de esperança de se retomar, por sobre o hiato, uma reivindicação legítima endereçada a um dos pais, também na violência há uma tentativa para reativar um domínio firme, o qual, na história do indivíduo, se perdeu num estágio de dependência infantil. Sem esse domínio firme, uma criança é incapaz de descobrir o impulso, e só o impulso que é encontrado e assimilado é passível de autocontrole e socialização.

Quando a violência começa num bando por causa das atividades compulsivas de alguns rapazes e moças que realmente sofreram privação, então há sempre a violência potencial do adolescente leal ao grupo, aguardando a chegada da idade que Shakespeare (na citação) define como 23 anos. Hoje em dia, desejaríamos provavelmente que "o jovem dormisse" dos 12 aos 20 anos, e não dos 16 aos 23. Mas o jovem não dormirá, e a tarefa permanente da sociedade em relação a ele é deter e conter, evitar tanto a falsa solução quanto a indignação moral causada por ciúme da juventude. O potencial infinito é a possessão preciosa e fugaz do jovem. Isso gera inveja no adulto, que está descobrindo em sua própria existência as limitações do real.

Ou, novamente citando Shakespeare, há pessoas que *não têm juventude nem envelhecem! Mas, por assim dizer, um sono depois do jantar! Sonhando com ambas as idades* ("Medida por medida").

Terceira Parte
O suprimento social

Introdução dos organizadores da obra

A Terceira Parte é, em muitos aspectos, uma continuação da Primeira Parte, interessando-se principalmente pela administração prática de crianças difíceis. Também enfatiza a necessidade de o profissional ter alguns conhecimentos de desenvolvimento emocional normal. Começa com uma carta escrita a um magistrado de um Tribunal Juvenil, em 1944, sugerindo que (com a ajuda de assistentes profissionais) considere o delinqüente juvenil do ponto de vista do tipo de provisão social existente que seria mais útil no caso individual. Dá ênfase especial à necessidade de alojamentos e de magistrados que os dirijam. O segundo estudo é um artigo de fundo publicado no *British Medical Journal* (1951), que discute a monografia de Bowlby para a Organização Mundial de Saúde, *Maternal Care and Mental Health*, e suas conclusões, derivadas de estudos estatísticos a respeito dos efeitos sobre crianças da separação dos pais e do lar. Sugere que essas conclusões poderiam ser utilizadas como uma espécie de medicina preventiva.

Os dois capítulos seguintes, "A criança desapossada e como pode ser compensada pela falta de vida familiar" (1950) e "Influências de grupo e a criança desajustada: o aspecto escolar" (1955), referem-se especificamente a crianças em instituições de assistência e foram escritos para os responsáveis por elas. O primeiro estabelece diretrizes para avaliar os fatores pessoais e sociais na privação e discorre sobre o tipo de provisão de acordo com o diagnóstico individual. O segundo apresenta a base da formação de grupo em termos de integração individual e contrasta o agrupamento maduro com o grupo que necessita de cobertura suplementar (como nos alojamentos ou "lares" para crianças desajustadas) a fim de que seus membros individuais se tornem autosuficientes. Conclui com um quadro de classificação de crianças de acordo com o grau de integração pessoal alcançado. Cada um desses estudos apresenta uma descrição clara de um certo aspecto da teoria do desenvolvimento emocional normal: o primeiro é especialmente interessante na medida em que contém uma das primeiras descrições formais do uso de objetos transicionais e de fenômenos transicionais, o conceito pelo qual Winnicott é talvez mais amplamente conhecido. Incluímos aqui a crítica da autobiografia de Sheila Stewart, porque trata, num tom mais leve, da concepção de Winnicott de que um começo suficientemente bom pode habilitar uma criança a enfrentar a perda da vida familiar.

O estudo inédito "Comentários sobre o *Report of the Committee on Punishment in Prisons and Borstals*" (1961) analisa o conflito entre idéias de punição e idéias de terapia, e contém um apelo para que se considere teoricamente a questão da punição. Também tem algo a dizer sobre tráfico de fumo, evasões e interferência do exterior na administração de instituições de correção.

O capítulo sobre escolas progressistas (1965) consiste numa palestra proferida em Darlington Hall e algumas notas que Winnicott fez, no trem, em sua viagem de volta para casa. Sublinha a necessidade de diagnóstico individual e social das crianças que freqüentam essas escolas, para que o pessoal possa estar consciente do número de casos em que estão fazendo terapia com crianças anti-sociais. O significado da palavra "progressista" é investigado em seus aspectos positivo, negativo e prático, e é considerada a natureza da destrutividade.

O capítulo final, até agora inédito, é a Conferência David Wills proferida em 1970 perante a *Association of Workers for Maladjusted Children*. Foi a última conferência pública feita pelo Dr. Winnicott e é fácil perceber por que foi tão bem acolhida. É um exame retrospectivo de um alojamento do tempo da guerra, salientando aspectos que são de importância perene para a assistência a crianças que sofreram privação, e formulando uma avaliação final do trabalho de assistência social que mais exige: a assistência residencial.

19. Correspondência com um magistrado

(Cartas publicadas em *The New Era in Home and School*, janeiro de 1944, em conseqüência de um artigo anterior, de maio de 1943)

Fincham Farm,
Rougham,
King's Lynn, Norfolk.

Estimado Dr. Winnicott,

Escrevo-lhe com referência ao seu artigo "Pesquisa de delinqüência" e ao breve ensaio sobre o mesmo tema, da Dra. Kate Friedlander, que me foi enviado pelo Instituto para o Tratamento Científico da Delinqüência, do qual sou sócio. Sempre estive interessado na aplicação da Psicanálise ao crime e à delinqüência, e depois que fui nomeado magistrado e presidente de *Quarter Sessions**, o meu interesse tornou-se muito prático. Estou interessado no que o senhor diz a respeito de fatores ambientais e externos, porque mudar o ambiente de um delinqüente é o procedimento mais comum adotado por um tribunal de magistrados. É muito difícil, fora de Londres, conseguir que um delinqüente seja analisado, e o tribunal deve, portanto, considerar as alternativas de multa, prisão, liberdade condicional, instituição correcional, encaminhamento para um reformatório ou liberdade vigiada, com ou sem imposição de condições. O problema é que o magis-

....

* Instância judicial tipicamente britânica; é um tribunal de limitada jurisdição penal e civil, e de apelação, instalado trimestralmente por juízes de paz nos condados e por notários nos municípios. (N. do T.)

trado – falo por mim mesmo, mas creio que sou um caso típico – não sabe praticamente nada a respeito de instituições correcionais, ou reformatórios, e não sabe muita coisa sobre os métodos e habilitações dos funcionários responsáveis pelas visitas regulares aos beneficiados por liberdade condicional; no caso deles, só se pode julgar pelos resultados. O que atualmente se precisa é de uma ponte entre o moderno conhecimento psicanalítico, tal como foi exemplificado no seu artigo, e o procedimento e a prática de um tribunal criminal ordinário. No seu consultório, o senhor pode concentrar-se no bem do paciente; no tribunal, temos de pensar também no bem da comunidade, e isso complica as coisas. Os nossos instrumentos, no tribunal, são muito rudimentares e é difícil encontrar o equilíbrio entre o desejo de converter a pessoa sentada no banco dos réus num membro valioso da sociedade e o desejo de dissuadir outros malfeitores. Pessoalmente, não acredito muito no efeito dissuasivo da punição mas um grande número de magistrados assim pensa e tenho de levar em conta as opiniões deles. É desanimador quando, como aconteceu outro dia, um jovem de 17 anos que cometeu vários roubos e foi por mim tratado com clemência, tendo-lhe eu aplicado apenas uma severa repreensão, comparece dias depois a juízo exatamente pelo mesmo tipo de crime. O que fazer neste caso? Estando numa região pouco povoada do país, a mais de 160 km de Londres, a nossa escolha de ação é limitada.

Se o senhor dispuser de tempo para considerar estes problemas gerais, mas extremamente práticos, e escrever-me seus pontos de vista, ficarei muitíssimo grato.

Atenciosamente,
Roger North

44 Queen Anne Street
Londres W.1.

Caro Mr. North,

Fiquei satisfeito por saber que o senhor, como magistrado, interessou-se pelos meus comentários sobre delinqüência e pelo artigo da Dra. Friedlander, e reconheço muito claramente que o psicólogo pouco tem a oferecer aos magistrados. Na verdade, sublinhei os seguintes pontos em meu artigo: que o magistrado tem de expressar a vingança inconsciente do público (sendo o procedimento legal uma tentativa de impedir o recurso ao linchamento) e que o psicólogo ainda tem muito a pesquisar antes de poder compreender plenamente o bom trabalho que é feito intuitivamente pelo tipo certo de magistrado, de inspetor da liberdade condicional, etc. Assinalei ainda ter dúvidas de que o tratamento psicanalítico de delinqüentes e criminosos possa vir a ser valioso para a comunidade, pois é imenso o trabalho a ser feito para alterar fundamentalmente um indivíduo. Apenas do ponto de vista da pesquisa é que a psicanálise de um delinqüente pode ser sociologicamente justificável, e é por essa razão que sou decididamente a favor dela. Permita-me enfatizar uma vez mais o fato de reconhecermos que nós, psicanalistas, temos uma *quantidade* limitada de ajuda a oferecer a magistrados, no sentido de uma terapia direta!

Sua carta estimula-me a formular algumas sugestões de natureza mais prática, que talvez possam ajudar realmente o magistrado que, como o senhor, tenta compreender as questões mais profundas envolvidas. O fato é que tudo de útil que o tribunal fizer acabará sendo, sempre, algo muito pessoal. Podem-se conceber todos os tipos de planos, esquemas e idéias mas, na prática, o bom trabalho é sempre feito por algum indivíduo que esteja em íntimo contato com a criança que está em dificuldades.

Até onde me é dado ver, um tribunal só pode fazer uma das seguintes coisas:

(1) Em alguns casos, o lar da criança é bom; nesse caso, o melhor é deixá-la aí, onde um pai e uma mãe fortes e unidos estão aptos e desejosos de cuidar dela. Quando a criança se mete em apuros em tais circunstâncias geralmente é porque foi desencaminhada por outra criança menos afortunada do que ela. Embora essa solução raramente seja adotada, deve-se recordar sempre que é a melhor e que os pais são os guardiões adequados de seus próprios filhos.

(2) Muito mais freqüentemente, o lar da criança só será conveniente à sua permanência na medida em que ela fique sob

os cuidados especiais de um bom inspetor da liberdade condicional, que se torna então a pessoa que faz a diferença. O inspetor fornece algo que está faltando no lar – amor apoiado na força (neste caso, a força da lei).

Não se deve esquecer que o inspetor de liberdade condicional pode responsabilizar-se apenas por um certo número de casos, em virtude da excessiva tensão emocional que o trabalho envolve, e que ele (ou ela) necessita de folgas definidas e compulsórias e férias periódicas.

(3) Com freqüência, o lar da criança não é conveniente à sua permanência, mesmo com a ajuda de um inspetor de liberdade condicional. Nesse caso, deve ser encontrado um bom "lar" ou alojamento, onde possa ser fornecido o amor e a vigorosa gestão de que essas crianças têm absoluta necessidade. Atualmente, quase os únicos alojamentos adequados são aqueles que foram criados durante a guerra para crianças evacuadas com problemas de desajustamento. Em minha opinião, é importante e significativo que esses alojamentos sejam patrocinados pelo Ministério da Saúde e não pelo Ministério do Interior, o que significa que a vingança pública não está envolvida.

(4) Parte das crianças levadas a tribunal já chegaram a um ponto em que no alojamento não há condições de lidar com elas, e nesse caso terão que ser submetidas a um controle mais rígido, que seria péssimo para aquelas que não estão tão doentes. Então está envolvida a vingança pública, e o Ministério do Interior deve ser o responsável.

É quanto aos alojamentos (terceira alternativa) que o psicólogo deveria estar apto a prestar ajuda prática ao magistrado, pois o psicólogo pode formular os princípios envolvidos e também pode apresentar sugestões práticas quanto à estrutura e organização do alojamento.

Eu aconselharia veementemente a um magistrado que se envolvesse na organização e administração de um alojamento, como aqueles que já existem para crianças evacuadas de ajustamento difícil, pois só assim ele poderá familiarizar-se com as questões concretas envolvidas nos reformatórios, para os quais o magistrado tem que encaminhar, um tanto às cegas, muitos dos meninos e meninas que se submetem à jurisdição do seu tribunal. Ele poderia então desviar para esse alojamento algumas das crianças que se enquadram na categoria (3) da classificação acima.

Aqueles dentre nós que tiveram experiência prática nesses alojamentos e enfrentaram fracassos, e fracassos parciais, até chegarem a êxitos relativos, podem ajudar o magistrado a avançar com alguma promessa substancial de sucesso imediato, o que significa que, através da utilização do alojamento, será possível evitar que numerosas crianças sejam realmente enviadas para um reformatório.

Isso não quer dizer que os reformatórios sejam todos ruins, embora sejam inevitavelmente (como as prisões) instituições propícias à propagação da educação para o crime, mas acontece que existem longas listas de espera para ingresso num reformatório, e não há nada pior para um jovem do que uma estada por tempo indeterminado numa Casa de Custódia.

Podemos dizer desde já que um alojamento, para funcionar bem, tem que ser pequeno – 12 a 18 crianças –, que a política deve ser manter as crianças nele até terminarem a escola, e que tudo depende do supervisor. Deve ser um homem casado, e ele e a esposa devem atuar em conjunto nas funções de supervisão. Devem ser suficientemente fortes para poderem mostrar um amor profundo. O sentimentalismo é totalmente excluído.

O supervisor e todo o pessoal devem ser pessoalmente visitados e são essenciais as conversas informais a respeito das crianças. Só assim o jovem poderá ser considerado pelo pessoal como um ser humano total, com uma história de desenvolvimento e um ambiente familiar, e um problema atual.

A escolha do cozinheiro e do jardineiro só perde em importância para a do supervisor e, de fato, cada membro do pessoal, incluindo a faxineira, ou é uma grande ajuda ou um grande estorvo.

As crianças devem ser cuidadosamente selecionadas antes de encaminhadas a um alojamento; uma criança inadequada pode perturbar toda a organização e acarretar a rápida degeneração de uma situação que, em todos os demais aspectos, está sob perfeito controle. A classificação deve basear-se mais numa avaliação do lar da criança (quer dizer, na existência ou inexistência do lar e na relativa estabilidade das relações entre os pais), do que na seriedade dos sintomas ou delitos pelos quais a criança foi levada ao tribunal.

Seria obviamente impossível para o magistrado ser inteiramente responsável pelo alojamento, cujos interesses não seriam idênticos aos do tribunal, e cujos fracassos não devem, de forma nenhuma, ferir a dignidade do tribunal. Mas eu diria que o Ministério do Interior não pode deixar de ficar satisfeito em apoiar a idéia do interesse do magistrado por esses alojamentos patrocinados pelo Ministério da Saúde, e que o magistrado poderá então ser um membro da comissão municipal sob cuja égide o alojamento funciona.

Estes e muitos outros princípios gerais poderiam ser facilmente estabelecidos, e, na minha opinião, é assim que se define o que o psicólogo prático tem a oferecer ao magistrado perspicaz de um tribunal juvenil.

D. W. Winnicott
Seu, etc.

20. O alicerce da saúde mental

(Artigo de fundo no *British Medical Journal*,
16 de junho de 1951)

A higiene mental, embora seja uma extensão do trabalho comum de saúde pública, vai mais longe na medida em que altera o gênero de pessoas que compõem o seu universo. É significativo que o relatório[1] da segunda sessão da Comissão de Especialistas em Saúde Mental da Organização Mundial de Saúde se preocupe principalmente com o tratamento a dispensar à infância, considerando como ponto pacífico algo que não poderia ter sido aceito por médicos há 50 anos – ou seja, que a base da saúde mental adulta é construída na infância e, é claro, na adolescência. A introdução do relatório começa com a seguinte afirmação: "O mais importante princípio a longo prazo para o trabalho futuro da OMS na promoção da saúde mental, em contraste com o tratamento de distúrbios psiquiátricos, é o estímulo à incorporação no trabalho de saúde pública da responsabilidade pela promoção da saúde física e mental da comunidade." O relatório discute em seguida os serviços de maternidade, a assistência ao bebê e à criança em idade pré-escolar, a dependência da criança pré-escolar em relação à mãe, a saúde escolar em seus aspectos mais amplos e os problemas emocionais resultantes de deficiência física e do isolamento de crianças que sofrem de doenças infecciosas tais como a lepra e a tuberculose. A comissão reconhece que o profissional de saúde

....
1. *W. H. O. tech. Rep. Ser.*, n° 31, 1951, Genebra.

mental em treinamento tem mais a fazer do que apenas aprender. O estudante defronta-se com "um problema emocional em virtude da natureza do seu objeto de estudo, independentemente de qualquer dificuldade intelectual para entender os fatos. O seu impacto emocional inicial é muito maior do que o da sala de dissecação ou do anfiteatro cirúrgico".

A par da publicação desse relatório chega-nos uma monografia da OMS sobre "Cuidados maternos e saúde mental", escrita pelo Dr. John Bowlby, consultor de saúde mental daquela organização, como uma contribuição do programa das Nações Unidas para o bem-estar de crianças sem lar[2]. O Dr. Bowlby, em sua atividade na *Tavistock Clinic*, já demonstrou que julga necessário apresentarem-se conceitos psicológicos sob uma forma que atraia o cientista treinado para efetuar a abordagem estatística, e pode-se dizer desde já que ele foi bem-sucedido ao escrever um relatório extraordinariamente interessante e valioso. Comparadas com o montante de psicoterapia individual realizada em todo o mundo, as investigações que apresentam resultados claros e bem definidos são poucas e muito espaçadas: talvez existam aspectos da psicologia que não podem produzir resultados para o estatístico. O êxito dessa monografia deve-se, em parte, à escolha do tema – o efeito da separação do lar e, especificamente, da própria mãe, sobre o desenvolvimento emocional de bebês e crianças pequenas, que, como escreve o Dr. Bowlby, "não são lousas das quais o passado pode ser apagado com um espanador ou uma esponja, mas seres humanos que trazem em seu íntimo suas experiências anteriores e cujo comportamento no presente é profundamente afetado pelo que aconteceu antes". Citando números convincentes, ele pôde mostrar como a separação pode aumentar a tendência para o desenvolvimento de uma personalidade psicopática. Bowlby apurou que quase todos os investigadores nesse campo tinham chegado à mesma conclusão: "Acredita-se que é essencial à saúde mental que o bebê e a criança pequena tenham a vivência de uma relação calorosa, íntima e contínua com a mãe

....
2. *Maternal Care and Mental Health*, Genebra, 1951. [Edição brasileira: *Cuidados maternos e saúde mental*, São Paulo: Martins Fontes, 1981. Col. "Psicologia e Pedagogia".]

(ou mãe substituta permanente), na qual ambos encontrem satisfação e prazer." Isto não é novidade: é o que mães e pais sentem, e é o que aqueles que trabalham com crianças apuraram. Mas o que é novo nesse relatório é a tentativa de traduzir a idéia em números.

Existem três fontes principais de informação: estudos por observação direta de bebês e crianças pequenas; estudos baseados na investigação de histórias pregressas de crianças que estão doentes; e estudos de acompanhamento de grupos de crianças que sofreram privação, em várias categorias. Talvez o principal resultado dessas investigações, especialmente quando foram confirmadas e ampliadas, seja o de servir de lição para os profissionais da área médica, incluindo os administradores. Deve ser sempre difícil para os especialistas em saúde manter presente a maior importância da saúde mental. É tão fácil o desenvolvimento emocional se perturbar! A criança hospitalizada que esqueceu a mãe e atingiu a fase de fazer amizade com qualquer pessoa que se aproxime dela pode ser motivo de encanto para a enfermaria, mas o fato é que uma criança, e sobretudo uma criança pequena, não pode esquecer os pais sem causar danos à sua personalidade. Felizmente, em enfermarias infantis e em hospitais para crianças registra-se atualmente a tendência para permitir as visitas diárias. Reconhece-se que isso apresenta grandes dificuldades para as enfermeiras, mas mesmo a pequena quantidade de trabalho cuidadosamente controlado que Bowlby pôde relatar sobre esse aspecto limitado do assunto mostra até que ponto é compensador esse esforço extra.

Naturalmente, o efeito sobre a criança da separação de sua mãe dependerá do grau de privação e também da idade da criança. A assistência a bebês criados em instituição desde os primeiros dias obviamente exigia mudanças e, na Grã-Bretanha, a opinião pública colocou-se firmemente ao lado da Comissão Curtis e do *Children Act* que veio a ser promulgado em 1948, em decorrência das conclusões dessa comissão. Hoje em dia é geralmente aceito que nenhuma criança deverá ser retirada aos cuidados maternos, se isso puder ser evitado – e essa simples afirmação não deve ser obscurecida pelo fato subsidiário de que uma minoria de pais são doentes (numa acepção psiquiátrica) e, portanto, nocivos a seus filhos pequenos.

Seria uma tarefa imensa ensinar aos pais do mundo como serem bons pais, especialmente quando a maioria já sabe muito mais do que jamais lhes poderíamos dizer. É conveniente, portanto, que a OMS comece pelo outro extremo em suas considerações sobre higiene mental, o extremo no qual o ensino pode ter efeito. As duas importantes conclusões são que a criação impessoal de crianças pequenas tende a produzir personalidades insatisfatórias e até caracteres anti-sociais ativos, e em segundo lugar que, quando existe um bom relacionamento entre o bebê ou a criança em desenvolvimento e os pais, a continuidade dessas relações deve ser respeitada e jamais interrompida sem uma boa causa. Bowlby compara a aceitação desses fatos à aceitação de certos fatos do aspecto físico da pediatria, como a importância das vitaminas na prevenção do escorbuto e do raquitismo. A aceitação do princípio apontado pelas estatísticas de Bowlby poderá levar a uma redução das tendências anti-sociais e do sofrimento que está por trás delas, exatamente como a vitamina D atenuou a incidência de raquitismo. Tal resultado seria uma grande realização da medicina preventiva, mesmo sem se levarem em conta os aspectos mais profundos do desenvolvimento emocional, como a riqueza da personalidade, o vigor do caráter e a capacidade para a auto-expressão plena, livre e madura.

21. A criança desapossada e como pode ser compensada pela falta de vida familiar

(Conferência na Nursery School Association, julho de 1950)

A título de introdução ao tema da assistência à criança que foi privada de vida familiar, recordemos o seguinte: a principal preocupação de uma comunidade deve ser por seus membros saudáveis. É o funcionamento usual de bons lares que necessita de prioridade, pela simples razão de que as crianças que estão sendo criadas em seus próprios lares são as únicas que apresentam condutas satisfatórias e compensadoras; são os cuidados dispensados a essas crianças que dão dividendos.

Aceito isso, seguem-se duas coisas. Em primeiro lugar, o fornecimento ao lar comum de uma ração básica de moradia, alimentação, vestuário, educação e instalações para recreio e lazer, e o que poderia ser chamado alimento cultural, tem prioridade em nossa atenção. Em segundo lugar, devemos cuidar de nunca interferir num lar que esteja em pleno funcionamento, nem mesmo em nome de seu próprio bem. Os médicos são especialmente propensos a se intrometerem entre mães e bebês, ou pais e filhos, sempre com as melhores intenções, é claro, com vistas à prevenção de doenças e à promoção da saúde; e, nesse sentido, os médicos não são, em absoluto, os únicos infratores. Por exemplo:

> Uma mãe que se divorciara solicitou meu conselho na seguinte situação. Ela tinha uma filha de seis anos, e uma organização religiosa a que o pai dessa criança estava ligado desejava tirar a menina da mãe e colocá-la numa escola interna

– tanto durante o ano letivo como durante as férias – porque essa organização não aprovava o divórcio. O fato de que a criança estava muito bem com a mãe e o novo marido desta, sentindo-se tranqüila e segura, seria ignorado, e um estado de privação seria criado para a menina em virtude de um princípio: uma criança não deve viver com uma mãe divorciada.

Um grande número de crianças vítimas de privação é, de fato, manipulada de uma forma ou de outra e a solução consiste em evitar uma má gestão.

Não obstante, tenho de encarar o fato de que eu próprio sou um deliberado desmancha-lares, como muitos outros. Estamos o tempo todo enviando crianças para longe de seus lares. Só em minha clínica temos casos, todas as semanas, em que é urgente afastar a criança de casa. É verdade que essas crianças raramente têm menos de quatro anos de idade. Todos os que trabalham neste campo conhecem o tipo de caso em que, por uma razão ou outra, criam-se condições de tal natureza que, se a criança não for removida em poucos dias ou semanas, o lar se desintegrará ou a criança irá certamente parar num tribunal. Pode-se freqüentemente prever que a criança ficará muito bem longe do lar ou que sua família ficará muito bem com a criança longe. Existem muitos casos penosos que se corrigem se podemos realizar imediatamente essas separações, e seria muito lamentável se tudo o que estamos fazendo para evitar a destruição desnecessária de bons lares enfraquecesse, de qualquer forma, os esforços das autoridades responsáveis pelo provimento de acomodações a curto e a longo prazo para o tipo de crianças que estou considerando aqui.

Quando digo que na minha clínica temos casos desse tipo todas as semanas, estou dando a entender que na grande maioria dos casos conseguimos ajudar a criança no ambiente que já existe. Esse é, evidentemente, o nosso principal objetivo, não só porque é econômico mas também porque, quando o lar é suficientemente bom, é o lugar mais apropriado para a criança crescer e desenvolver-se. A ampla maioria das crianças que necessitam de ajuda psicológica estão sofrendo de distúrbios ligados a fatores *internos*, distúrbios no desenvolvimento emocional, distúrbios que são intensamente inerentes porque a vida é difícil. Esses distúrbios podem ser tratados com a criança no lar.

Avaliação da privação

Para descobrirmos a melhor forma de ajudarmos uma criança que sofreu privação, teremos que determinar primeiramente o montante de desenvolvimento emocional normal que foi propiciado no começo por um ambiente suficientemente bom nas (i) relações bebê-mãe, (ii) relações triangulares pai-mãe-criança; depois, à luz disso, teremos que tentar avaliar o dano causado pela privação, quando começou e como persistiu subseqüentemente. A história do caso é, portanto, importante.

As seguintes seis categorias podem ser consideradas úteis como um modo de classificação de casos de lares desfeitos:

(a) Bom lar comum, desfeito por um acidente com um ou ambos os genitores.
(b) Lar desfeito pela separação dos pais, que são bons pais.
(c) Lar desfeito pela separação dos pais, que não são bons pais.
(d) Lar incompleto, porque não existe pai (filho ilegítimo). A mãe é boa; os avós podem assumir um papel parental ou ajudar, em alguma medida.
(e) Lar incompleto, porque não existe pai (filho ilegítimo). A mãe não é boa.
(f) Nunca houve um lar.

Além disso, será feita uma classificação cruzada:

(a) de acordo com a idade da criança, e a idade em que cessou um ambiente suficientemente bom;
(b) de acordo com a natureza e inteligência da criança;
(c) de acordo com o diagnóstico psiquiátrico da criança.

Evitamos efetuar qualquer avaliação do problema com base nos sintomas da criança, ou do valor de incômodo da criança, ou dos sentimentos em nós suscitados pela situação da criança. Essas considerações induzem em erro. Com freqüência, a história é falha ou deficiente em partes essenciais. Nesse caso e, na verdade, comumente, a única maneira de determinar se havia, de fato, um ambiente suficientemente bom nos primeiros tempos consiste em prover um bom ambiente e observar que uso a criança pode fazer dele.

Neste ponto, é necessário inserir um comentário especial sobre o significado da frase "que uso a criança pode fazer de um bom ambiente". Uma criança vítima de privação está doente, e será simplismo imaginar que um reajustamento ambiental provocará uma reviravolta na criança, que deixará de ser doente para ser saudável. Na melhor das hipóteses, a criança que poderá se beneficiar com o simples provimento de um ambiente começará a melhorar e, quando passar de doente a menos doente tornar-se-á cada vez mais capaz de enfurecer-se com as privações passadas. O ódio ao mundo está em algum lugar, e enquanto esse ódio não for sentido não poderá haver saúde. Numa pequena proporção de casos, o ódio é sentido e até essa pequena complicação pode causar dificuldades. Entretanto, esse resultado favorável só ocorrerá se tudo estiver relativamente acessível ao eu *consciente da criança*, e raramente isso acontece. Em certa medida, ou em grande medida, os sentimentos que acompanham o fracasso ambiental não são acessíveis à consciência. Quando a privação ocorre em cima de uma experiência anterior satisfatória, algo desse tipo *pode* acontecer e o ódio pertinente à privação pode ser alcançado. O exemplo seguinte ilustra essa situação:

> Trata-se de uma menina de sete anos. Seu pai morreu quando ela tinha três anos, mas ela superou bem essa dificuldade. A mãe cuidou dela de forma excelente e voltou a se casar. Esse novo casamento foi bem-sucedido e o padrasto da criança gostava muito dela. Tudo corria bem até que a mãe ficou grávida. Então, o pai mudou completamente sua atitude para com a enteada. Passou a orientar-se exclusivamente para o seu próprio bebê e retirou a afeição à enteada. Após o nascimento do bebê as coisas pioraram ainda mais e a mãe se viu numa posição de divisão de lealdades. A criança não pode prosperar nessa atmosfera mas, removida para um pensionato, tem todas as possibilidades de se desenvolver bem e até de compreender a dificuldade que ocorreu em seu próprio lar.

Por outro lado, o caso seguinte mostra os efeitos de uma experiência inicial insatisfatória:

Uma mãe traz seu garotinho de dois anos e meio. Ele tem um bom lar mas só se sente feliz quando tem a atenção pessoal da mãe ou do pai. É incapaz de deixar a mãe e, portanto, não pode brincar sozinho, e a aproximação de estranhos é sentida por ele como algo aterrador. O que foi que saiu errado neste caso, considerando que os pais são pessoas normais e comuns? O fato é que o menino foi adotado por esse casal quando tinha apenas cinco semanas, e já nessa época estava doente. Existem algumas provas de que a diretora da instituição onde ele tinha nascido transformara-o numa espécie de mascote da casa, pois parece ter tentado escondê-lo desses pais que estavam procurando um bebê para adotar. A transferência às cinco semanas causou uma séria perturbação no desenvolvimento emocional do bebê e os pais adotivos estão apenas começando, aos poucos, a conseguir superar as dificuldades – que eles certamente não esperavam encontrar, ao receberem um bebê tão novinho. (De fato, eles tinham tentado arduamente conseguir um bebê mais novinho ainda, com uma ou duas semanas de vida, pois tinham consciência das complicações que poderiam surgir.)

Temos que saber o que acontece com a criança quando um bom ambiente é desfeito e também quando nunca existiu um bom ambiente, e isso envolve um estudo de toda a questão do desenvolvimento emocional do indivíduo. Alguns dos fenômenos são bem conhecidos: o ódio é reprimido ou perde-se a capacidade para amar pessoas. Instalam-se outras organizações defensivas na personalidade da criança. Pode ocorrer a regressão para algumas fases anteriores do desenvolvimento emocional que foram mais satisfatórias do que outras, ou pode haver um estado de introversão patológica. É muito mais comum do que se pensa ocorrer uma cisão da personalidade. Na forma mais simples de cisão, a criança apresenta uma vitrine, ou uma metade voltada para fora, construída com base em submissão e complacência, ao passo que a parte principal do eu, contendo toda a espontaneidade, é mantida em segredo e permanentemente envolvida em relações ocultas com objetos de fantasia idealizados.

Embora seja difícil enunciar esses fenômenos de modo simples e claro, é necessário que sejam compreendidos se quisermos ver quais são os sinais favoráveis no caso de crianças que sofreram privação. Se não entendermos o que acontece quando a criança está muito doente, não poderemos perceber, por exemplo, que um estado de ânimo deprimido pode ser um sinal favorável, especialmente quando não acompanhado de fortes idéias persecutórias. Um simples estado de depressão indica, de qualquer modo, que a criança conservou a unidade da personalidade e tem um sentimento de envolvimento, e está, na verdade, assumindo a responsabilidade por tudo o que saiu errado. Atos anti-sociais, como a enurese noturna e o furto, indicam também que, pelo menos momentaneamente, pode haver esperança – esperança de redescoberta de uma mãe suficientemente boa, de um lar suficientemente bom, de uma inter-relação parental suficientemente boa. Até a raiva pode indicar que existe esperança, e que, de momento, a criança é uma unidade e é capaz de sentir o choque entre o que é concebível e o que é realmente possível de ser encontrado no que chamamos a realidade compartilhada.

Consideremos o significado do ato anti-social – por exemplo, o roubo. Quando uma criança rouba, o que é desejado (pela criança total, isto é, inclusive o inconsciente) não é o objeto roubado: o que é desejado é a pessoa, a mãe, de quem a criança tem o direito de roubar porque ela é a mãe. De fato, todo bebê, no começo, pode verdadeiramente reivindicar o direito a roubar da mãe porque o bebê inventou a mãe, concebeu-a, criou-a a partir de uma capacidade inata para o amor. Com sua presença, a mãe deu ao bebê, gradualmente, pedaço por pedaço, sua própria pessoa como material para a modelar, para a criar, de modo que, no final, a mãe subjetiva criada pela própria criança fica muito semelhante à mãe que conhecemos, havendo grande concordância entre as duas. Do mesmo modo, a criança que molha a cama está procurando o colo da mãe que foi feito para ser molhado nos estágios iniciais da existência do bebê.

Os sintomas anti-sociais são tentativas de recuperação ambiental e indicam esperança. Fracassam não por serem dirigidas de modo errado, mas porque a criança não tem consciência do que está acontecendo. A criança anti-social necessita, portanto, de um ambiente especializado que possua um objetivo terapêutico e seja capaz de dar uma resposta fundamentada na realidade à esperança que se expressa através dos sintomas. Isso, entretanto, tem que ser feito por um longo período, para tornar-se eficaz como terapia, uma vez que, como eu disse, muita coisa é inacessível à criança como sentimento consciente e memória; e a criança também tem que adquirir confiança no novo ambiente, em sua estabilidade e capacidade para a objetividade, antes que as defesas possam ser abandonadas – defesas contra a ansiedade intolerável que é sempre suscetível de ser reativada por uma nova privação.

Sabemos, pois, que a criança que sofreu privação é uma pessoa doente, uma pessoa com uma história passada de experiência traumática, e com um modo pessoal de enfrentar as ansiedades despertadas; e uma pessoa com capacidade para maior ou menor recuperação, segundo o grau de perda de consciência do ódio apropriado e da capacidade primária para amar. Que medidas práticas podem ser empreendidas para ajudar uma criança como essa?

Suprindo a criança desapossada

Obviamente, alguém terá que cuidar da criança. A comunidade já deixou de negar sua responsabilidade por crianças vítimas de privação; na verdade, hoje em dia a tendência é justamente a inversa. A opinião pública exige que se faça o máximo possível pela criança carente de vida familiar própria. Muitos de nossos problemas atuais provêm das dificuldades práticas resultantes da aplicação dos princípios que derivam da nova atitude.

Não é possível fazer a coisa certa por uma criança promulgando uma lei ou instalando uma engrenagem administrativa. Essas coisas são necessárias, mas constituem apenas um primeiro e melancólico estágio. Em todos os casos, um tratamento apropriado de uma criança envolve *seres humanos*, e esses seres humanos têm que ser do tipo certo; e o número de tais pessoas imediatamente disponíveis é nitidamente limitado. Esse número aumenta consideravelmente se na máquina administrativa houver um dispositivo que preveja a utilização de pessoas *intermediárias* que, por um lado, tratem com as autoridades superiores e, por outro, mantenham-se em contato com as pessoas que executam realmente o trabalho, apreciando seus pontos bons, reconhecendo os êxitos, quando ocorrem, permitindo que o processo educativo fermente e torne interessante a tarefa, debatendo os fracassos e as razões dos fracassos, e estando acessíveis para proporcionar alívio, quando necessário, mediante a remoção de uma criança de um lar adotivo ou alojamento, eventualmente em curto prazo de tempo. A assistência à criança é realmente um processo em tempo integral e deixa a pessoa que está realizando o trabalho com poucas reservas emocionais para enfrentar os procedimentos administrativos ou as grandes questões sociais representadas, em certos casos, pela polícia. Inversamente, a pessoa capaz de cuidar firmemente da administração ou tratar com a polícia tem pouca probabilidade de ser especialmente eficaz na prestação de cuidados à criança.

Passando agora a questões mais específicas, é necessário ter em mente o diagnóstico psiquiátrico de cada criança a quem se trata de atender. Como já sublinhei, esse diagnóstico só pode ser feito depois de um levantamento cuidadoso da história da criança ou talvez após um período de observação. O fato é que uma criança privada de vida familiar pode ter tido um bom começo quando bebê e ter até conhecido os primórdios de uma vida familiar. Os alicerces da saúde mental da criança podem, nesse caso, ter sido bem assentados, de modo que a doença resultante da privação sobrevém a um estado de saúde. Por outro lado, uma outra criança, que talvez não pareça estar pior, poderá não ter tido nenhuma experiência saudável que possa ser redescoberta e reativada pela própria criança num novo ambiente; e, além disso, pode ter havido uma condução tão sofrível ou complexa do início da infância que os alicerces para a saúde mental, em termos de estrutura da personalidade e de senso da realidade, serão deficientes. Em tais casos extremos, o bom ambiente terá que ser criado pela primeira vez, ou um bom ambiente poderá não ter oportunidade nenhuma porque a criança é fundamentalmente doentia, frágil, talvez com a adição de uma tendência hereditária para a insanidade ou instabilidade. Nos casos extremos, a criança é insana, embora esta palavra não costume ser usada com referência a crianças.

É importante reconhecer esta parte do problema, caso contrário aqueles que estão avaliando resultados ficarão surpreendidos ao descobrirem que, mesmo com a mais excelente administração, existem sempre fracassos, e sempre haverá crianças que, quando crescerem, tornar-se-ão indivíduos insanos ou, na melhor das hipóteses, anti-sociais.

Tendo sido feito o diagnóstico da criança, em função da presença ou ausência de características positivas no ambiente dos primeiros tempos de vida e da relação da criança com ele, o fator seguinte a se considerar é o procedimento. Quero enfatizar aqui (e escrevo como psicanalista de crianças) que o princípio claro com respeito à assistência à criança vítima de privação não é o provimento de psicoterapia. A psicoterapia é algo que poderá finalmente ser acrescentado, esperamos, em alguns casos a tudo o mais que é feito. No momento atual, falando em termos gerais, a psicoterapia pessoal não é uma política prática. O procedimento essencial é o fornecimento de uma alternativa para a família. Podemos classificar o que fornecemos da seguinte maneira:

(i) Pais adotivos, que desejam dar à criança uma vida familiar como aquela que lhe poderia ter sido proporcionada pelos pais reais. Geralmente se reconhece que este é o ideal, mas é preciso acrescentar desde já que é essencial que as crianças entregues a pais adotivos sejam crianças que possam responder a algo tão bom. Isso implica, praticamente, que elas tenham tido uma vida familiar suficientemente boa em algum lugar no passado e tenham sido capazes de lhe responder. No lar adotivo, elas têm, portanto, uma oportunidade de redescobrir algo que tiveram e perderam.

(ii) Vêm a seguir os pequenos "lares", se possível (mas não necessariamente) sob a responsabilidade de casais, contendo cada "lar" crianças de várias faixas etárias. Esses pequenos "lares" podem ser convenientemente agrupados, com vantagens tanto do ponto de vista administrativo quanto do ponto de vista das crianças, que ganham primos, por assim dizer, e irmãos. Também nesta modalidade tem sido tentado o melhor e, por conseguinte, é essencial que crianças que não podem beneficiar-se de algo tão bom não sejam admitidas em tais "lares". Uma criança inadequada pode estragar o bom trabalho de todo um grupo. Lembremo-nos de que o bom trabalho é emocionalmente mais difícil do que o trabalho menos bom, e é facílimo, se houver um fracasso, que os responsáveis desistam de dar o melhor e derivem para os tipos mais fáceis e menos valiosos de administração.

(iii) Na terceira categoria os grupos são maiores. O alojamento poderá conter por volta de dezoito crianças. Os supervisores têm condições de manter-se em contato pessoal com todas as crianças mas contam com assistentes, e a administração desse pessoal auxiliar constitui uma parte importante do trabalho deles. As lealdades estão divididas e as crianças têm oportunidade de lançar os adultos uns contra os outros e de jogar com os ciúmes latentes. Já estamos caminhando na direção da administração menos boa. Por outro lado, também é a direção do tipo de administração que pode ocupar-se do tipo menos satisfatório de criança. O modo como as coisas são conduzidas é menos pessoal, mais ditatorial, e exige-se menos de cada criança. Num alojamento desta categoria, a criança necessita menos de uma boa experiência prévia que possa ser revivida. Há menos necessidade de que a criança desenvolva sua capacidade de identificação com a nova família, retendo ao mesmo tempo a impulsividade e a espontaneidade pessoais. O meio-termo é suficiente nos "lares" maiores, isto é, a fusão da identidade com as outras crianças no grupo. Isso envolve tanto a perda de identidade pessoal quanto a perda de identificação com o ambiente total do alojamento.

(iv) Segue-se em nossa classificação o alojamento maior, no qual os supervisores estão principalmente empenhados na administração do pessoal e só se preocupam indiretamente com os cuidados minuto a minuto com as crianças. Há vantagens, pelo fato de que há possibilidade de se acomodar um maior número de crianças. O fato de haver um maior quadro de pessoal significa que há mais oportunidades de discussão entre os seus membros; também há vantagens para as crianças, na medida em que podem ser organizadas equipes para competirem entre si. Acho válido afirmar que este tipo de alojamento tende mais para o modelo de gestão que pode absorver as crianças mais doentes, isto é, aquelas que tiveram poucas experiências iniciais satisfatórias. O supervisor algo impessoal pode constituir, em *background*, o representante da autoridade de que essas crianças necessitam – e necessitam porque, dentro de si mesmas, são incapazes de manter, ao mesmo tempo, a espontaneidade e o controle. (Necessariamente deverão ou estar identificadas com a autoridade e converter-se em *gauleiters* em miniatura, ou então ser impulsivas, dependendo inteiramente do controle de uma autoridade externa.)

(v) Finalmente, temos a instituição ainda maior, que faz tudo o que pode por crianças sob condições impossíveis. Tais instituições ainda terão que existir por algum tempo. Têm que ser dirigidas por métodos ditatoriais, e o que é bom para cada criança tem que estar subordinado às limitações do que a sociedade pode prover-lhes imediatamente. Aqui está uma boa forma de sublimação para ditadores potenciais. É possível até encontrar outras vantagens nesse indesejável estado de coisas, uma vez que, havendo predominância dos métodos ditatoriais, as crianças irremediavelmente difíceis poderão ser controladas de modo a não se colocarem em apuros com a sociedade durante longos períodos. Realmente, as crianças doentes podem ser mais felizes aqui do que em "lares" melhores, e podem tornar-se capazes de brincar e aprender, a ponto de qualquer observador desinformado se surpreender. Nessas instituições é difícil reconhecer as crianças que estão maduras para serem removidas para um tipo mais pessoal de administração, onde se possa dar-lhes assistência e incentivar a sua crescente capacidade para identificarem-se com a sociedade, sem perda de sua própria individualidade.

Terapia e administração

Quero agora contrapor os dois extremos de administração, sendo um o lar adotivo e o outro a grande instituição. No primeiro, como eu disse, a finalidade é verdadeiramente terapêutica. Espera-se que, com o decorrer do tempo, a criança se recupere da privação que, sem tais cuidados, não só deixaria uma cicatriz como, na realidade, mutilaria emocionalmente a criança. Para que essa recuperação ocorra, é necessário muito mais do que a resposta da criança ao novo ambiente.

No começo, a criança é capaz de dar uma resposta rápida ao novo ambiente e as pessoas envolvidas podem ser levadas a pensar que suas dificuldades acabaram. Entretanto, quando a criança adquire confiança, segue-se uma crescente capacidade de sentir raiva do fracasso do ambiente anterior. É improvável, claro, que as coisas aconteçam exatamente assim, sobretudo porque a criança não tem consciência das principais mudanças revolucionárias que estão ocorrendo. Os pais adotivos descobrirão que eles próprios, periodicamente, tornam-se o alvo do ódio da criança. Terão que absorver a raiva que a criança está começando a ser capaz de exprimir e de sentir, e que está associada ao fracasso no próprio lar. É muito importante que os pais adotivos entendam isso, pois, caso contrário, sentir-se-ão desencorajados; e os inspetores da assistência à criança também devem saber disso para não culparem os pais adotivos nem darem ouvidos às histórias das crianças sobre maus-tratos e fome. Se os pais adotivos recebem a visita de um inspetor que está em busca de sinais de complicações, eles podem ficar excessivamente ansiosos e apreensivos, e isso leva-os a tentar seduzir a criança a mostrar-se amistosa e feliz, privando-a assim de uma parte importantíssima da recuperação.

Por vezes, uma criança provocará muito habilidosamente um determinado tratamento áspero, numa tentativa de trazer para o presente uma maldade que possa ser recebida com ódio; os pais adotivos cruéis serão então realmente amados por causa do alívio que a criança sente através da transformação do "ódio contra ódio" encerrado em seu íntimo no ódio que se defronta agora com ódio externo. Lamentavelmente, nesse ponto, os pais adotivos estão sujeitos a ser mal interpretados em seu grupo social.

Existem saídas. Por exemplo, ver-se-á que alguns pais adotivos trabalham com base no princípio de resgate. Para eles, os pais da criança eram irremediavelmente maus e dizem isso repetidamente à criança, em alto e bom som, desviando assim deles próprios o ódio que a criança sente. A postura dos pais adotivos como salvadores é um método que pode funcionar razoavelmente bem, mas ignora a situação na realidade e, em todo o caso, perturba algo que é uma característica das crianças que sofreram privação: a tendência para idealizarem seu próprio lar tal como é. Sem dúvida alguma, é mais saudável quando os pais adotivos podem absorver as ondas periódicas de sentimento negativo e sobreviver a elas, aproximando-se cada vez mais de uma nova e mais segura (porque menos idealizada) relação com a criança.

Por outro lado, as crianças numa grande instituição *não* estão sendo cuidadas com a finalidade de cura de suas doenças. Os objetivos são, em primeiro lugar, prover teto, comida e roupa a crianças que foram negligenciadas; em segundo lugar, criar um tipo de vida em que as crianças tenham ordem em vez de caos; e, em terceiro lugar, impedir, para o maior número possível de crianças, a ocorrência de um choque com a sociedade, até que se soltem no mundo por volta dos 16 anos de idade. Não é bom misturar as coisas e fingir que, neste extremo da escala, está sendo feita uma tentativa para criar seres humanos normais. Severidade é essencial em tais casos, e se a isso se puder acrescentar alguma humanidade, tanto melhor.

Devemos lembrar que, mesmo em comunidades muito rigorosas, desde que exista coerência e equanimidade, as crianças podem descobrir humanidade entre elas próprias, e podem chegar até a dar valor à severidade, na medida em que implica estabilidade. Homens e mulheres compreensivos, trabalhando nesse tipo de sistema, podem descobrir formas de introdução de momentos de maior benevolência, maior tolerância. É possível, por exemplo, selecionar crianças adequadas para contatos regulares com tias e tios substitutos no mundo exterior, ou encontrar pessoas que escrevam às crianças no dia de seus aniversários e que as convidem para tomar lanche em suas casas três ou quatro vezes por ano. Estes são apenas exemplos, mas mostram tipos de coisas que podem ser feitas sem perturbar o ambiente estrito em que as crianças vivem. É importante lembrar que, se o rigor do ambiente é a base, as crianças sentir-se-ão desorientadas se em tal ambiente houver exceções e escapatórias. Se é preciso haver um ambiente rigoroso, então que seja coerente, confiável e justo, para que possa ter valor positivo. Além disso, haverá sempre aquelas crianças que abusam dos privilégios e, então, as crianças que poderiam usá-los é que terão de sofrer.

Nesse tipo de grande instituição, a bem da paz e tranqüilidade, a administração deve fazer-se em nome da sociedade. Dentro desse quadro, as crianças perderão sua individualidade, em maior ou menor grau. (Não estou ignorando o fato de que nas instituições intermediárias há margem para um crescimento gradual daquelas crianças que são suficientemente saudáveis para se desenvolverem, de modo que se tornem cada vez mais aptas a se identificarem com a sociedade sem perda de identidade.)

Haverá também algumas crianças que, por serem o que eu chamo de loucas (embora não devamos usar essa palavra), serão fracassos mesmo sujeitas a essa orientação. Para essas crianças deve existir o equivalente do hospital psiquiátrico que cuida de adultos, e acho que ainda não determinamos o que a sociedade pode fazer de melhor por esses casos extremos. Essas crianças são tão doentes, que as pessoas que cuidam delas facilmente reconhecem que, quando elas começam a ficar anti-sociais, isso significa que estão começando a melhorar.

Concluo esta seção referindo-me a questões que são de grande importância ao se considerarem as necessidades da criança que sofreu privação.

Importância da história pregressa da criança

A primeira dessas questões interessa muito ao profissional da área de assistência à criança, especialmente enquanto responsável pela distribuição de crianças pelas várias instituições alternativas e pelo acompanhamento da nova situação. Se fosse eu, logo que uma criança fosse entregue aos meus cuidados quereria reunir imediatamente todos os fragmentos de informações que pudesse colher sobre a vida da criança até aquele momento. Isso sempre é urgente, porque a cada dia torna-se menos fácil chegar aos fatos essenciais. Como era frustrador, durante a II Guerra Mundial, quando procurávamos superar as deficiências do programa de evacuação, encontrar crianças sobre quem nunca foi possível apurar nada!

Sabemos que crianças normais dizem, às vezes, na hora de ir para a cama: "O que foi que eu fiz hoje?" E então a mãe diz: "Você acordou às seis e meia, brincou com seu ursinho, cantou até nós acordarmos, depois se levantou e foi até o jardim, depois tomou o café da manhã, e depois..." e assim por diante, até que todo o esquema do dia tenha sido integrado a partir do exterior. A criança tem todas essas informações, mas gosta de ser ajudada a consolidar sua consciência de tudo. Isso gera uma sensação boa e real, e ajuda a criança a distinguir a realidade do sonho e dos jogos imaginativos. A mesma coisa ampliada seria representada pelo modo como os pais comuns recapitulam a vida passada da criança, incluindo aquilo de que ela só se recorda vagamente, e também coisas de que ela nada sabe.

A falta dessa coisa simples é uma perda séria para a criança. De qualquer modo, deve haver alguém que reúna tudo o que for acessível. Em casos mais favoráveis, a assistente poderá ter uma longa entrevista com a mãe real, deixando-a desenrolar gradualmente a história toda, desde o momento do nascimento, talvez fornecendo até detalhes importantes sobre suas experiências durante a gravidez e as experiências que culminam na concepção, que podem ou não ter determinado boa parte de sua atitude para com a criança. Com freqüência, entretanto, a assistente terá que andar de um lado para outro, colhendo informações por toda parte; até mesmo o nome de um amigo que a criança tenha tido na instituição em época recente pode ser valioso. Segue-se então a tarefa de organizar um contato com a criança, quando a assistente conquista a confiança dela. De alguma forma, a criança deverá saber que no escritório da assistente está arquivada toda a saga de sua vida até aquele momento. A criança pode não querer que lhe digam nada por enquanto, mas detalhes poderão ser necessários mais adiante. São especialmente os filhos ilegítimos e os de famílias desfeitas que necessitam tornar-se capazes de conhecer os fatos – isto é, se se quiser que obtenham saúde; e suponho que no caso da criança adotada a finalidade é produzir uma criança saudável. A criança que está no outro extremo, dirigida por métodos ditatoriais num grande grupo, tem menos probabilidades de ficar suficientemente bem para assimilar a verdade sobre o passado.

Sendo assim, e porque existe uma escassez aguda de profissionais de assistência à criança, deve-se começar pelo extremo mais normal. Mesmo nesse caso, é provável que as assistentes sintam, por mais que gostem de fazer esse tipo de trabalho, ser impossível realizá-lo por causa do enorme número de casos a serem tratados. Na minha opinião, as assistentes infantis devem decidir positivamente que não aceitarão mais casos do que poderão tratar. Nessa área não cabem meias soluções. É uma questão de cuidar bem de poucas crianças e ceder as outras a uma grande instituição com métodos ditatoriais, até que a sociedade possa conseguir algo melhor. O bom trabalho deve ser pessoal, para que não seja cruel e torturante para a criança e a assistente. *O trabalho só vale a pena ser feito se for pessoal e se aqueles que o estão realizando não forem sobrecarregados.*

É preciso lembrar que, se as assistentes aceitarem um excesso de trabalho, estarão fadadas a ter fracassos e acabarão por aparecer estatísticos para provar que está tudo errado e que os métodos ditatoriais são mais eficazes para fornecer operários às fábricas e empregadas domésticas às casas de famílias.

Fenômenos transicionais

O outro ponto que desejo sublinhar também pode ser averiguado se observarmos primeiro a criança normal. Como se explica que crianças comuns possam ser privadas de seus lares e de tudo o que lhes é familiar sem adoecer? Todos os dias crianças entram e saem de hospitais, não só fisicamente curadas mas também imperturbadas e até enriquecidas pela nova experiência. Constantemente há crianças que passam temporadas em casas de tias e tios ou, de qualquer modo, viajam com os pais e trocam os ambientes que lhes são familiares por outros que lhes são estranhos.

Este é um tema muito complexo, que poderemos abordar da seguinte maneira. Vamos pensar em qualquer criança que conhecemos bem e naquilo que ela leva para a cama a fim de ajudar na transição da vigília para o sono: uma boneca, talvez muitas bonecas, um ursinho, um livro, um pedaço de um vestido velho da mãe, a ponta de um acolchoado, um retalho de cobertor, ou um lenço que faz as vezes da fralda, numa certa fase do desenvolvimento do bebê. Em alguns casos, pode ser que não exista esse objeto, mas a criança simplesmente chupa o que estiver ao seu alcance, o punho, o polegar ou dois dedos; talvez haja uma atividade genital à qual em geral se aplica a palavra masturbação; a criança pode deitar-se de barriga ou fazer movimentos rítmicos, mostrando a natureza orgástica da experiência pelo suor na cabeça. Em alguns casos, desde os primeiros meses, o bebê terá exigido nada menos do que o comparecimento pessoal de um ser humano, provavelmente a mãe. Há uma vasta gama de possibilidades que podem ser comumente observadas. Entre os vários brinquedos de uma criança, pode haver um determinado objeto – uma boneca, um urso de pelúcia –, provavelmente macio, que foi apresentado ao bebê por volta dos dez, onze ou doze meses, e que ele trata de um modo ora brutal, ora carinhoso, e sem o qual não pode nem pensar em ir para a cama; esse objeto não teria certamente que ser deixado para trás se a criança tivesse que sair da casa dos pais; e se porventura se perdesse, seria um desastre para a criança e, portanto, para aqueles que cuidam dela. É improvável que esse objeto venha alguma vez a ser dado a outra criança e, em todo o caso, nenhuma outra criança o quereria; acabará tornando-se malcheiroso e imundo e, no entanto, ninguém se atreva a lavá-lo.

Chamo esse objeto de objeto transicional. Ilustro assim que uma dificuldade que todas as crianças têm consiste em relacionar a realidade subjetiva com a realidade compartilhada que pode ser objetivamente percebida. Da vigília para o sono, a criança salta de um mundo percebido para um mundo autocriado. Entre um e outro há a necessidade de todas as espécies de fenômenos transicionais – um território neutro. Eu descreveria esse objeto precioso dizendo que existe um entendimento tácito de que ninguém afirmará que essa coisa real é uma parte do mundo ou é criada pelo bebê. Entende-se que as duas coisas são verdadeiras: o bebê a criou e o mundo a forneceu. Isso é o prosseguimento da tarefa inicial que a mãe comum torna seu bebê capaz de compreender, quando por uma adaptação ativa extremamente delicada ela se oferece, talvez seu seio, mil vezes no momento em que o bebê está pronto para criar algo como o seio que ela oferece.

A maioria das crianças incluídas na categoria de desajustadas ou não tiveram um objeto desse tipo ou o perderam. É preciso que exista alguém que esse objeto represente ou simbolize, o que significa que a condição dessas crianças não pode ser curada simplesmente dando-lhes um novo objeto. Uma criança pode, entretanto, adquirir tanta confiança na pessoa que cuida dela, que aparecerão objetos profundamente simbólicos dessa pessoa. Isso será considerado um bom sinal, como ser capaz de recordar um sonho, ou sonhar com um acontecimento real.

Todos esses objetos transicionais e fenômenos transicionais tornam a criança capaz de suportar frustrações e privações, e a apresentação de situações novas. Será que garantimos, ao cuidar de crianças que sofreram privação, o respeito a tais fenômenos transicionais como algo realmente existente? Acho que se observarmos o uso de brinquedos, de atividades auto-eróticas, de histórias na hora de ir para a cama e canções de ninar, veremos que, por meio dessas coisas, as crianças adquiriram uma capacidade para se privarem, em certa medida, daquilo a que estavam acostumadas e até do que necessitavam. O fato de uma criança removida de um lar para outro, ou de uma instituição para outra, se adaptar ou não poderá depender de que um pedaço de pano ou um objeto macio possa ou não acompanhá-la de um lugar para o outro; ou de que ela possa ou não ouvir uma história ou cantiga familiar na hora de dormir, ligando o passado ao presente; ou de que atividades auto-eróticas possam ou não ser respeitadas, toleradas e até valorizadas por sua contribuição positiva. Certamente com crianças cujos ambientes são perturbados esses fenômenos são especialmente importantes, e o seu estudo nos permite aumentar nossa capacidade de ajudar esses seres humanos que estão sendo jogados de um lado para outro antes de lhes ter sido possível aceitar aquilo que nós, adultos, só aceitamos com enorme dificuldade: que o mundo nunca é como nós o criaríamos e que o melhor que pode acontecer a qualquer um de nós é que haja uma coincidência suficiente da realidade externa com aquela que podemos criar. Aceitamos a idéia de uma identidade entre as duas como uma ilusão.

Talvez seja difícil para pessoas que tiveram experiências ambientais felizes compreender essas coisas; não obstante, o bebê ou a criança pequena que está sendo transferida de um lugar para outro enfrenta exatamente esse problema. Se privamos uma criança de objetos transicionais e perturbamos os fenômenos transicionais estabelecidos, então a criança só tem uma saída, que é uma cisão da personalidade, com uma metade relacionada com o mundo subjetivo e a outra metade reagindo, com complacência, ao mundo objetivo com que entrou em contato. Quando se forma essa cisão e as pontes entre o subjetivo e o objetivo são destruídas, ou nunca chegaram a ser bem construídas, a criança é incapaz de funcionar como um ser humano total[1].

Em certa medida, esse estado de coisas pode ser sempre encontrado na criança encaminhada aos nossos cuidados, por ela ter sido privada de vida familiar. Nas crianças que esperamos enviar para casa de pais adotivos ou para um alojamento pequeno e sensível, encontrar-se-á certamente, em todos os casos, algum grau de cisão. O mundo subjetivo tem a desvantagem, para a criança, de que, embora possa ser ideal, também pode ser cruel e persecutório. No começo, a criança traduzirá nesses termos tudo o que ela encontrar; ou o lar adotivo é maravilhoso e o lar real é ruim, ou vice-versa. No final, entretanto, se tudo correr bem, a criança será capaz de ter uma fantasia de lares bons e maus, e de sonhar e falar sobre eles, e de os desenhar; e, ao mesmo tempo, percebe o lar real fornecido pelos pais adotivos tal como ele efetivamente é.

O lar adotivo tem a vantagem de não oscilar violentamente entre bom e mau e entre mau e bom. Mantém-se mais ou menos medianamente decepcionante e medianamente tranqüilizador. Aqueles que estão cuidando de crianças que sofreram privação podem ser ajudados pelo reconhecimento de que cada criança traz consigo, em certa medida, a capacidade para aceitar um território neutro, localizado de um modo ou de outro na masturbação, ou no uso de uma boneca, ou no prazer de uma cantiga de ninar, ou alguma coisa do tipo. Assim, através do estudo daquilo de que as crianças normais gostam, podemos aprender do que é que essas crianças que sofrem privação necessitam absolutamente.

---

1. Para um mais amplo desenvolvimento deste tema, ver "Transitional Objects and Transitional Phenomena", Capítulo XVIII de *Collected Papers* por D. W. Winnicott (Londres: Tavistock Publications, 1958; Hogarth Press, 1975).

22. Influências de grupo e a criança desajustada: o aspecto escolar

(Conferência na Association of Workers for Maladjusted Children, abril de 1955)

A minha intenção neste trabalho é estudar certos aspectos da psicologia de grupos, que poderão ajudar a compreensão do tipo de problemas envolvidos na administração de grupo de crianças desajustadas. Consideremos primeiro a criança normal, que vive num lar normal, tem metas e vai para a escola querendo realmente que a escola ensine; que encontra seu próprio ambiente e até ajuda a mantê-lo, desenvolvê-lo ou modificá-lo. Em contrapartida, a criança desajustada necessita de um ambiente que enfatize mais a administração do que o ensino; o ensino é uma questão secundária e pode, às vezes, ser especializado, de natureza mais corretiva do que de instrução em matérias escolares. Em outras palavras, no caso da criança desajustada, "escola" tem o significado de "alojamento". Por essas razões, aqueles que estão envolvidos na administração de crianças anti-sociais não são professores de escola que acrescentam aqui e ali uma pitada de compreensão humana; são, de fato, psicoterapeutas de grupo que acrescentam uma pitada de ensino. E, assim, o conhecimento sobre a formação de grupos é extremamente importante para o trabalho deles.

Os grupos e a psicologia de grupos constituem um assunto amplo, do qual selecionei uma tese principal para apresentar aqui, ou seja, que a base da psicologia de grupo é a psicologia do indivíduo e, especialmente, da integração pessoal do indivíduo. Começarei, portanto, com uma breve descrição da tarefa de integração individual.

Desenvolvimento emocional individual

A psicologia emergiu de uma confusão insolúvel com a idéia, hoje aceita, de que existe um processo contínuo de desenvolvimento emocional, que começa antes do nascimento e prossegue ao longo de toda a vida, até a morte (com sorte) de velhice. Essa teoria está subentendida em todas as várias escolas de psicologia e fornece um útil princípio unanimemente aceito. Podemos divergir radicalmente aqui e ali, mas essa idéia de continuidade do crescimento emocional une todos nós. A partir dessa base, podemos estudar as características do processo e os vários estágios em que existe perigo, seja proveniente do interior (instintos), seja do exterior (deficiência ambiental).

Todos aceitamos o postulado geral de que quanto mais cedo procedermos ao exame desse processo de crescimento individual, mais importância tem o fator ambiental. Isso é uma aceitação do princípio de que a criança caminha da dependência para a independência. Esperamos que o indivíduo saudável gradualmente se torne capaz de identificar-se com grupos cada vez mais amplos, e se identifique com grupos sem perder o senso de si-mesmo e de espontaneidade individual. Se o grupo é grande demais, o indivíduo perde contato; se é restrito demais, ocorre uma perda do sentimento de cidadania.

Preocupamo-nos muito em fornecer extensões *graduais* do significado da palavra grupo ao oferecermos clubes e outras organizações adequadas para adolescentes, e aferimos o êxito obtido pelo modo como cada rapaz ou moça pode identificar-se com cada grupo sucessivamente, sem uma perda excessiva de individualidade. Para o pré-adolescente, oferecemos escoteiros e guias, para a criança no período de latência, lobinhos e fadinhas. No início da idade escolar, a escola proporciona uma extensão e ampliação do lar. Se à criança pré-escolar for propiciado o ingresso num jardim-de-infância, veremos que este está integrado com o lar e não dá muito peso ao ensino propriamente dito, porque a criança dessa idade necessita é de oportunidades organizadas para brincar e de condições controladas para o início de uma vida social. Para a criança que está dando seus primeiros passos, reconhecemos que o verdadeiro grupo é o próprio lar e sabemos que para ela será desastroso se houver necessidade de uma ruptura na continuidade da gestão familiar. Se observarmos as fases iniciais desse processo, veremos o bebê muito dependente dos cuidados da mãe, da sua presença contínua e da sua sobrevivência. Se a mãe não conseguir uma adaptação adequada às necessidades do bebê, ele não poderá evitar o desenvolvimento de defesas que distorcem o processo; por exemplo, o bebê deverá assumir a função ambiental se o ambiente não for confiável, de modo que existirá um verdadeiro eu oculto, e o que veremos será um falso eu empenhado na dupla tarefa de esconder o verdadeiro eu e de submeter-se às exigências que o mundo faz a cada momento.

Mais cedo ainda, o bebê é seguro nos braços pela mãe, e só entende o amor que se expressa em termos físicos, quer dizer, pelo ato humano e vivo de ser seguro nos braços. É a dependência absoluta e não há defesa para uma deficiência ambiental nessa fase muito precoce, exceto por uma suspensão do processo de desenvolvimento e pela psicose infantil.

Vejamos agora o que acontece quando o ambiente se comporta suficientemente bem, de modo contínuo, de acordo com as necessidades específicas de cada momento. A psicanálise preocupa-se (e assim deve ser) primordialmente com a satisfação das necessidades instintivas (o ego e o id) mas, nesse contexto, estamos mais interessados com a provisão ambiental, que torna possível todo o resto; quer dizer, estamos mais preocupados com a mãe *segurando* o bebê em seus braços do que com a mãe *alimentando* o bebê. O que é que apuramos no processo de desenvolvimento emocional individual quando o ato de segurar e os cuidados em geral são suficientemente bons?

De tudo o que apuramos, aquilo que nos interessa, principalmente aqui, é a parte do processo a que chamamos integração. Antes da integração, o indivíduo é inorganizado, inarticulado, mera coleção de fenômenos sensorimotores, reunidos pelo ambiente suportador. Depois da integração, o indivíduo É, quer dizer, o ser humano infantil atingiu o *status* de unidade e pode dizer EU SOU (exceto por não ser ainda capaz de falar). O indivíduo possui agora uma membrana limitadora, de modo que o que é não-ele ou não-ela é repudiado, e é externo. O ele ou ela tem agora um interior, um conteúdo, e aí podem ser reunidas lembranças e experiências, e pode ser construída a estrutura infinitamente complexa que é apanágio do ser humano.

Não importa se esse desenvolvimento acontece de uma vez ou gradualmente, num longo período de tempo; o fato é que existe um antes e um depois, e o processo merece um nome que lhe seja próprio e exclusivo.

Sem dúvida, as experiências instintivas contribuem ricamente para o processo de integração mas também existe, durante o tempo todo, o ambiente suficientemente bom, alguém segurando o bebê e adaptando-se suficientemente bem às necessidades variáveis. Esse alguém só pode funcionar através da espécie de amor apropriado a esse estágio, amor que contém uma capacidade de identificação com o bebê, e um sentimento de que é proveitosa a adaptação às necessidades. Dizemos que a mãe é devotada ao seu bebê, temporária mas verdadeiramente. Ela gosta de se preocupar desse modo, até que se dissipe a necessidade dela.

Sugiro que esse momento do EU SOU é um momento incipiente, no qual o indivíduo se sente infinitamente exposto. Só se alguém envolve o bebê com os braços nesse momento, o EU SOU pode ser suportado, ou melhor, talvez, arriscado.

Eu acrescentaria que, nesse momento, é conveniente que a psique e o corpo tenham os mesmos lugares no espaço, de modo que a membrana limitadora seja não só metaforicamente uma fronteira para a psique mas também a pele do corpo. "Exposto" significa, então, "nu".

Antes da integração há um estado em que o indivíduo só existe para aqueles que observam. Para o bebê, o mundo externo não é um lado de fora diferenciado, nem existe um mundo interno ou pessoal, ou uma realidade interior. Depois da integração, o bebê começa a ter um eu. Se antes o que a mãe pode fazer é estar pronta para ser repudiada, depois o que ela pode fazer é fornecer apoio, calor, dedicação amorosa e roupas (e logo começará a satisfazer os instintos do bebê).

Também nesse período anterior à integração existe uma área entre a mãe e o bebê que é mãe *e* bebê. Se tudo correr bem, essa área divide-se muito gradualmente em dois elementos, a parte que o bebê finalmente repudia e a parte que o bebê finalmente reivindica. Mas devemos esperar que persistam resíduos dessa área intermediária. De fato, verificamos isso mais tarde na primeira possessão afetuosa mantida pelo bebê – talvez um pedaço de pano proveniente de um cobertor, lençol ou camisa; ou uma fralda, um lenço da mãe, etc. Gosto de chamar esse objeto de "objeto transicional" e o fato é que se trata (ao mesmo tempo) de uma criação do próprio bebê e de uma parte da realidade externa. Por essa razão, os pais respeitam esse objeto ainda mais do que os ursos de pelúcia, as bonecas e os brinquedos que rapidamente se seguirão. O bebê que perde o objeto transicional perde ao mesmo tempo a boca e o seio, a mão e a pele da mãe, a criatividade e a percepção objetiva. O objeto é uma das pontes que tornam possível o contato entre a psique individual e a realidade externa.

Do mesmo modo, é impensável que um bebê exista, antes da integração, sem cuidados maternos suficientemente bons. Somente depois da integração podemos dizer que, se a mãe falta, o bebê morre de frio, ou enfraquece infinitamente, ou se encoleriza e explode como uma bomba de hidrogênio, destruindo o eu e o mundo ao mesmo tempo.

O bebê recém-integrado está, pois, no primeiro *grupo*. Antes desse estágio existe apenas uma formação primitiva pré-grupo, em que os elementos não-integrados são aglutinados por um ambiente do qual ainda não estão diferençados. Esse ambiente é a mãe sustentadora.

Um grupo é uma realização EU SOU, e é uma realização perigosa. Nos estágios iniciais é necessária proteção, para que o mundo externo repudiado não se volte contra o novo fenômeno e o ataque por todos os lados e de todos os modos concebíveis.

Se continuássemos este estudo da evolução do indivíduo, veríamos como o crescimento pessoal cada vez mais complexo complica o quadro do crescimento de grupo. Mas, neste ponto, acompanhemos as implicações de nosso pressuposto básico.

A formação de grupos

Atingimos o estágio de uma *unidade humana integrada* e, ao mesmo tempo, alguém a quem poderíamos chamar a *mãe que fornece cobertura*, conhecendo muito bem o estado paranóide que é inerente ao estado recém-integrado. Espero ser entendido ao usar esses dois termos, "unidade individual" e "cobertura materna".

Os grupos podem ter origem em um dos dois extremos implícitos nesses termos:
(i) Unidades sobrepostas
(ii) Cobertura.

(i) A base de formação do grupo maduro é a multiplicação de unidades individuais. Dez pessoas, que estão pessoalmente bem integradas, sobrepõem à vontade suas dez integrações e, em certa medida, compartilham uma membrana limitadora. A membrana limitadora é agora representativa da pele de cada membro individual. A organização que cada indivíduo traz consigo em termos de integração pessoal tende a manter de dentro para fora a entidade do grupo. Isso significa que o grupo beneficia-se da experiência pessoal dos indivíduos, cada um dos quais foi visto através do momento de integração e recebeu cobertura até estar apto a dar cobertura a si mesmo.

A integração do grupo implica, no começo, uma expectativa de perseguição e, por essa razão, a perseguição de um certo tipo pode produzir artificialmente uma formação de grupo, mas não uma formação de grupo estável.

(ii) No outro extremo, pode ser dada cobertura a um agrupamento de pessoas relativamente não integradas e um grupo pode ser formado. Neste caso, o trabalho do grupo não provém de indivíduos mas da cobertura. Os indivíduos passam por três estágios:

(a) Ficam contentes por estarem cobertos e adquirem confiança.
(b) Começam a explorar a situação, tornando-se dependentes e regredindo para a não-integração.
(c) Independentemente uns dos outros, começam a conseguir alguma integração e, nesses momentos, usam a cobertura oferecida pelo grupo de que necessitam por causa de suas expectativas de perseguição. Os mecanismos de cobertura são submetidos a grande tensão. Alguns desses indivíduos alcançam a integração pessoal e, assim, ficam aptos a transferir-se para o outro tipo de grupo, no qual os próprios indivíduos fornecem o trabalho do grupo. Outros não podem ser curados unicamente pela terapia de cobertura e continuam tendo que ser di-

rigidos por uma agência que não tenha identificação com aquela agência.

É possível ver qual o extremo que predomina em qualquer grupo que seja examinado. A palavra "democracia" é usada para descrever o agrupamento mais maduro e só a democracia se aplica a um conjunto de pessoas adultas cuja ampla maioria obteve a integração pessoal (além de ser madura em outros aspectos).

Grupos adolescentes podem alcançar uma espécie de democracia sob supervisão. É um erro, entretanto, esperar que a democracia amadureça entre adolescentes, mesmo quando cada indivíduo é maduro. Com crianças saudáveis mais jovens, o aspecto de cobertura de qualquer grupo deve estar em evidência, ao mesmo tempo que são dadas aos indivíduos todas as oportunidades para contribuírem para a coesão do grupo através das mesmas forças que promovem a coesão dentro das estruturas egóicas individuais. O grupo limitado dá oportunidade para a contribuição individual.

Trabalho de grupo com a criança desajustada

O estudo de formação de grupos compostos de adultos, adolescentes ou crianças saudáveis lança luz sobre o problema da gestão de grupo quando as crianças são doentes, doença significando aqui desajustamento.

Essa palavra desagradável – desajustamento – significa que, em alguma data precoce, o ambiente não se ajustou adequadamente à criança e esta vê-se forçada, portanto, a assumir o trabalho de cobertura e, assim, a perder a identidade pessoal, ou então pressionar a sociedade, forçando outra pessoa a agir como cobertura, de modo que uma oportunidade possa surgir para um recomeço com a integração pessoal.

A criança anti-social tem duas alternativas: aniquilar o verdadeiro eu ou sacudir a sociedade até que ela forneça cobertura. Na segunda alternativa, se for encontrada cobertura, então o verdadeiro eu pode reemergir, e é melhor existir em prisão do que vir a ser aniquilado numa complacência insignificante.

Em termos dos dois extremos que descrevi, é evidente que nenhum grupo de crianças desajustadas se manterá fiel por causa da integração pessoal de meninos e meninas. Isso se deve em parte ao fato de que o grupo é composto de adolescentes ou crianças, seres humanos imaturos; mas, principalmente, porque as crianças são todas mais ou menos não-integradas. Portanto, cada menino ou menina tem um grau anormal de necessidade de cobertura porque cada um está doente justamente nesse sentido, tendo sido submetido a tensão excessiva nesse processo de integração em algum ponto de sua infância.

Como poderemos, pois, atender essas crianças de maneira a garantir que aquilo que lhes oferecemos estará adaptado às suas necessidades que mudam à medida que progridem em direção à saúde? Há dois métodos alternativos:

(i) Um alojamento mantém o mesmo grupo de crianças e é responsável por elas até o fim; supre-as de tudo o que é necessário nos vários estágios do seu desenvolvimento. No começo, o pessoal fornece cobertura e o grupo é um grupo de cobertura. Nesse grupo de cobertura, as crianças (depois do período de lua-de-mel) pioram e, com sorte, atingirão o ponto mais baixo da não-integração. Nem todas elas fazem isso num mesmo momento, felizmente, e umas usam as outras, de modo que num dado momento geralmente há uma criança que está muito pior do que as outras. (Como é tentador se livrar dessa criança e, assim, estar sempre falhando no ponto crítico!)

Gradualmente, uma por uma, as crianças começam a conseguir sua integração pessoal e, no decorrer de cinco a dez anos, são as mesmas crianças mas tornaram-se um novo tipo de grupo. A técnica de cobertura pode ser atenuada e o grupo começa a ser integrado pelas forças que facilitam a integração dentro de cada indivíduo.

O pessoal está sempre a postos para restabelecer a cobertura, como quando o jovem rouba no seu primeiro emprego ou, de algum outro modo, mostra sintomas do medo que acompanha a realização tardia do estado de EU SOU ou a relativa independência.

(ii) Pelo outro método, o grupo de alojamento trabalha em conjunto. Cada alojamento é classificado de acordo com o tipo de trabalho que realiza, e continua sempre realizando. Por exemplo:

O alojamento A dá 100% de cobertura
O alojamento B dá 90% de cobertura
O alojamento C dá 65% de cobertura
O alojamento D dá 50% de cobertura
O alojamento E dá 40% de cobertura

As crianças conhecem os vários alojamentos do grupo através de visitas que são deliberadamente planejadas, e também há trocas das assistentes. Quando uma criança no alojamento A obtém algum tipo de integração pessoal, sobe para o seguinte. Deste modo, as crianças que melhoram progridem em direção ao alojamento E, que está apto a cobrir o mergulho adolescente da criança no mundo.

O próprio grupo de alojamentos está coberto, nesse caso, por alguma autoridade e por uma comissão dos alojamentos.

Um aspecto melindroso deste segundo método é que o pessoal dos vários alojamentos não se entenderá se não realizar encontros e não se mantiver completamente informado a respeito dos métodos empregados em cada alojamento e dos resultados obtidos. O alojamento B, que dá 90% de cobertura e faz todo o trabalho sujo, será considerado depreciativamente; haverá alarmes e incursões nesse alojamento. O alojamento A estará em melhor situação porque aí não haverá lugar para a liberdade individual; todas as crianças terão um aspecto feliz e bem alimentado, e de todos os cinco tipos de alojamentos será desse que os visitantes mais gostarão. O supervisor terá que ser ditador e pensará, sem dúvida, que os fracassos nos outros alojamentos se devem à frouxidão disciplinar. Mas as crianças do alojamento A ainda não começaram. Estão se preparando para começar.

Nos alojamentos B e C, onde as crianças ficam estiradas pelo chão, não querem levantar-se, recusam-se a comer, sujam as calças, roubam sempre que sentem um impulso de amor, torturam gatos, matam e enterram ratos para terem um cemitério onde possam ir e chorar – nesses alojamentos deveria haver um aviso: Não são permitidas visitas. Os supervisores desses alojamentos têm a tarefa perpétua de dar cobertura a almas nuas e vêem tanto sofrimento quanto o que se vê num hospital psiquiátrico para adultos. Como é difícil manter uma boa equipe de trabalho nessas condições!

Resumo

De tudo o que se pode dizer a respeito de alojamentos como grupos, optei por falar da relação do trabalho de grupo com a maior ou menor quantidade de integração pessoal de cada criança. Acredito que essa relação é básica: quando existe um sinal de mais, as crianças trazem com elas suas próprias forças integradoras; quando existe um sinal de menos, o alojamento oferece cobertura, como roupas para uma criança nua e como o conforto pessoal propiciado pelos braços humanos a um bebê recém-nascido.

Quando existe uma confusão de classificação no que se refere ao fator de integração pessoal, então um alojamento não pode encontrar seu lugar. As doenças das crianças doentes dominam, e às crianças mais normais, que poderiam estar contribuindo para o trabalho do grupo, não pode ser dada essa oportunidade, uma vez que a cobertura deve ser fornecida permanentemente e em toda a parte.

Acredito que essa minha extrema simplificação do problema será justificada na medida em que possa oferecer uma linguagem simples para a melhor classificação de crianças e de alojamentos. Aqueles que trabalham em tais alojamentos estão o tempo todo sendo vítimas de revide por inúmeras falhas ambientais anteriores, que não foram de sua responsabilidade. Se quiserem enfrentar e suportar a terrível tensão resultante de tolerar isso e até, em alguns casos, corrigir a falha passada através dessa tolerância, então devem, pelo menos, saber o que estão fazendo, e por que não podem ser bem-sucedidos o tempo todo.

Classificação de casos

Com base nas idéias que foram expostas, é possível penetrar gradualmente na complexidade do problema de grupos. Concluo com uma classificação, em linhas gerais, de tipos de caso.

(a) Crianças que estão doentes no sentido de que não se integraram em unidades e que, portanto, não podem contribuir para um grupo.

(b) Crianças que desenvolveram um falso eu, o qual tem a função de estabelecer e manter contato com o ambiente e, ao mesmo tempo, proteger e ocultar o eu verdadeiro. Nesses casos, há uma integração ilusória que se desfaz assim que é admitida como ponto pacífico e convocada para uma contribuição.

(c) Crianças que estão doentes no sentido de serem retraídas. Neste caso, a integração foi realizada e a defesa estabelece-se segundo as linhas de uma redistribuição de forças benignas e malignas. Essas crianças vivem em seus próprios mundos interiores, os quais são artificialmente benignos embora alarmantes, por causa do funcionamento mágico. O mundo exterior dessas crianças é maligno ou persecutório.

(d) Crianças que mantêm uma integração pessoal através da ênfase exagerada na integração, e uma defesa contra a ameaça de desintegração que assume a forma de estabelecimento de uma personalidade forte.

(e) Crianças que conheceram uma gestão inicial suficientemente boa e puderam empregar um mundo intermediário com objetos que adquirem importância através da representação, ao mesmo tempo, de objetos internos e externos de valor. Essas crianças, não obstante, sofreram uma interrupção tal na continuidade de sua administração que o uso de objetos intermediários foi suspenso. Essas são as crianças portadoras do comum "complexo de privação", cujo comportamento desenvolve qualidades anti-sociais sempre que começam de novo a ter esperanças. Roubam e anseiam por afeição e pretendem que acreditemos em suas mentiras. Na melhor das hipóteses, elas regridem de um modo geral, ou de um modo localizado, como no caso da enurese noturna, que representa uma regressão momentânea em relação a um sonho. Na pior das hipóteses, forçam a sociedade a tolerar seus sintomas de esperança, embora sejam incapazes de se beneficiar imediatamente de seus sintomas. Roubando, não encontram o que querem, mas podem finalmente (porque alguém tolera seus furtos) atingir um certo grau de nova crença em que o mundo lhes deve algo. Neste grupo há toda a gama de comportamentos anti-sociais.

(f) Crianças que tiveram um começo toleravelmente bom mas sofrem dos efeitos de figuras parentais com quem é inadequado para elas identificarem-se. Existem inúmeros subgrupos, como por exemplo:
  (i) Mãe caótica
  (ii) Mãe deprimida
  (iii) Pai ausente
  (iv) Mãe ansiosa
  (v) Pai de aparência austera, sem merecer o direito a ser austero
  (vi) Pais briguentos, a que se acrescentam condições precárias de moradia, o fato de a criança dormir no quarto dos pais etc.
(g) Crianças com tendências maníaco-depressivas, com ou sem um elemento hereditário ou genético.
(h) Crianças que são normais, exceto em fases depressivas.
(i) Crianças com expectativa de perseguição e tendência para se intimidarem ou para se tornarem fanfarronas e intimidarem outras. Nos meninos, isso pode constituir a base da prática homossexual.
(j) Crianças que são hipomaníacas, com a depressão latente ou escondida em distúrbios psicossomáticos.
(k) Todas aquelas crianças que estão suficientemente integradas e socializadas para sofrer (quando estão doentes) com as inibições, compulsões e organizações de defesa contra a ansiedade, as quais são geralmente classificadas em conjunto sob a designação de psiconeuroses.
(l) Por último, as crianças normais, com o que entendemos crianças que, quando se defrontam com anormalidades ambientais ou situações de perigo, podem empregar qualquer mecanismo de defesa mas não são impelidas para um tipo de mecanismo de defesa por distorções do desenvolvimento emocional pessoal.

23. A perseguição que não houve
(Crítica de *A Home from Home*, por Sheila Stewart, 1967)

Como um viciado em autobiografia, saúdo o aparecimento deste livro: é uma boa leitura. Como médico, noto com alívio que Sheila Stewart, essa filha do infortúnio, descobriu que o mundo gradualmente fez dela uma pessoa feliz. Podemos ver na história todas as terríveis condições ambientais que perseguem tantas crianças ilegítimas e que têm bons motivos de queixa, mas para Sheila, de algum modo, as perseguições não conseguiram perseguir. Por conseguinte, o leitor não é desviado para emoções baratas e está livre para vislumbrar a verdade de cada pequeno episódio relatado e da seqüência de eventos. Por exemplo, o desenvolvimento gradual, em Sheila, do sexo em uma verdadeira relação de amor e em casamento, é altamente instrutivo. Muito dependia do exercício de uma função parental, freqüentemente rígida, dispensada pela governanta de seu lar paroquial; e dificilmente poderia haver melhor propaganda do que essa para uma certa *Church Society*.

São as pequenas coisas que fazem a história ter um tom verdadeiro para mim. Por exemplo, descrevendo o peditório para o lar paroquial, evacuado na guerra para Ascot, a autora conta: "Não me importava pintar o enorme aviso ESTACIONAMENTO – 10 XELINS, mas sentia-me uma pedinte vendendo nossos arranjos caseiros de flores para a botoeira ou o decote de todos aqueles pomposos cavalheiros e damas que freqüentavam o hipódromo..." e "Ei, tome! Ponha na sua caixa de esmolas! Apanhei no ar a bola de papel amassada e apertei-a em minha mão quente e humilhada, até que todos os carros foram embora... Sabia que a nota de £5 não era minha; com o resto das gorjetas entreguei-a à governanta. Pertencia à 'caixinha' da Família."

Compare-se isso com o incidente que Robert Graves conta (imaginem onde!) em sua *LSE Annual Oration 1963*, intitulada *Mammon*: "Um incidente de férias de minha infância na Gales do Norte vem-me à lembrança. Tínhamos comprado chás numa fazenda à beira do lago; depois fui brincar no pátio da fazenda. Quando se aproximou uma charrete com mais visitantes, corri para abrir o portão. Alguém me jogou uma moeda de seis pence e, embora eu não a jogasse de volta, a idéia de que minha cortesia desinteressada tivesse sido confundida com um estratagema para ganhar dinheiro chocou-me profundamente..." Os denominadores comuns podem ser unidades muito simples.

Como médico, devo acrescentar uma opinião a respeito dos motivos pelos quais os elementos persecutórios falharam. Sheila tivera uma primeira experiência basicamente boa na costa de North Devon, com sua apanhadora de mariscos Danma, seu pescador Danpa e a liberdade do litoral. Assim, o final feliz é um eco da frase de abertura do livro: "Eu estava sentada alegremente na muralha do cais, balançando os pés nus. Estava cansada de apanhar caramujos e de correr pela areia úmida para colocá-los nas cestas que Danma tinha trazido para a praia..."

24. Comentários sobre o Report of the Committee on Punishment in Prisons and Borstals* *(1961)*

Este me parece um relatório muito importante e dá a impressão de ter sido redigido após uma investigação minuciosa. Especialmente bem-vindo é o comentário franco sobre o tráfico de fumo por um recluso, que, tal como foi impresso, com todos os seus erros gramaticais, tem um tom verdadeiro.

Desejo fazer cinco comentários sobre o relatório; o primeiro é de ordem geral:

(1) Chamei a atenção, em outra parte, para o fato de que existe um perigo na moderna tendência para o sentimentalismo, sempre que se considera a punição de delinqüentes. Como psicanalista, sinto-me propenso a encarar cada delinqüente como uma pessoa doente e sofrida, embora seu sofrimento nem sempre seja evidente. Desse ponto de vista, eu diria que é ilógico punir um delinqüente. O que ele requer é tratamento ou administração corretiva. Subsiste o fato, porém, de que o delinqüente cometeu um crime, quer dizer, a comunidade tem que reagir, de algum modo, à soma total de delitos cometidos contra ela durante um certo

....
* "Relatório da Comissão sobre Punição em Prisões e Instituições Correcionais." *Borstals* é a designação genérica dada na Inglaterra aos estabelecimentos prisionais para delinqüentes juvenis, sentenciados a pena por prazo indeterminado. O nome baseia-se na cidade de Borstal, no condado de Kent, onde foi instalada a primeira dessas instituições correcionais. (N. do T.)

período de tempo. Uma coisa é ser um psicanalista investigando a causa do comportamento delituoso e outra coisa é ser uma pessoa de quem é roubada uma bicicleta num momento crítico. De fato, existe um outro ponto de vista. O psicanalista também é um membro da sociedade e, como tal, aceita que é preciso controlar as reações que são naturais na pessoa atingida pelo ato anti-social. É impossível fugir ao princípio de que a função precípua da lei é expressar a vingança inconsciente da sociedade. É muito possível a qualquer delinquente individual ser perdoado e, no entanto, isso não impede a existência de um reservatório de vingança e também de medo que não podemos nos permitir ignorar; não podemos pensar unicamente em termos de tratamento de cada criminoso, esquecendo que a sociedade foi ferida e também necessita de tratamento. Pessoalmente, minha tendência, que se soma à de grande número de pessoas nos dias de hoje, é ampliar o mais possível a faixa de delitos que devem ser tratados como doença. É por causa da esperança que vislumbro nessa direção que me sinto na obrigação de deixar bem claro que a lei não pode renunciar subitamente à punição de todos os criminosos. É possível que, se os sentimentos de vingança da sociedade fossem plenamente conscientes, a sociedade pudesse admitir o tratamento do delinquente como doente, mas grande parte da vingança é inconsciente, de modo que se deve levar permanentemente em conta a necessidade de se manter a punição em vigor, em certa medida, mesmo quando ela é inútil no tratamento do delinquente.

Existe aqui um conflito que não podemos evitar, fingindo que ele não existe. Temos de ser capazes de sentir o conflito como algo essencial para qualquer consideração séria do problema da punição. É importante que essas questões sejam constantemente colocadas em primeiro plano, caso contrário haverá reação contra o tratamento de delinquentes como indivíduos doentes, ainda que se possa demonstrar que isso é bom, como no caso de crianças.

No momento presente, a tendência no sentido de se fazer o melhor pelo menino ou menina delinquente ou anti-social é maior do que no sentido da vingança. Salvo no caso de crime realmente grave, o adolescente ou adulto jovem também entra nessa categoria. Talvez com o passar do tempo outros setores da comunidade anti-social possam vir a ser tratados como doentes, em vez de ficarem sujeitos a punições, e o relatório menciona que pelo menos 5% da atual população carcerária seria considerada pela grande maioria dos médicos como casos psiquiátricos, com preponderância de maníacos depressivos.

Em resumo, aqueles que, como nós, trabalham pela ampliação do princípio de tratamento, em detrimento da punição, não devem ficar cegos para o grande perigo de produzir uma reação ao se ignorar a necessidade que a sociedade tem de ser vingada, não por nenhum crime em particular, mas pela criminalidade em geral.

O relatório ocupa-se mais claramente da necessidade do público em garantir proteção para si e do medo da sociedade do que do reservatório de vingança inconsciente – e, com efeito, estou plenamente cônscio de que é bastante impopular, no momento atual, postular a existência desse sentimento. Sempre que exponho esse ponto de vista, sei que serei mal interpretado, e que serei acusado de estar defendendo a punição em lugar do tratamento dessas pessoas doentes, as pessoas anti-sociais.

(2) Já mencionei que talvez a parte mais valiosa do relatório seja o depoimento de um recluso sobre fumo. Acho que tem sentido, aqui, um comentário sobre a necessidade de fumar. Não é preciso ser psicanalista para saber que fumar não é simplesmente algo que se faça por prazer. É algo que tem enorme importância na vida de muitas pessoas e que não pode ser abandonado sem ser substituído por alguma outra coisa. Fumar pode ser vitalmente importante para os indivíduos, sobretudo quando existe uma desesperança generalizada na sociedade. O psicanalista tem condições de observar de perto o uso de fumo e, na verdade, há muito que pesquisar sobre esse assunto, para que possa ser adequadamente compreendido. Sem esperar por uma compreensão clara, já é possível, entretanto, afirmar que o fumo é uma maneira de os indivíduos manterem sua sanidade mental quando, sem o recurso ao fumo, sobretudo se o álcool e outras drogas forem interditados, o senso de realidade poderá se perder e a personalidade tenderá a desintegrar-se. Existe, é claro, muito mais a se dizer sobre o fumo, mas acho que aqueles que tratam do problema do fumo em prisões deveriam levar em conta que a persistência de um tráfico tão intenso de fumo, apesar de todos os regulamentos e de

todos os esforços das autoridades para contê-lo, confirma a teoria de que os criminosos, como um todo, vivem em estado de grande angústia e medo constante de loucura.

Existem muitos que não experimentaram o medo da loucura e, para esses, é impossível imaginar o que pode ser estar encerrado sem ocupação adequada durante um longo período, sempre à beira de alucinações, delírios, desintegração da personalidade, sensações de irrealidade, perda da noção de que seu próprio corpo lhe pertence, e assim por diante.

Uma investigação superficial não revelará essas coisas. Revelará tão-somente a excitação que acompanha a aquisição de fumo e a habilidade e os ardis que envolvem toda a organização do mercado negro. Não é preciso ir muito fundo, entretanto, para descobrir o medo de loucura. Não posso afirmar que realizei estudos sobre presos adultos, mas, através do estudo minucioso de um enorme contingente de crianças que acabarão por formar a população carcerária, sei que o medo da loucura está sempre presente e que a disposição anti-social constitui, em seu todo, uma defesa complexa contra delírios e manias de perseguição, alucinações e uma desintegração sem esperança de recuperação. Estou falando de algo que é pior do que a infelicidade e, de modo geral, poderíamos sentir-nos satisfeitos quando uma criança anti-social, ou um adulto, conseguisse atingir o estágio de infelicidade. Nesse ponto existe esperança e também existe a possibilidade de proporcionar ajuda. O anti-social endurecido tem que se defender até da esperança, porque sabe, por experiência, que a dor de perder repetidamente a esperança é insuportável. De um modo ou de outro, o fumo fornece algo que torna o indivíduo capaz de persistir e de protelar a vida até que existir volte a ter sentido.

Uma sugestão prática resulta disso. No relatório sugere-se que os salários dos reclusos sejam aumentados com base no fato de que realmente o preço dos cigarros subiu muito e os salários permaneceram estacionários. O aumento, entretanto, não possibilitará ao recluso fumar um maço por semana. Há uma quantidade (que poderia ser calculada) que tornaria a vida suportável para o recluso e, em minha opinião, há muitos argumentos favoráveis a que se possibilite a cada detento dispor, pelo menos, dessa quantidade mínima.

Como é possível que haja alguns não-fumantes, pareceria uma medida mais razoável permitir que o fumo fosse vendido como na Marinha, isento de impostos, em vez de se elevarem os salários. Teoricamente, esse último processo (elevação de salários) parece propiciar ao não-fumante condições para tornar-se um "magnata" do fumo, pois será um homem rico na comunidade prisional. Talvez a sugestão de isentar o fumo de impostos em prisões não seja aceita porque o público poderia pensar que o recluso passaria a ser um privilegiado e, pelo que eu disse no primeiro parágrafo, é fácil perceber que levo em conta a circunstância de que o público precisa saber que os presos não estão sendo mimados. Entretanto, na medida em que o público pode ser educado, isso deveria ser tentado, e penso que a maioria das pessoas é capaz de discernir, se isso lhes for apontado, que, para os reclusos sujeitos a longas penas, o fumo pode fazer com que a vida seja simplesmente suportável, em vez de ser uma contínua tortura mental.

(3) Ao considerar a situação em institutos correcionais, a comissão ficou horrorizada com o estado em que se encontravam alguns dos meninos visitados. Segundo parece, tinham todos um aspecto desleixado, cabelos emaranhados e não se punham em posição de sentido quando os funcionários passavam. É possível que o público realmente exija que seja observada uma disciplina militar nas instituições correcionais, mas não há certeza disso e acho que essa parte do relatório pode ser muito prejudicial. A comissão declara enfaticamente que não está solicitando disciplina militar; entretanto, é provável que existam somente as duas alternativas: uma é a disciplina militar, um pouco segundo o modelo nazista, e com ela tudo se mantém lindo e tranqüilo, porque os meninos estão tão ocupados que não têm tempo para pensar nem para crescer; e a outra opção é o extremo um tanto chocante de se permitir que os meninos cheguem ao fundo do abismo do desespero, que é o cerne da doença deles, mas pode significar o início do crescimento de cada um. Se isso não puder ser explicado em termos que o público seja capaz de perceber, então a disciplina militar terá que ser instituída. Entretanto, a idéia de treinamento correcional gira toda ela em torno, precisamente, de se evitar isso. Ser diretor de um instituto correcional é uma função terrível, que só pode ser exercida por alguém que tenha espírito missionário, como a co-

missão sublinha: com efeito, não se fez nenhuma crítica aos diretores, sendo reconhecida a dificuldade desse cargo. Não obstante, se um diretor receia que um membro da comissão apareça e veja um menino com os cabelos desgrenhados, ele deverá instituir praticamente o que equivale à disciplina militar. Na única alternativa, haverá sempre alguns meninos que estarão apenas sendo sinceros se tiverem a aparência de vagabundos. Quando eles chegam a essa fase, o futuro já não é inteiramente obscuro e nem o prognóstico totalmente inviável. A disciplina militar, entretanto, torna todos os casos irremediáveis, porque nenhum jovem pode desenvolver a responsabilidade pessoal e a personalidade numa atmosfera desse tipo.

Na minha opinião, aqueles que são responsáveis pelas instituições correcionais devem depositar inteira confiança no diretor e permitir que ele use seus próprios critérios de julgamento. Se ele não conta com a confiança das autoridades deve ser exonerado, mas, se é o diretor, então deve-se consentir que experimente e explore o seu próprio caminho, e tente a alternativa para a disciplina militar. No decorrer da experiência, ele certamente descobrirá que alguns meninos são incompatíveis com qualquer método que não seja a disciplina militar ou a prisão, e deve livrar-se deles por um meio ou outro. A comissão menciona isso e assinala que um instituto correcional experimental deveria ser criado imediatamente para aquela minoria que estraga o trabalho desenvolvido em benefício da maioria nos institutos comuns. Essa seria uma medida urgente. Se não for adotada de imediato, então a idéia da instituição correcional fracassará e a disciplina ocupará o lugar da terapia através da administração.

(4) O relatório trata do problema da fuga, que é considerada uma palavra melhor do que evasão, considerando-se que os estabelecimentos correcionais não têm portas fechadas. O que falta, porém, é um estudo das causas de fuga. O relatório não deixa muito claro se os membros da comissão conhecem a considerável soma de trabalhos realizados sobre a psicologia da fuga. Nos alojamentos para crianças evacuadas durante a guerra, muitos estudos foram feitos sobre fuga, embora talvez nem todos tenham sido publicados. As crianças não fogem simplesmente porque são covardes ou porque o sistema pelo qual são dirigidas é errado.

Com freqüência, a fuga tem características positivas e representa uma confiança crescente em que encontraram um lugar que as acolheria de volta, de braços abertos, mesmo depois de terem fugido. O relatório descreve como as crianças que fogem são tratadas ao voltar e, ao que me parece, há muito pouco a se julgar por parte do pessoal, que, através do estudo de um caso individual, pode saber perfeitamente que a criança, ao regressar, necessita apenas de um caloroso abraço ou, se isso for direto demais, de uma manifestação de simpatia para que possa ser admitida de novo na rotina com um suspiro de alívio. Às vezes, os meninos fogem porque se convencem, por um pressentimento, de que a mãe foi atropelada ou uma irmã está hospitalizada com difteria, ou coisa parecida. Eles têm – o que para um observador parece ser um absurdo – a idéia de que poderão descobrir a verdade. Na realidade, na altura em que se vêem perto de seu objetivo, a intenção principal se perde, e então o que se *vê*, freqüentemente, é a criança fugir e passar a andar em más companhias, roubando dinheiro para comer. Entre as crianças que constituem qualquer grupo anti-social há sempre muitas que desenvolvem idéias surpreendentes sobre como estará o lar delas desde que se afastaram da família, há já bastante tempo. Isso é muito conhecido, mas vale a pena repetir. Um menino ou menina resgatado do mais sombrio cortiço onde vivia com pais cruéis e bêbados pode, após alguns meses num alojamento ou instituição congênere, desenvolver uma idéia tão forte de que o lar é a soma de tudo o que é bom, que seria uma bobagem não fugir. Em tais casos, tudo o que se requer é que a criança chegue em casa e depois seja levada de volta, com brandura, triste e decepcionada, e necessitando muito de um pouco de afeição. Em todos os casos, a maneira de lidar com a criança que foge e volta é uma questão muito delicada, e deve ser assumida por pessoas que conheçam bem o menino ou a menina. É improvável que uma comissão visitante possa atuar da maneira mais aconselhável em tais ocasiões.

(5) Pareceria importante que num relatório sobre punição houvesse algum tipo de consideração teórica sobre o que a punição significa para o indivíduo e para a pessoa que administra a punição. Talvez um capítulo teórico desse tipo ficasse deslocado

nesse relatório, mas a punição é um tema que requer estudo e pesquisa, como qualquer outro assunto. Em todos os casos é possível dizer que existem dois aspectos do problema. A sociedade solicita que o indivíduo seja punido. O indivíduo, estando doente, não está em estado de extrair nenhum benefício da punição e, de fato, o mais provável é que desenvolva tendências patológicas, masoquistas ou outras, para enfrentar a punição quando esta ocorre.

Num caso muito favorável a punição pode ser bem-sucedida, ou seja, um menino que passou a duvidar da existência de um pai, tendo seu próprio pai estado ausente por alguns anos em conseqüência da guerra, pode reaver o sentimento de ter um pai através da linha dura assumida por ele quando o filho se conduz de modo anti-social. Contudo, esse é um tipo raro de caso e com poucas probabilidades de ser verificado numa instituição correcional. A punição só tem valor quando traz à vida uma figura paterna forte, amada e confiável, para um indivíduo que perdeu exatamente isso. Pode-se afirmar que toda e qualquer outra punição consiste simplesmente numa expressão cega da vingança inconsciente da sociedade. Sem dúvida alguma, muito mais poderia ser dito a respeito da teoria da punição, e, enquanto um relatório sobre punição deixar de fora os fundamentos teóricos do problema, não poderá expressar de forma adequada as tendências mais avançadas na sociedade moderna.

25. Darão as escolas progressistas excesso de liberdade à criança?

(Contribuição para uma conferência sobre "O Futuro da Educação Progressista" realizada em Darlington Hall, 12-14 de abril de 1965)

Neste artigo, serei obrigado a tratar do assunto que me foi proposto sob o ângulo teórico, pois não tenho experiência direta de escolas progressistas, seja como aluno, seja como professor.

Como a minha especialidade é a psiquiatria infantil, tendo a psicanálise como base fundamental, devo considerar esse tema das escolas progressistas em termos do trabalho que tenho realizado com inúmeras crianças doentes e, por vezes, com pais doentes.

Diagnóstico

Em todos os tipos de assistência médica, a base de ação é o diagnóstico. Isto certamente é verdadeiro no caso da psiquiatria, e principalmente da psiquiatria infantil. Em psiquiatria, o diagnóstico social tem seu lugar ao lado do diagnóstico do paciente individual.

A minha tese nesta contribuição para o debate é que nada pode ser dito a respeito da Educação Progressista, exceto com base firme no diagnóstico.

A educação propriamente dita talvez possa ser discutida em termos de levar a efeito a instrução elementar (ler, escrever e contar) ou de introduzir os princípios da física ou apresentar os fatos da história, se bem que, mesmo nesse campo limitado, o professor deva aprender a conhecer o aluno. A educação especial de qualquer tipo é, contudo, uma questão diferente, e as escolas progressistas têm um objetivo que transcende o ensino comum e entra no campo mais vasto da necessidade individual. Será fácil concluir, portanto, que quem discute escolas progressistas não pode deixar de ter um interesse especial no estudo da natureza de cada aluno.

Não se pode pressupor que um educador tenha à mão uma base teórica para a formulação de um diagnóstico. Talvez seja nesta área que o psiquiatra infantil pode ajudar.

A título de ilustração, se é que ilustração se faz necessária, permitam-me que aborde um outro problema: o do castigo físico. Ouve-se ou lê-se com freqüência a respeito dos aspectos bons e maus do castigo físico, e sabemos que essa discussão está fadada a continuar inútil porque nenhuma tentativa se faz no sentido de selecionar os meninos de acordo com o estado de seu crescimento emocional. Para tomar dois extremos: numa escola para meninos normais, provenientes de lares normais, a punição física pode ser considerada ao lado de um certo número de outras questões importantes, ao passo que numa escola destinada a crianças com distúrbios de comportamento e, numa elevada proporção de casos, provenientes de lares desfeitos, a punição física precisa ser considerada uma questão vital e, de fato, um detalhe que é sempre pernicioso.

O curioso é que, no primeiro caso, o castigo físico pode, por vezes, ser abolido por um edital, e é no segundo caso que pode haver a necessidade de manter o castigo físico como uma possibilidade, algo que é passível de ser empregado se as circunstâncias parecerem justificadas, isto é, não abolido por uma comissão administrativa.

Esse é um problema relativamente simples em comparação com o vasto tema das escolas progressistas e seu lugar na comunidade. Mas talvez a analogia possa ser usada na introdução.

Será necessário avançar passo a passo. (Devo pressupor a saúde física.)

Classificação A

Criança normal (do ponto de vista psiquiátrico)
Criança anormal (do ponto de vista psiquiátrico)

O que é normal?

A normalidade ou saúde tem sido discutida por muitos (inclusive eu)[1]. Esse estado não implica ausência de sintomas. Subentende que, na estrutura da personalidade da criança, as defesas estão organizadas de modo satisfatório, mas sem rigidez. A rigidez de defesas impede o crescimento subseqüente e perturba o contato da criança com o seu meio ambiente.

O sinal positivo de saúde é o processo contínuo de crescimento, a mudança emocional na direção do desenvolvimento.

desenvolvimento no sentido da integração;
desenvolvimento da dependência para a independência;
desenvolvimento em termos de instinto e, ainda,
desenvolvimento em termos de riqueza da personalidade.

Também: a constância no ritmo de desenvolvimento é uma característica positiva. (É difícil avaliar a saúde em termos de comportamento.) É preciso fazer intervir agora o diagnóstico social:

Lar intato, em funcionamento.
Lar intato, funcionamento claudicante.
Lar desfeito.
Lar nunca estabelecido.
também

Lar bem integrado num agrupamento social { restrito. amplo.

Lar estabelecendo-se na sociedade.
Lar afastado da sociedade.
Lar proscrito pela sociedade.

Talvez seja admitido que a maioria das crianças na comunidade são:

Saudáveis, com vidas baseadas na família intata, integrada num agrupamento social (embora esse agrupamento possa ser restrito ou mesmo patológico em algum aspecto).

....

1. D. W. Winnicott, *The Child and the Family*. Londres: Tavistock Publications, 1957. *The Child, the Family and the Outside World*. Londres: Penguim, 1964.

Para essas crianças, as escolas serão avaliadas de acordo com sua capacidade para facilitar:
Pessoal: enriquecimento da personalidade.
Familiar: integração do lar com a vida escolar.
Social: entrelaçamento inicial com agrupamento social da família.
Possível ampliação do agrupamento social de cada criança, crescendo para tornar-se um adulto independente.

É necessário admitir a existência de uma proporção de crianças que podem ser chamadas normais ou saudáveis apesar de terem famílias desfeitas ou famílias com perigosas conexões sociais. Entre as crianças saudáveis encontraremos aquelas que são doentes no sentido de
Psiconeurose
Distúrbio de humor
Interação psicossomática patológica
Estrutura esquizóide da personalidade
Esquizofrenia

A maioria dessas crianças podem ser consideradas normais ou saudáveis se pertencerem a famílias intatas que estão socialmente integradas, e essas crianças podem ser tratadas por cuidados ou psicoterapia dentro do contexto lar-escola. Estão entre as que apresentam os distúrbios comuns, da intercomunicação lar-escola, e podem apresentar doenças infecciosas no período da primavera, apendicite aguda e outras emergências, bem como fraturas ósseas que acompanham a sua participação em jogos.

Graus claramente extremos dessas doenças podem afetar o tipo de escola que é selecionado.

Diagnóstico de privação

Existe um tipo de classificação que é de vital importância para aqueles que pensam em função de sistemas educacionais; no entanto, nem sempre se dá a devida atenção a essa forma de classificação. Ela integra a classificação segundo o tipo de organização de defesa neurótica ou psicótica e inclui até (num extremo) alguns meninos e meninas que são potencialmente normais. Essa classificação é em termos de *privação*. A criança desapossada, ou relativamente desapossada, teve um suprimento ambiental que era suficientemente bom para que houvesse uma continuidade de ser pessoal, e depois foi privada disso, numa idade (de desenvolvimento emocional) em que o processo pôde ser sentido e percebido. A reação a uma privação (isto é, não a uma carência) se apodera da criança – daí em diante, o mundo deve ser obrigado a reconhecer e reparar o dano. Mas como o processo funciona predominantemente no inconsciente, o mundo não tem sucesso ou, quando tem, paga um preço alto.

Chamamos essas crianças de desajustadas. Estão sob o domínio da tendência anti-social. O quadro clínico será observado em termos de:

(a) Furto (mentira etc.), reclamações contundentes.

(b) Destruição, tentando forçar o ambiente a reconstituir o quadro de referência, cuja perda fez a criança perder a espontaneidade, uma vez que a espontaneidade só faz sentido num contexto controlado. O conteúdo não tem significado sem forma.

O diagnóstico, segundo essa orientação, é de suma importância quando se discutem as escolas progressistas.

Pode-se afirmar que um grupo de crianças desapossadas

(1) necessita de uma Escola Progressista e, ao mesmo tempo,

(2) é altamente provável que a abandone.

Em outras palavras, o desafio para aqueles que favorecem as escolas progressistas é da seguinte natureza: essas escolas tendem a ser usadas por pessoas que tentam colocar crianças desapossadas. Qualquer idéia de se dar oportunidade para o ensino criativo, isto é, de se dar melhor educação a crianças normais estará viciada pelo fato de que uma grande proporção dos alunos não estará apta a empenhar-se na aprendizagem porque está concentrada numa tarefa mais importante, ou seja, a descoberta e o estabelecimento de sua própria identidade (resultante da perda do senso de identidade que acompanha a privação).

Um bom resultado muitas vezes não se mede em termos acadêmicos; pode ser que tudo o que a escola fez tenha sido conservar um aluno (isto é, não o expelir) até o momento de passá-lo para uma área mais ampla da existência.

Desse modo, em alguns casos, a escola terá conseguido curar, ou quase curar, uma criança desapossada de manifestar uma compulsão para continuar sendo anti-social. Paralelamente a isso, devem ocorrer alguns fracassos, fracassos desconcertantes e causadores de profundos desgostos, porque a escola teve oportunidade de ver tanto o lado melhor quanto o pior (ou anti-social compulsivo) da natureza da criança.

Acho importante que esse aspecto do trabalho da escola progressista seja discutido com a maior clareza possível pois, caso contrário, os responsáveis sentir-se-ão desencorajados; e se os responsáveis se desanimarem, a escola tenderá a converter-se gradualmente numa escola comum, adequada à educação de crianças saudáveis de famílias intatas, mas deixou simplesmente de ser progressista.

APONTAMENTOS FEITOS NO TREM
(depois da conferência em Dartington Hall, abril de 1965)

PARTE I

O rótulo: ESCOLAS PROGRESSISTAS = uma denominação legítima implicando:
(1) "Voltadas para o futuro".
(2) Operando a partir de um elemento criativo, quando não realmente *rebelde*, na natureza de alguém. Isso significa que a aceitação geral tem o efeito de minar a motivação. A inépcia dos indivíduos pode causar desperdício em termos de energia, mas a vantagem será medida em termos de originalidade, experimentação, tolerância aos defeitos, liderança.

"Voltadas para o futuro" significa:
(a) Ter uma base firme em termos de uma percepção consciente do aqui e agora real.
(b) A essa realidade aqui e agora soma-se um movimento para tomar a dianteira. (O estabelecimento de princípios

conquistados tem que ser deixado para as instituições, o *establishment*. A vigilância para evitar a reincidência em erro, entretanto, pode ser a preocupação do rebelde criativo.)

(c) O significado da expressão "tomar a dianteira" depende parcialmente do
   (1) aqui e agora real,
   (2) temperamento do pioneiro.

Para o movimento "progressista", "tomar a dianteira" pode ter a ver com:

Positivo:

A. A dignidade do indivíduo em sua autonomia e como base para a dignidade social.

B. Uma teoria do desenvolvimento emocional individual que leva em conta:
   (1) o potencial herdado;
   (2) o processo maturacional (herdado);
   (3) dependência de um ambiente facilitador para o desenvolvimento maturacional;
   (4) evolução em termos de DEPENDÊNCIA-PARA-INDEPENDÊNCIA, combinada com a evolução em termos do ambiente que se adapta e depois deixa de adaptar-se (mudança graduada).

C. Uma teoria do fracasso humano (personalidade, caráter, comportamento) que leva em consideração:
   (1) anormalidades ambientais
   e (2) as dificuldades inerentes no crescimento humano e no estabelecimento e expressão do eu.
   Corolário: fornecimento de oportunidades para a psicoterapia pessoal.

D. Uma teoria que leva em conta a importância da vida instintiva e que reconhece não só aquilo que não é consciente mas também o que está *reprimido*, sendo a repressão uma defesa absorvente de energia.

E. Uma teoria que vê a sociedade em termos de
   (1) história, passado e futuro,

(2) a contribuição do indivíduo (através da unidade familiar) para agrupamentos sociais e seu funcionamento.

Negativo:

Desagrado e desconfiança da *doutrinação*, isto é,
(1) propaganda ostensiva
ou (2) ensino sem relação com a aprendizagem criativa
ou (3) técnicas sutis de propaganda (afetando o comportamento, a política, a religião, a moral, as atitudes em geral).
Assuntos práticos – fornecimento de oportunidades
o campo,
equipamento,
contato com indústria local,
para serviço local etc.

Uma repartição parental de responsabilidade para uma atitude geral.
Isso é relativamente direto (cf. repartição indireta no sistema de escola estatal, via política e via Departamento de Educação e os Centros de Treinamento de Professores).

Problemas:

(1) Como ensinar melhor com base na capacidade de aprendizagem do indivíduo.
(2) Como combinar:
 (a) liberdade para o indivíduo
com (b) aqueles controles que são necessários para que o indivíduo não instale sistemas internos (inconscientes) de superego rudimentares, primitivos ou mesmo sádicos.
(3) Como avaliar o fracasso e tirar proveito de fracassos (sendo os fracassos um elemento essencial na experimentação por tentativa e erro).

Como evitar que um pioneiro se converta em conservador e obstrucionista?

Perguntas:

(1) Está o rótulo "progressista" absolutamente vinculado à co-educação, tal como está à revolta relativa à doutrinação sectária? (Sugiro que não está.)
(2) Está o rótulo progressivo vinculado à intolerância do ódio, ao confronto com o ódio, à agressão que enfrenta o controle, à competição (nome polido para a guerra)?
(3) Há uma fuga da fantasia na tentativa, em algumas coisas progressivas, para incluir tudo, isto é, um fracasso em considerar a realidade psíquica interna pessoal? (Isto é, o indivíduo que se retira para um ambiente estranho, insólito, pode estar tendo uma experiência pessoal mais rica do que alguns participantes numa situação aqui e agora [extrovertida] funcionando prodigamente.) Sugiro que a resposta é Não – não na grande maioria dos casos mas possivelmente em alguns.

PARTE II

Desenvolvimento do tema do controle

Axioma. Não é proveitoso discutir o controle independentemente de um relato sobre o diagnóstico da criança ou adulto que provavelmente pode ficar sob controle (ver o parágrafo relevante na minha contribuição para a conferência).

Quando se considera a questão do diagnóstico daqueles que estão sujeitos a controle, um fator importante será a maturidade (relativa) do indivíduo, tal como é observada na história e na qualidade da relação com o objeto de amor primário que ele estabeleceu. Sugiro que poderíamos especular proveitosamente da seguinte maneira:

O que pode um ser humano fazer com um objeto? No começo, a relação é com um objeto subjetivo. Gradualmente, sujeito e objeto separam-se e então há uma relação com o objeto objetivamente percebido. O sujeito destrói o objeto.

Isso se divide em:
(1) o sujeito *preserva* o objeto;
(2) o sujeito *usa* o objeto;
(3) o sujeito *destrói* o objeto.

(1) Isto é idealização.

(2) Uso do objeto: esta é uma idéia sofisticada, uma realização do crescimento emocional saudável, só atingível em saúde e no decorrer do tempo.
Nesse meio tempo, apresenta-se

(3) o que parece ser clinicamente uma desvalorização do objeto, da perfeição para uma espécie de perversidade (difamação, conspurcação, dilaceração, etc.). Isso protege o objeto porque só o objeto perfeito é merecedor de destruição. Isso não é idealização, mas aviltamento.

No decurso do crescimento do indivíduo torna-se possível à destruição ter uma representação adequada na fantasia (inconsciente), que é uma elaboração do funcionamento corporal e das experiências instintivas de toda espécie.

Esse aspecto do crescimento torna o indivíduo capaz, agora, de preocupar-se com a destruição que acompanha o relacionamento com o objeto, e a sentir culpa em relação às idéias destrutivas que acompanham o amor. Nessa base, o indivíduo encontra a motivação para o esforço construtivo, para dar e para corrigir (a reparação e restituição de Klein).

Nesse ponto, a questão prática resulta da distinção entre

(1) estragar o objeto bom para torná-lo menos bom e, portanto, menos sob ataque, e
(2) a destruição que está na raiz da relação com o objeto e que é canalizada (em saúde) para a destruição que tem lugar no inconsciente, na realidade psíquica interior do indivíduo, na vida onírica e atividades lúdicas do indivíduo, e na expressão criativa.

Esta última não necessita de controle; aqui é necessário que se ofereçam condições que permitam o crescimento emocional do indivíduo, crescimento contínuo desde os primórdios da infância até o momento em que as complexidades da fantasia e da deslocação passam a ser acessíveis ao indivíduo em sua busca de uma solução pessoal.

Em contrapartida, o aviltamento compulsivo, o denegrimento e a destruição que acompanham a primeira distinção, uma alteração do objeto visado para torná-lo menos excitante e menos merecedor de destruição, requerem a atenção da sociedade. Por exemplo: a pessoa anti-social que entra numa galeria de arte e retalha um quadro de um antigo mestre não é ativada pelo amor à pintura e, de fato, não está sendo tão destrutiva quanto o amante da arte que preserva o quadro e o usa plenamente mas, na fantasia inconsciente, destrói-o repetidas vezes. Não obstante, o ato de vandalismo do iconoclasta afeta a sociedade, e a sociedade precisa proteger-se. Este exemplo um tanto simplista pode servir, entretanto, para mostrar a existência de uma ampla diferença entre a destrutividade inerente à relação com o objeto e a destrutividade que promana da imaturidade de um indivíduo.

Do mesmo modo, o comportamento heterossexual compulsivo tem uma etiologia complexa e está muito distante da capacidade de um homem e de uma mulher para se amarem mutuamente de um modo sexual, quando decidiram estabelecer juntos um lar para possíveis filhos. No primeiro caso está incluído o elemento de deteriorar o que é perfeito ou de ser deteriorado e deixar de ser perfeito, num esforço para diminuir a angústia.

No segundo caso, pessoas relativamente maduras lidaram com a destruição, a preocupação e com o sentimento de culpa dentro delas próprias, e libertaram-se para planejar construtivamente o uso do sexo, não negando os elementos primitivos que pairam em torno da fantasia sexual total.

É surpreendente quando se descobre o quanto o amante romântico e o adolescente heterossexual (este ainda menos) conhecem pouco a *respeito da fantasia sexual total*, consciente e inconsciente, com sua competitividade, sua crueldade, seus elementos pré-genitais de destruição grosseira e seus perigos.

Aqueles que agitam a bandeira da educação progressista precisam, efetivamente, estudar essas coisas, pois caso contrário confundirão facilmente heterossexualidade com saúde, e acharão isso conveniente quando a violência não aparecer ou apenas se mostrar como o irracional pacifismo reativo da adolescência, que não tem virtualmente relação alguma com as realidades do mundo atual, no qual esses adolescentes ingressarão um dia como adultos competitivos.

26. Assistência residencial como terapia

(A *David Wills Lecture* proferida na Association of Workers for Maladjusted Children, 23 de outubro de 1970. O Dr. Winnicott faleceu em janeiro de 1971.)

Há muito crescimento que é crescimento para baixo. Se eu tiver uma vida razoavelmente longa, espero encolher e tornar-me suficientemente pequeno para passar pelo estreito buraco chamado de portas da morte. Não preciso ir longe para encontrar um psicoterapeuta cheio de empáfia. Sou eu. Na década de trinta, estava aprendendo a ser psicanalista e sentia que, com um pouco mais de treinamento, um pouco mais de habilidade e um pouco mais de sorte, poderia mover montanhas se fizesse as interpretações certas no momento certo. Isso seria terapia, valendo bem as cinco sessões por semana e o preço cobrado por tal trabalho, e a perturbação que o tratamento de um membro de uma família pode causar ao resto da família.

Quando meu *insight* adquiriu profundidade, descobri que, tal como os meus colegas, eu podia fazer mudanças significativas no material dos pacientes, tal como era apresentado nas horas de tratamento; podia dar maior esperança e, portanto, maior adesão a uma cooperação inconsciente cada vez mais valiosa; e, na verdade, era tudo muito bonito, e eu fazia planos para passar o resto da minha vida profissional exercendo a psicoterapia. A certa altura, eu chegava a dizer que só poderia haver terapia na base de 50 minutos cinco vezes por semana, durante tantos anos quantos fossem necessários, por um psicanalista devidamente treinado.

Fiz com que estas palavras soassem como bobagem, mas não é minha intenção que o sejam; quero simplesmente dizer que essa é uma espécie de começo. Mas, mais cedo ou mais tarde, começa o processo de crescer para menor, e isso é doloroso no princípio, até nos habituarmos. No meu caso, acho que comecei a crescer para menor na época do meu primeiro contato com David Wills. David não se permitiria orgulhar-se de seu trabalho numa antiga instituição de assistência social em Bicester. Era uma obra notável, e orgulho-me por ele.

As duas principais características do lugar eram as banheiras compridas, para lavar com escova e sabão os vagabundos altos, uma vez que os edifícios tinham sido planejados como um hotel no caminho entre Oxford e Pershore, e também o ruibarbo castanho amarelado que crescia como planta daninha e era mais apreciado pelo pessoal (inclusive eu mesmo, como psiquiatra visitante) do que pela moçada.

Era excitante estar envolvido na vida desse alojamento do tempo de guerra para evacuados problemáticos. Naturalmente, nele estavam os meninos mais indóceis e mais incontroláveis da área, e um som familiar era este: um carro aproximava-se a certa velocidade, soava a campainha da entrada e alguém abria a porta da frente; a porta voltava a fechar-se com estrondo, e seguia-se o ruído do motor do carro, que arrancava como se estivesse sendo perseguido pelo diabo em pessoa. Constatava-se então que um menino tinha sido depositado na porta da frente, a maioria das vezes sem um telefonema prévio de advertência, e um novo problema tinha sido jogado no prato de David Wills. Talvez o menino não tivesse feito mais do que pôr fogo numa meda de feno ou obstruir os trilhos da estrada de ferro, mas essas coisas não eram vistas com bons olhos na fase da guerra em torno de Dunquerque e do lancinante desfecho. Seja como for, por trás da porta fechada havia sempre um novo interno.

Que papel desempenhei eu? Bem, é aí que tento descrever o crescimento para baixo. No começo, em minhas visitas semanais, via um menino ou dois, fazia com cada um deles uma entrevista pessoal em que aconteciam as coisas mais surpreendentes e reveladoras. Às vezes, David e parte dos seus auxiliares me ouviam contar a história da entrevista, na qual incluía estupendas interpretações baseadas em profundo *insight* e relacionadas com o material apresentado de um só fôlego pelos meninos, ansiosos por obter ajuda pessoal. Mas eu podia sentir que minhas pequenas tentativas de semeadura caíam em solo de pedra.

Bem depressa eu aprendi que a terapia estava sendo feita na instituição, pelas paredes e pelo telhado; pela estufa de vidro que fornecia um alvo magnífico para pedras e tijolos, pelas banheiras absurdamente grandes, para as quais era necessária uma quantidade enorme de carvão, tão precioso em tempo de guerra, se se quisesse que a água quente chegasse ao umbigo de quem quisesse tomar banho.

A terapia estava sendo realizada pelo cozinheiro, pela regularidade da chegada das refeições à mesa, pelas colchas das camas quentes e coloridas, pelos esforços de David para manter a ordem apesar da escassez de pessoal e um constante senso da inutilidade de tudo isso, porque a palavra sucesso era reservada para algum outro lugar e não para a tarefa exigida da *Bicester Poor Law Institution*. É claro, os meninos fugiam, roubavam das casas da vizinhança e não paravam de quebrar vidros, até que a comissão realmente começou a ficar preocupada. O som de vidros quebrados assumiu proporções epidêmicas. Felizmente, a mata de ruibarbo estava distante, na direção oeste, e lá os membros exaustos da equipe podiam ir desfrutar de um pouco de tranquilidade e contemplar o pôr-do-sol.

Quando cheguei para observar mais de perto o que se passava, descobri que David estava fazendo coisas importantes, baseadas em certos princípios que ainda estamos tentando formular e relacionar com uma estrutura teórica. Pode ser que estejamos falando sobre uma espécie de amor, e voltarei a falar disso mais adiante. Temos que examinar as coisas que ocorrem naturalmente no contexto de alojamento, para podermos fazer essas coisas deliberadamente e adaptar o que fazemos economicamente às necessidades especiais de cada criança ou para enfrentar as situações especiais à medida que surgem.

Continuo falando a respeito de David Wills não só porque esta é a *David Wills Lecture* mas também porque, para mim, observar seu trabalho foi um dos primeiros impactos educacionais que me fizeram entender que existe algo em psicoterapia que não se descreve em termos de interpretação certa no momento certo.

Naturalmente, foi indispensável ter em minha bagagem uma década em que explorei o uso pleno da técnica que realmente provém de Freud, a técnica que ele inventou para a investigação do inconsciente reprimido, o qual, obviamente, não admitiria uma abordagem direta. Comecei a perceber, entretanto, que em psicoterapia é necessário que a criança que passa por uma entrevista pessoal possa retornar da entrevista para um tipo pessoal de assistência, e que mesmo na própria psicanálise, que entendo como um trabalho feito cinco dias por semana, solicitando a força plena do desenvolvimento da transferência, algo especial era necessário por parte do paciente, algo que pode ser descrito como uma certa medida de crença nas pessoas e na disponibilidade de cuidados e ajuda.

Uma das coisas que David estava fazendo era uma sessão semanal em que todos os meninos se reuniam e tinham liberdade completa para falar. Como se pode imaginar, o comportamento dos meninos era irregular e, com freqüência, exasperante. Ficavam andando de um lado para o outro; queixavam-se disto e daquilo, reclamavam; e, quando solicitados a dar sua opinião sobre um delinqüente, seus vereditos eram quase sempre muito severos, até cruéis. Não obstante, na atmosfera extremamente tolerante que David estava em condições de permitir, coisas muito importantes eram expressas por algumas das crianças, e era possível discernir como cada indivíduo tentava estabelecer uma identidade sem que realmente o conseguisse, exceto talvez através da violência. Poderíamos dizer que cada menino, e seria o mesmo para as meninas, estava clamando aos gritos por ajuda pessoal, mas a ajuda pessoal não era viável para todos os indivíduos e o trabalho desse alojamento estava sendo feito com base na gestão de grupo.

Sei que muitos fizeram esse trabalho antes e depois, e David dizia que o havia realizado em outros ambientes muito melhor do que em Bicester. Mas, do meu ponto de vista, o trabalho feito era excelente e não podia ser aferido em termos de êxitos e fracassos superficiais. Também é verdade que esse era um grupo excepcionalmente difícil de meninos, porque não era irremediavelmente incorrigível mas, por outro lado, não justificava muitas esperanças. De modo geral, não tinham abandonado a esperança mas tampouco eram capazes de ver para onde deveriam se voltar a fim de obter ajuda. O modo mais fácil de conseguir ajuda era a provocação e a violência, mas existia essa alternativa, diferente ao extremo, por meio da qual podiam ir guardando as coisas para dizê-las às cinco horas de todas as quintas-feiras.

Agora, é necessário observar em detalhe a terapia fornecida pelo sistema de assistência residencial. Em primeiro lugar, porém, gostaria de dizer que a assistência residencial não é apenas algo que se torna necessário por não existirem pessoas em número suficiente e adequadamente treinadas para tratar indivíduos. A terapia de assistência residencial originou-se por existirem crianças a quem falta uma das, ou ambas, as características essenciais à terapia individual. Uma delas é que o único ambiente que pode lidar com elas adequadamente como indivíduos é o estabelecimento residencial; e a outra é que elas trazem consigo uma baixa quantidade do que Will Hoffer[1] chamou de ambiente interno, ou seja, uma experiência de provisão ambiental suficientemente boa que tenha sido incorporada e ajustada num sistema de crença nas coisas. Em cada caso é uma questão de diagnóstico pessoal e social.

Na assistência residencial é possível fornecer certas condições ambientais que, de fato, precisamos entender mesmo quando estamos fazendo psicanálise rigorosamente clássica. Tal como se apresenta, a psicanálise não é só uma questão de verbalização de material trazido pelo paciente em cooperação inconsciente, pronto para ser verbalizado, embora saibamos que cada vez que isso se realiza com êxito o paciente fica muito menos ocupado em manter algo sob repressão, o que significa sempre um desperdício de energia e dá ensejo a sintomas perturbadores. Mesmo num caso adequado para psicanálise clássica, o principal é o fornecimento de condições em que esse tipo especial de trabalho possa ser feito e a cooperação inconsciente do paciente para apresentar o material para verbalização possa ser obtida. Em outras palavras, é o desenvolvimento da confiança, ou qualquer outro termo que seja mais apropriado no caso, que constitui o requisito prévio para a eficácia de uma interpretação clássica e correta.

....
1. Ver W. Hoffer, *The Early Development and Education of the Child*. Londres: Hogarth Press, 1981.

No trabalho residencial, podemos deixar de lado a verbalização e o material que está pronto para a interpretação, porque a ênfase recai sobre o suprimento total que é o ambiente. É fácil observar que certas características são essenciais. Enumerarei algumas.

(1) *Confiabilidade*. Há uma atitude geral no estabelecimento residencial, se este for bom, de confiabilidade intrínseca. Vocês desejarão, por certo, que eu diga logo que essa confiabilidade é humana e não mecânica. Poderia ser mecânica no sentido de que será favorecida se as refeições forem servidas pontualmente; mas sejam quais forem as regras estabelecidas, a confiabilidade é relativa, porque os seres humanos são falíveis. É possível a um psicanalista ser confiável durante 50 minutos, cinco vezes por semana, e isso é de extrema importância, apesar de, em sua vida privada, ele ser tão falível quanto qualquer outra pessoa. O mesmo pode ser dito de uma enfermeira, de uma assistente social ou de qualquer indivíduo que tenha de lidar com seres humanos. A questão é que, quando o trabalho residencial é encarado como terapia, as crianças vivem nas vidas privadas dos que lhes dão assistência. Portanto, elas estão em contato com a falibilidade, que é humana. No entanto, existe certa orientação profissional mesmo num serviço de 24 horas e, em todo caso, o pessoal deve ser encorajado a ter suas horas de folga e a oportunidade para desenvolver uma vida privada. Quando se examina a fundamentação da confiabilidade como terapia, verifica-se que uma grande proporção das crianças candidatas à assistência residencial foram criadas num ambiente que era caótico, quer de modo geral, quer numa fase específica, ou ambas as coisas. O ambiente caótico significa, para a criança, *imprevisibilidade*. Imprevisibilidade quer dizer que a criança deve sempre esperar traumatismo e que a sagrada área central da personalidade deve manter-se escondida e inacessível, para que nada lhe possa fazer nem bem nem mal. O ambiente frustrador produz confusão mental e a criança poderá desenvolver-se permanentemente confusa, nunca organizada, no sentido de orientação. Do ponto de vista clínico, chamamos essas crianças de turbulentas, e dizemos que elas não têm poder de concentração, que não perseveram naquilo que fazem e estão permanentemente irrequietas. São incapazes de pensar no que farão quando

crescerem. Na realidade, passam a vida escondendo algo que se poderia chamar de seu verdadeiro eu. Talvez vivam algum tipo de vida em termos da franja formada pelo falso eu, mas o sentimento de existir estará vinculado a um verdadeiro eu, central e inacessível. A queixa, se é dada à criança a oportunidade de queixar-se, é de que nada é sentido nem vivenciado como real ou essencialmente importante, ou verdadeiramente uma manifestação do eu. Essas crianças podem encontrar uma solução na *complacência*, na submissão, estando a violência sempre latente e suscetível de se manifestar uma ou outra vez. Por trás da confusão mental aguda está a lembrança de uma angústia inenarrável, quando pelo menos uma vez o núcleo central do eu foi descoberto e ferido. Descrevemos isso em termos de queda para sempre, desintegração, ausência de orientação etc., e é preciso que se saiba que as crianças que conservam a lembrança de algo semelhante não são idênticas às crianças que, por terem sido suficientemente bem cuidadas no começo, não têm essa ameaça oculta que precisa ser sempre levada em conta.

Na assistência residencial, a confiabilidade de um tipo humano pode, com o decorrer do tempo, desfazer um sentimento agudo de imprevisibilidade e uma considerável parte da terapia da assistência residencial pode ser descrita nesses termos.

(2) Uma ampliação dessa idéia pode expressar-se em termos de *segurança*. No início, a segurança é física; o ovo e o bebê estão seguros no ventre materno; depois, acrescenta-se a psicologia e o bebê sente-se seguro nos braços de alguém. Depois, se as coisas correrem bem, há a família etc. Se a assistência residencial tiver que fornecer suporte de tipo muito precoce, então a tarefa será, de fato, difícil ou impossível; mas, com muita freqüência, a terapia residencial reside no fato de a criança redescobrir no ambiente institucional uma situação de segurança suficientemente boa, que se perdeu ou foi interrompida num certo estágio anterior. James e Joyce Robertson deixaram tudo isso muito claro para todos nós através de seus escritos e filmes, e John Bowlby foi insuperável ao chamar a atenção do mundo para a natureza sagrada da situação inicial de segurança e para a extrema dificuldade que acompanha o trabalho daqueles que tentam corrigir a ausência de tal sentimento. É importante recordar sempre que, quando a criança

se sente desesperada, perdida, a sintomatologia não é, nesse caso, muito perturbadora. Pelo contrário, é quando está esperançosa que os sintomas começam a incluir roubos, violência e reclamações essenciais que não seria razoável esperar satisfazer, exceto em termos da recuperação daquilo que se perdeu e que é o que a criança muito pequena tem o direito de exigir dos pais.

(3) Devo dizer que a terapia realizada num ambiente residencial nada tem a ver com uma atitude moralista. O profissional pode ter suas próprias idéias sobre certo e errado. Uma criança terá certamente um senso moral pessoal latente, aguardando uma oportunidade para tornar-se uma característica de sua personalidade, ou então presente e manifestando-se de forma veementemente punitiva.

A terapia residencial, entretanto, não liga a sintomatologia ao pecado. Nada se ganha em usar uma categoria moralista em vez de um código diagnóstico, sendo este último baseado verdadeiramente na etiologia, isto é, na pessoa e no caráter de cada criança.

A punição de crianças problemáticas pode ser necessária, mas relaciona-se com a inconveniência da sintomatologia e da irritação que engendra em quem está tentando fazer o alojamento parecer uma beleza aos olhos dos membros visitantes da comissão de administração, que representa a sociedade, a qual fornece o apoio financeiro necessário. Em qualquer caso, as crianças podem gostar de uma punição limitada por ser muito menos terrível do que a que estão esperando, a qual é certamente retaliativa. A retaliação não tem lugar na assistência à criança e no trabalho residencial. Não obstante, todos somos humanos e, no decorrer de um ano, talvez seja possível apurar que quase todos tiveram um momento retaliativo. Isso seria apenas uma falha humana e fora da abordagem terapêutica.

(4) Existem muitos outros princípios gerais, mas um deles tem a ver com a gratidão. Na minha opinião, uma vez que terapia é o que prevalece não há por que esperar gratidão. Todas essas coisas são atitudes profissionais deliberadas que se baseiam em aspectos do lar e da família naturais, e qualquer pai ou mãe que tenha a expectativa de que seu bebê seja grato está esperando algo falso. Sabemos que os pais aguardam um tempo enorme até que uma criança diga "tá" e quando esperam por isso não estão

exigindo que a criança signifique seu "obrigado". Isso foi magnificamente ridicularizado na canção dos Beatles *Thank you very much*. As crianças descobrem que "muito obrigado" é uma parte da complacência e que isso deixa as pessoas bem-humoradas. A gratidão é algo muito refinado e pode manifestar-se conforme o caminho que o desenvolvimento da personalidade da criança seguir. Freqüentemente poderíamos dizer que, em todo o caso, desconfiamos da gratidão, sobretudo se for manifestada com exagero, sabendo como é fácil que não passe de uma manifestação de apaziguamento. Naturalmente, não estou pedindo que se devolva um presente. Estou simplesmente dizendo que vocês não devem realizar seu trabalho na expectativa de receber gratidão das crianças. Num certo sentido, vocês é que deverão ser gratos a elas. O Preboste de Derby citou recentemente, numa reunião de assistentes sociais, uma frase de S. Vicente de Paula, que disse aos seus seguidores: "Orai para que os pobres possam vos perdoar por ajudá-los." Penso que isso contém a idéia que estou expondo, a de que poderíamos agradecer às crianças por estarem necessitando de nós, se bem que, ao fazer uso da terapia que lhes proporcionamos, elas possam ser uma amolação e deixar-nos extenuados.

(5) Faz parte da terapia do nosso trabalho que, quando as crianças estão indo bem, elas se descubram e se convertam num incômodo. Passam por fases em que a violência e o roubo são as manifestações de esperança que conseguem mostrar. Em todos os casos em que uma criança recebe terapia num ambiente de assistência residencial, há necessariamente uma fase em que ela se torna candidata ao papel de bode expiatório. "Se ao menos pudéssemos livrar-nos daquela criança, tudo estaria bem." Esse é o momento crítico. Nesse momento, acho que – e espero que concordem comigo – a tarefa de vocês não é curar os sintomas ou pregar moralidade ou oferecer suborno. Sua tarefa é sobreviver. Neste contexto, a palavra sobreviver significa não só que vocês continuarão vivendo e que conseguirão passar por isso ilesos, mas também que não serão provocados à retaliação. Se vocês sobreviverem, então, e só então, poderão sentir-se usados de um modo perfeitamente natural pela criança que está se tornando uma pessoa e adquiriu recentemente a capacidade para fazer um gesto de natureza amorosa um tanto simplificada.

Vocês poderão, ocasionalmente, ouvir a expressão "muito obrigado", mas certamente a merecerem porque estiveram empenhados em fazer algo que tinha de ser feito quando a criança se encontrava num estágio anterior de seu desenvolvimento e estava perdida em virtude de indesejáveis quebras na continuidade da vida em seu próprio lar. Certamente haverá fracassos, e isso também é algo a que vocês terão que sobreviver, a fim de desfrutar de êxitos ocasionais.

Espero que, do que eu disse, seja possível perceber que, do meu ponto de vista, a assistência residencial pode ser um ato deliberado de terapia realizado por profissionais num contexto profissional. Pode ser uma espécie de amor, mas, com freqüência, tem que parecer mais um ato de ódio e a palavra-chave não é tratamento ou cura, mas sobrevivência. Se vocês sobreviverem, a criança terá oportunidade de crescer e vir a ser algo parecido com a pessoa que deveria ter sido se um infausto colapso ambiental não tivesse acarretado o desastre.

Quarta Parte
Terapia individual

Introdução dos organizadores da obra

O primeiro capítulo da Parte IV, que não foi publicado anteriormente, contém uma breve descrição da psicanálise e considera em linguagem simples as diferentes necessidades terapêuticas do indivíduo psicótico, do psiconeurótico e do anti-social. O segundo capítulo dedica-se especificamente à terapia individual de distúrbios de caráter, relacionando-os com a privação e vinculando a terapia do indivíduo anti-social às duas principais direções características da tendência anti-social. São dados dois exemplos clínicos. Esse estudo também mostra muito claramente como a teoria de Winnicott da tendência anti-social se harmoniza com a teoria psicanalítica, tal como se desenvolveu até o presente. Finalmente, há uma descrição de uma consulta terapêutica completa com uma menina que roubava na escola. Isso mostra como mentir está intimamente relacionado com furtar. Revela também, de um modo profundamente vigoroso e dramático, através dos desenhos espontâneos da menina, a natureza de sua privação específica.

27. Variedades de psicoterapia

(Palestra proferida na *Mental Illness Association Social and Medical Aspects* – MIASMA – em Cambridge, 6 de março de 1961.)

É mais freqüente que se discutam variedades de doença do que variedades de terapia. Naturalmente, as duas estão interligadas e terei que falar primeiro sobre doença para depois falar sobre terapia.

Sou psicanalista e vocês não se importarão, por certo, se eu disser que a base da psicoterapia é o treinamento psicanalítico. Isso inclui a análise pessoal do candidato a psicanalista por um supervisor. Independentemente desse treinamento, a teoria e a metapsicologia psicanalíticas influenciam toda a psicologia dinâmica, seja qual for a escola.

Existem, entretanto, muitas variedades de psicoterapia, as quais, para existir, devem depender da necessidade do paciente ou do caso, e não dos pontos de vista do terapeuta. Digamos que, sempre que possível, aconselhamos a psicanálise; mas, quando esta for inviável ou quando houver argumentos contra, então deve ser criada uma modificação apropriada.

Dos muitos pacientes que me procuram, de um modo ou de outro, apenas uma percentagem muito pequena obtém, de fato, tratamento psicanalítico, embora eu trabalhe no centro do mundo psicanalítico.

Eu poderia discorrer sobre as modificações técnicas que são exigidas quando o paciente é psicótico ou limítrofe, mas não é isso o que quero discutir aqui.

Meu interesse especial, agora, refere-se ao modo como um analista treinado pode fazer algo diferente da análise, e fazê-lo de maneira útil. Isso é importante quando, como é habitual, se dispõe de um tempo limitado para tratamento. Com freqüência, esses outros tratamentos podem parecer melhores do que aqueles que, pessoalmente, acho ter um efeito mais profundo – isto é, a psicanálise.

Em primeiro lugar, permitam-me dizer que um aspecto essencial da psicoterapia é que nenhum outro tratamento será envolvido. É impossível realizar o trabalho se a idéia de uma eventual terapia de choque estiver pairando no ar, já que isso altera todo o quadro clínico. O paciente ou teme ou anseia secretamente pelo tratamento físico (ou ambas as coisas), e o psicoterapeuta nunca está em contato com o verdadeiro problema pessoal do paciente.

Por outro lado, preciso considerar como ponto pacífico que haja cuidados físicos adequados.

A pergunta seguinte é: qual é o nosso objetivo? Desejamos fazer o máximo possível ou o mínimo? Em psicanálise, perguntamos a nós mesmos: quanto podemos fazer? No outro extremo, na minha clínica hospitalar, nosso lema é: qual é o mínimo que se necessita fazer? Isso nos permite estarmos sempre conscientes do aspecto econômico do caso; leva-nos também a procurar a doença central numa família, ou uma doença social, de modo que se evite desperdiçar nosso tempo e o dinheiro dos outros tratando de personagens secundários no drama familiar. Nada há de original nisso, mas talvez lhes agrade ouvir um psicanalista falar assim, dado que os analistas são especialmente propensos a atolar-se em longos tratamentos, no decorrer dos quais podem acabar perdendo de vista um fator externo adverso.

E depois, quantas das dificuldades dos pacientes decorrem simplesmente do fato de que ninguém jamais os escutou inteligentemente! Descobri bem depressa, há já 40 anos, que coletar as histórias de casos, tal como são relatadas por mães é, por si só, uma psicoterapia, quando isso é bem feito. Deve-se dar tempo ao tempo e adotar naturalmente uma atitude não-moralista; e quando a mãe tiver terminado de dizer tudo o que tinha em mente, poderá acrescentar: agora entendo como os sintomas atuais se enquadram no padrão global da vida da criança na família, e posso agora conduzir melhor as coisas, simplesmente porque o senhor me deixou contar a história toda à minha própria maneira e no meu próprio tempo. Isso se refere não apenas aos pais que trazem seus filhos pequenos. Os adultos confessam isso a seu próprio respeito, e poderíamos dizer que a psicanálise é uma extensa, muito extensa, coleta de histórias.

Vocês conhecem, é claro, a transferência em psicanálise. No contexto psicanalítico, pacientes trazem amostras de seu passado e de sua realidade interna e expõem-nas na fantasia que acompanha a relação deles, permanentemente cambiante, com o analista. Desse modo, o inconsciente pode tornar-se gradualmente consciente. Uma vez iniciado esse processo e assegurada a cooperação inconsciente do paciente, há sempre muita coisa a ser feita; daí a longa duração do tratamento médio. É interessante examinar as primeiras entrevistas. Se está sendo iniciado um tratamento psicanalítico, o analista tem o cuidado de não se mostrar excessivamente arguto no começo, e há boa razão para isso. O paciente traz para a sua primeira entrevista toda a sua crença e toda a sua desconfiança. Deve-se permitir que esses extremos encontrem expressão real. Se o analista interfere excessivamente, o paciente foge ou então, movido pelo medo, desenvolve uma esplêndida crença e torna-se quase como que hipnotizado.

Antes de prosseguir, devo mencionar alguns outros pressupostos. Não pode haver área reservada no paciente. A psicoterapia não prescreve a religião de um paciente, seus interesses culturais ou sua vida privada, mas um paciente que mantém parte de si mesmo completamente defendida está evitando a dependência que é inerente ao processo. Vocês verão que essa dependência acarreta algo correspondente no terapeuta, uma confiabilidade profissional que é ainda mais importante do que a idoneidade do médico na prática clínica comum. É interessante assinalar que o juramento hipocrático, o qual fundou a prática médica, reconheceu isso com fulgurante clareza.

Por outro lado, pela teoria subjacente em nosso trabalho, um distúrbio que não tem causa física e que, portanto, é psicológico representa um prurido no desenvolvimento emocional do indivíduo. A psicoterapia visa simples e unicamente desfazer, eliminar esse prurido, para que o desenvolvimento possa ter lugar onde antes não podia ocorrer.

Numa outra linguagem, embora paralela, o distúrbio psicológico é imaturidade, imaturidade do crescimento emocional do indivíduo, e esse crescimento inclui a evolução da capacidade do indivíduo para relacionar-se com pessoas e com o meio ambiente, de um modo geral.

Para ser bem claro, deverei dar a vocês uma visão panorâmica do distúrbio psicológico, das categorias de imaturidade pessoal, mesmo que isso envolva uma simplificação grosseira de uma questão altamente complexa. Eu estabeleço três categorias. A primeira delas traz-nos à mente o termo psiconeurose. Aí se enquadram todos os distúrbios de indivíduos que foram suficientemente bem cuidados nos estágios iniciais da vida para terem condições, do ponto de vista do desenvolvimento, para enfrentar e, em certa medida, não conseguir conter as dificuldades que são inerentes à vida plena, uma vida em que o indivíduo domina e não é dominado pelos instintos. Devo incluir nesta categoria as variedades mais "normais" de depressão.

A segunda dessas categorias traz-nos à mente a palavra psicose. Aqui, algo aconteceu de errado quanto aos detalhes dos primeiros cuidados dispensados ao bebê, sendo o resultado uma perturbação na estrutura básica da personalidade do indivíduo. Essa omissão básica, como Balint lhe chamou[1], pode ter produzido uma psicose infantil, ou dificuldades em estágios ulteriores podem ter exposto uma falha na estrutura do ego que tinha passado despercebida. Os pacientes nesta categoria nunca foram suficientemente saudáveis para tornarem-se psiconeuróticos.

Reservo a terceira categoria para os pacientes intermediários, aqueles indivíduos que começaram suficientemente bem, mas cujo ambiente não os ajudou em algum ponto, ou repetidas vezes, ou durante um longo período de tempo. São as crianças, adolescentes ou adultos que poderiam legitimamente afirmar: "tudo estava bem até..., e minha vida pessoal só poderá desenvolver-se se o meio reconhecer sua dívida para comigo"; mas, é cla-

---

1. M. Balint, *The Basic Fault*. Londres: Tavistock Publications, 1968.

ro, não é comum que a privação e o sofrimento que ela produziu sejam acessíveis à consciência, de modo que, em vez dessas palavras, apuramos clinicamente uma atitude que revela uma tendência anti-social e que pode cristalizar-se em delinqüência e em recidivismo.

De momento, portanto, estamos observando a doença psicológica através da extremidade errada de três telescópios. Através de um telescópio vemos a depressão reativa, que está relacionada com as pulsões destrutivas que acompanham os impulsos amorosos nas relações de dois corpos (basicamente, bebê e mãe), e também vemos a psiconeurose, que está relacionada com a ambivalência, ou seja, amor e ódio coexistentes, que acompanha as relações triangulares (basicamente a criança e os dois pais), sendo a relação experimentada hetero e homossexualmente em proporções variáveis.

Através do segundo telescópio vemos os estágios iniciais do desenvolvimento emocional se distorcerem pelos cuidados defeituosos com o bebê. Admito que alguns bebês são mais difíceis de criar do que outros, mas, como não pretendemos responsabilizar ninguém, podemos atribuir a causa da doença, neste caso, a uma deficiência de criação. O que verificamos é uma falha na estruturação do eu pessoal e na capacidade do eu para relacionar-se com os objetos que são do meio ambiente. Gostaria de explorar este rico filão com vocês, mas não posso fazê-lo.

Através desse telescópio, vemos as várias deficiências que produzem o quadro clínico da esquizofrenia, ou que geram as subcorrentes psicóticas que perturbam o fluxo regular e uniforme da vida de muitos de nós, que conseguimos arranjar um rótulo de normais, saudáveis, maduros.

Quando encaramos a doença desse modo, apenas vemos exagerações de elementos em nossos próprios eus, nada vemos que coloque pessoas psiquiatricamente doentes num lugar à parte. Daí a tensão inerente a se tratar e cuidar de pessoas doentes psicologicamente e não através de medicamentos e dos chamados tratamentos físicos.

O terceiro telescópio desvia a nossa atenção das dificuldades inerentes à vida para as perturbações de natureza diferente, pois a pessoa é impedida de chegar aos seus próprios problemas por um ressentimento, uma justificada reclamação de que um insulto quase recordado seja reparado. Nós, nesta sala, provavelmente não estamos nessa categoria, nem mesmo de leve. A maioria das pessoas pode dizer de seus pais: eles cometeram erros, frustraram-nos constantemente e coube a eles apresentarem-nos ao Princípio de Realidade, arquiinimigo da espontaneidade, criatividade e do sentido de Real; MAS, eles realmente nunca nos abandonaram. Ora, é justamente esse abandono que constitui a base da tendência anti-social e, por mais que nos desagrade que nos roubem as nossas bicicletas, ou que tenhamos de recorrer à polícia para impedir a violência, vemos, percebemos, por que esse menino ou essa menina nos forçam a enfrentar um desafio, seja roubando ou destruindo.

Fiz o que pude para construir um fundamento teórico com vistas à minha breve descrição de algumas variedades de psicoterapia.

CATEGORIA I (psiconeurose)

Se a doença nesta categoria necessita de tratamento, gostaríamos de oferecer psicanálise, um contexto profissional de confiabilidade geral em que o inconsciente reprimido pode tornar-se consciente. Isso acontece em resultado do aparecimento, na "transferência", de inúmeras manifestações dos conflitos pessoais do paciente. Num caso favorável, as defesas contra a ansiedade que resulta da vida instintiva e sua elaboração imaginativa tornam-se cada vez menos rígidas e cada vez mais sujeitas ao sistema de controle deliberado do paciente.

CATEGORIA II (fracasso nos cuidados com o bebê)

Na medida em que a doença desse tipo requer tratamento, é preciso proporcionar ao paciente a oportunidade para ter experiências que pertencem propriamente ao início da infância, sob condições de extrema dependência. Vemos que tais condições podem ser encontradas à parte da psicoterapia organizada, por exemplo, na amizade, nos cuidados de enfermagem que podem ser dispensados em virtude de uma doença física, em experiências culturais, incluindo, para algumas pessoas, as que são chamadas religiosas. Uma família que continua cuidando de uma criança fornece oportunidades para regressão à dependência, mesmo intensa, e é, de fato, uma característica regular da vida em família, bem enraizada num meio social, que tais oportunidades continuem existindo para restabelecer e enfatizar elementos de assistência que pertencem inicialmente à esfera dos cuidados com o bebê. Vocês concordarão que algumas crianças se comprazem em suas famílias e em sua crescente independência, ao passo que outras continuam usando suas famílias de um modo psicoterapêutico.

A assistência social profissional entra aqui, como uma tentativa para fornecer profissionalmente a ajuda que seria propiciada não-profissionalmente pelos pais, pelas famílias e por unidades sociais. De modo geral, o assistente social não é um psicoterapeuta no sentido descrito para pacientes da Categoria I. O assistente social é, contudo, um psicoterapeuta quando satisfaz as necessidades da Categoria II.

Vocês verão que muito do que uma mãe faz com um bebê poderia chamar-se "sustentação". Não só é muito importante o ato concreto de segurar um filho nos braços, e uma coisa delicada que só pode ser delicadamente feita pelas pessoas certas, mas também uma boa parte da criação do bebê consiste numa interpretação cada vez mais ampla da palavra "sustentar". Sustentar acaba por incluir todo o trato físico com a criança, na medida em que é orientado no sentido de adaptar-se às necessidades dela. Gradualmente, a criança gosta que a soltem e isso corresponde à apresentação que lhe é feita do Princípio de Realidade, o qual, no começo, colide com o Princípio de Prazer (revogação da onipotência). A família continua esta sustentação e a sociedade sustenta a família.

O trabalho realizado por um assistente social poderia ser descrito como o aspecto profissionalizado dessa função normal dos pais e das unidades sociais locais, uma "sustentação" de pessoas e situações, enquanto se dá uma oportunidade às tendências de crescimento. Essas tendências de crescimento estão presentes o tempo todo em cada indivíduo, exceto onde a desesperança (em virtude de repetidos fracassos ambientais) levou a uma retirada organizada. As tendências têm sido descritas em termos de integração, de harmonização da psique com o corpo, de estabelecimento de laços de uma pessoa com outra, de desenvolvimento da capacidade de relacionamento com objetos. Esses processos avançam, a não ser que sejam bloqueados por falhas de segurança e de satisfação dos impulsos criativos do indivíduo.

CATEGORIA III (privação)

Quando os pacientes são dominados por uma área de *privação* em sua história passada, o tratamento precisa ser adaptado a esse fato. Como pessoas, eles podem ser normais, neuróticos ou psicóticos. Dificilmente se poderá discernir qual é o padrão pessoal, porque toda vez que a esperança começa a ganhar vida o menino ou a menina produz um sintoma (roubar ou ser roubado de algo, destruir ou ser destruído), o que força o meio ambiente a notar e a atuar. A ação geralmente é punitiva, mas o que o paciente necessita, evidentemente, é de um reconhecimento pleno e pagamento integral. Como já disse, isso não pode ser feito, com grande freqüência, porque muita coisa é inacessível à consciência, mas é importante que uma séria exploração seja realizada nas fases iniciais de uma carreira anti-social, exploração essa que, na maioria dos casos, produz uma pista e uma solução. Um estudo da delinqüência deveria ser iniciado como um estudo do anti-social em crianças relativamente normais cujos lares estão intatos, e é aí que considero freqüentemente possível acompanhar o curso da privação desde seus primórdios e o sofrimento extremo que dela resultou, alterando assim todo o desenvolvimento subseqüente da criança. (Tenho casos publicados e poderei dar outros exemplos, se houver tempo.)

A questão importante aqui é que se deixa a sociedade com todos os casos não tratados e intratáveis, nos quais a tendência anti-social se converteu numa delinqüência estabilizada. Neste caso, a necessidade é de fornecimento de ambientes especializados, que podem ser de dois tipos:

(1) aqueles que esperam socializar as crianças que estão segurando; e
(2) aqueles que são meramente destinados a guardar as crianças, a fim de preservar a sociedade da presença delas até que esses meninos e meninas tenham idade suficiente para não continuarem detidos e até que saiam para o mundo como adultos que repetidamente se verão em apuros. Este último tipo de instituição pode funcionar sem percalços, quando administrada de maneira rigorosa.

Vocês vêem como é muito perigoso basear um sistema de assistência infantil no trabalho feito em alojamentos para crianças desajustadas, e sobretudo na gestão "bem-sucedida" de delinqüentes em centros de detenção?

Com base no que eu disse até aqui, talvez agora seja possível comparar os três tipos de psicoterapia.

Naturalmente, um psiquiatra experiente precisa estar apto a passar facilmente de um tipo de terapia para outro e, na verdade, para todos os tipos ao mesmo tempo, se necessário, quando surge tal necessidade.

A doença de qualidade psicótica (Categoria II) exige que organizemos um tipo de complexo de "sustentação", incluindo a assistência física, se necessário. Neste caso, o terapeuta ou enfermeiro intervém quando o ambiente imediato do paciente falha. Como disse um amigo meu (o falecido John Rickman), "insanidade é não ser capaz de encontrar alguém que nos tolere", e aqui temos dois fatores, o grau de doença do paciente e a capacidade do meio ambiente para tolerar os sintomas. Assim, existem pessoas no mundo que estão mais doentes do que algumas daquelas que se encontram em hospitais psiquiátricos.

A psicoterapia do gênero a que estou me referindo pode parecer mera amizade, mas não é, pois o terapeuta é pago e só vê o paciente durante um período limitado, com hora marcada, e, além disso, durante um tempo igualmente limitado, uma vez que a finalidade em toda e qualquer terapia é chegar a um ponto em que a relação profissional termina porque a vida e a existência do paciente assumem o controle e o terapeuta passa a tratar do caso seguinte.

Um terapeuta é como outros profissionais, na medida em que, no seu trabalho, seu comportamento está num padrão superior ao de sua vida privada. Ele é pontual, adapta-se às necessidades do seu paciente e não expressa seus próprios impulsos frustrados no contato com os pacientes.

É evidente que os pacientes muito doentes, nesta categoria, exigem demais da integridade do terapeuta, uma vez que necessitam de contato humano e de sentimentos reais e, no entanto, precisam confiar de forma absoluta na relação de que dependem ao máximo. As maiores dificuldades surgem quando houve uma sedução na infância do paciente, e nesse caso deve ser vivenciada, no decorrer do tratamento, a delusão de que o terapeuta está repetindo a sedução. Naturalmente, a recuperação depende de ser anulada essa solução infantil que colocou a criança prematuramente numa vida sexual real em vez de imaginária, e frustrou um pré-requisito da criança: o jogo ilimitado.

Na terapia destinada a tratar da doença psiconeurótica (Categoria I), a montagem psicanalítica clássica criada por Freud pode ser facilmente realizada, pois o paciente traz para o tratamento um certo grau de crença e de capacidade para confiar. Tudo isso admitido como ponto pacífico, o analista tem a oportunidade para consentir que a transferência se desenvolva à sua própria maneira e, em vez das delusões do paciente, o que se apresenta como material de análise são sonhos, imaginação e idéias expressas em forma simbólica, que podem ser interpretados de acordo com o desenvolvimento do processo e através da cooperação inconsciente do paciente.

Isso é tudo o que o tempo me permite dizer a respeito da técnica psicanalítica, a qual pode ser aprendida e é bastante difícil, mas não tão exaustiva quanto a terapia destinada a lidar com os distúrbios psicóticos.

A psicoterapia destinada a tratar de uma tendência anti-social num paciente só funciona, como eu disse, se o paciente estiver perto do começo de sua carreira anti-social, antes de se estabelecerem ganhos secundários e habilidades delinqüentes. Somente nos estágios iniciais é que o paciente sabe que é um paciente e sente, realmente, a necessidade de chegar às raízes da perturbação. Quando o trabalho é possível de acordo com essa orientação, o médico e o paciente preparam-se para desfiar uma espécie de história policial, usando todas as pistas que possam existir, inclusive o que é conhecido da história passada do caso, e o trabalho é feito numa fina camada que se situa em algum lugar entre o inconsciente profundamente enterrado e a vida consciente e o sistema mnêmico do paciente.

Essa camada que está entre o inconsciente e o consciente é ocupada, nas pessoas normais, por atividades culturais, e a vida cultural do delinqüente é notoriamente escassa, pois não existe liberdade em tal caso, exceto numa fuga para o sonho não recordado ou para a realidade. Qualquer tentativa de exploração da área intermediária conduz não para a arte, a religião, ou atividades lúdicas, mas para o comportamento anti-social, que é compulsivo e inerentemente desestimulante para o indivíduo, bem como pernicioso para a sociedade.

28. *A psicoterapia de distúrbios de caráter*

(Comunicação lida no 11.º Congresso Europeu de
Psiquiatria Infantil, Roma, maio-junho de 1963)

Embora o título escolhido para este ensaio seja "A psicoterapia de distúrbios de caráter", é impossível evitar um exame do significado do termo "distúrbio de caráter". Como observa Fenichel[1],

> Pode-se perguntar se existe alguma análise que não seja "análise de caráter". Todos os sintomas são fruto de atitudes específicas do ego, as quais, na análise, surgem como resistências e se desenvolveram durante conflitos infantis. Isto é verdade. E num certo grau, realmente, todas as análises são análises de caráter.

E ainda,

> Os distúrbios de caráter não constituem uma unidade nosológica. Os mecanismos que estão na base do distúrbio de caráter podem ser tão diferentes quanto os mecanismos que estão na base das neuroses sintomáticas. Assim, um caráter histérico será mais fácil de tratar do que um caráter compulsivo, um caráter compulsivo mais fácil do que um caráter narcisista.

---

1. O. Fenichel, *The Theory of Neurosis*. Nova York: W. W. Norton, 1945.

É claro que ou o termo é amplo demais para ser útil, ou então precisarei usá-lo de um modo especial. Neste último caso, devo indicar o uso que lhe darei neste ensaio.

Em primeiro lugar, haverá confusão, a menos que seja reconhecido que os três termos – caráter, um bom caráter e um distúrbio de caráter – trazem à idéia três fenômenos muito diferentes, e seria artificial lidar com os três ao mesmo tempo; entretanto, esses três estão inter-relacionados.

Freud escreveu que "um caráter razoavelmente idôneo" é um dos pré-requisitos para uma análise bem-sucedida, mas nós estamos considerando a *inidoneidade* na personalidade, e Fenichel pergunta: pode essa inidoneidade ser tratada? Ele poderia ter indagado: qual é a sua etiologia?

Quando estou diante de distúrbios de caráter, descubro que estou observando *pessoas totais*. Há nesta expressão a implicação de um certo grau de integração, o que por si só é um sinal de saúde psiquiátrica.

As comunicações que precederam esta minha ensinaram-nos muito e reforçaram minha idéia de caráter como algo que concerne à integração. O caráter é uma manifestação de integração bem-sucedida e um distúrbio de caráter é uma distorção da estrutura do ego, sendo a integração, não obstante, mantida. Talvez seja conveniente lembrar que a integração é um fator de tempo. O caráter da criança formou-se com base num contínuo processo de desenvolvimento e, a esse respeito, a criança tem um passado e um futuro.

Seria valioso, ao que parece, usar o termo distúrbio de caráter na descrição da tentativa de uma criança para acomodar suas próprias anormalidades ou deficiências de desenvolvimento. Pressupomos sempre que a estrutura da personalidade está apta a suportar a tensão decorrente da anormalidade. A criança precisa conviver com o padrão pessoal de ansiedade, ou compulsão, ou desconfiança etc. e estar apta a relacionar isso com os requisitos e as expectativas de seu meio ambiente imediato.

Em minha opinião, o valor do termo pertence especificamente a uma descrição da distorção da personalidade que ocorre *quando a criança necessita acomodar um certo grau de tendência anti-social*. Isso leva imediatamente a um enunciado do meu uso desse termo.

Estou usando essas palavras que nos possibilitam focalizar a atenção não tanto no comportamento, mas naquelas raízes da má conduta que se estendem por toda a área entre a normalidade e a delinqüência. A tendência anti-social pode ser observada no próprio filho saudável que, aos dois anos de idade, subtrai uma moeda da bolsa da mãe.

A tendência anti-social resulta sempre de uma *privação* e representa a reivindicação da criança para retornar ao estado de coisas existente quando tudo estava bem. Não posso desenvolver esse tema aqui, mas o que chamo de tendência anti-social deve ser mencionado porque se encontra regularmente na dissecação do distúrbio de caráter. A criança, ao acomodar sua tendência anti-social, pode escondê-la, pode desenvolver uma formação de reação a ela, tal como tornar-se arrogante, pode desenvolver um ressentimento e adquirir um caráter queixoso, pode especializar-se em devaneios, mentiras, moderada atividade masturbatória crônica, enurese noturna, sucção compulsiva do polegar, fricção das coxas etc., ou pode manifestar periodicamente a tendência anti-social num *distúrbio de comportamento*. Este último está sempre associado à esperança e é ou da natureza do furto ou da atividade agressiva e destruição. É compulsivo.

Portanto, o distúrbio de caráter, na minha opinião, refere-se de maneira mais significativa à distorção da personalidade *intata*, que resulta dos elementos anti-sociais nela existentes. É o elemento anti-social que determina o envolvimento da sociedade. A sociedade (a família da criança etc.) terá que enfrentar o desafio, e *gostar ou não* do caráter e do distúrbio de caráter.

Eis, portanto, o começo de uma descrição:

> Os distúrbios de caráter não são esquizofrenia. No distúrbio de caráter existe doença oculta na personalidade intata. Os distúrbios de caráter, de algum modo e em certo grau, envolvem ativamente a sociedade.
>
> Os distúrbios de caráter podem ser divididos segundo:
>
> Êxito ou fracasso, por parte do indivíduo, na tentativa da personalidade total de esconder o elemento de doença. Neste caso, o êxito significa que a personalidade, embora debilitada, tornou-se capaz de socializar a distorção de caráter para descobrir ganhos secundários ou se ajustar a um costume social.
>
> O fracasso, neste caso, significa que o enfraquecimento da personalidade acarreta a incapacidade de estabelecer uma

relação com a sociedade como um todo, em virtude do elemento oculto de doença.

De fato, a sociedade desempenha um papel na determinação do destino reservado à pessoa com distúrbio de caráter, e desempenha-o de várias maneiras. Por exemplo:

    A sociedade tolera, até um certo grau, a doença individual.
    A sociedade tolera o fracasso do indivíduo em contribuir para ela.
    A sociedade tolera, ou até desfruta, as distorções do modo de contribuição do indivíduo para ela.
ou A sociedade enfrenta o desafio da tendência anti-social de um indivíduo, e sua reação é motivada por:

(1) Vingança.
(2) Desejo de socializar o indivíduo.
(3) Compreensão e aplicação da compreensão à prevenção.
O indivíduo com distúrbio de caráter pode sofrer de:
(1) Enfraquecimento da personalidade, ressentimento, irrealidade, consciência da ausência de um propósito sério etc.
(2) Falência da socialização.

Aqui está, pois, a base para a psicoterapia, porque a psicoterapia relaciona-se com o *sofrimento* individual e a necessidade de ajuda. Mas esse sofrimento, no distúrbio de caráter, pertence unicamente aos estágios iniciais da doença do indivíduo; os ganhos secundários passam rapidamente a preponderar, diminuem o sofrimento e interferem no impulso do indivíduo para buscar ajuda ou para aceitar a ajuda oferecida.

É preciso reconhecer que, no que diz respeito ao "êxito" (distúrbio de caráter escondido e socializado), *a psicoterapia faz o indivíduo doente*, porque a doença situa-se entre a defesa e a saúde do indivíduo. Em contrapartida, a respeito da ocultação "malograda" do distúrbio de caráter, embora possa haver um impulso inicial no indivíduo para buscar ajuda num estágio inicial, por causa das reações da sociedade, esse motivo não leva necessariamente o paciente ao tratamento da doença mais profunda.

A pista para o tratamento do distúrbio de caráter é dada pelo papel que o meio ambiente desempenha no caso da *cura natural*. No caso mais benigno, o meio ambiente pode "curar" porque a causa foi uma deficiência ambiental na área de apoio e proteção ao ego num estágio de dependência do indivíduo. Isso explica por que crianças são regularmente "curadas" de distúrbio incipiente de caráter no decorrer de seu próprio desenvolvimento infantil, simplesmente fazendo uso da vida familiar. Os pais têm uma segunda e uma terceira oportunidade de fazer seus filhos superarem o distúrbio, apesar de falhas de administração (em sua grande maioria inevitáveis) nos estágios iniciais da infância, quando a criança é altamente dependente. A vida familiar é, portanto, o lugar que oferece a melhor oportunidade para a investigação da etiologia do distúrbio de caráter; e, de fato, é na vida familiar, ou seu substituto, que o *caráter* da criança está sendo construído de modos positivos.

Etiologia do distúrbio de caráter

Ao considerar-se a etiologia do distúrbio de caráter, é necessário aceitar como ponto pacífico o processo de amadurecimento na criança, a esfera livre de conflitos do ego (Hartmann), assim como o movimento para diante com pulsão de ansiedade (Klein) e a função do meio ambiente que facilita o processo de amadurecimento. O suprimento ambiental deve ser suficientemente "bom" para que a maturação se torne um fato no caso de qualquer criança.

Com isto em mente, podemos dizer que existem dois extremos de distorção, e que eles se relacionam com o estágio de amadurecimento do indivíduo no qual a deficiência ambiental forçou realmente demais a capacidade do ego para organizar defesas:

> Num extremo encontra-se o ego escondendo as formações de sintomas *psiconeuróticos* (estabelecidos em relação à ansiedade que acompanha o complexo de Édipo). Neste caso, a doença oculta é uma questão de conflito no inconsciente pessoal do indivíduo.
>
> No outro extremo está o ego escondendo as formações de sintomas *psicóticos* (cisão, dissociações, desvio da realidade,

despersonalização, regressão e dependências onipotentes, etc.). Neste caso, a doença oculta está na estrutura do ego.

Mas a questão do envolvimento essencial da sociedade não depende da resposta à pergunta: a doença oculta é psiconeurótica ou psicótica? De fato, no distúrbio de caráter existe este outro elemento, a percepção correta do *indivíduo* numa época, no começo da infância, em que primeiro tudo estava bem, ou suficientemente bem, e depois nem tudo estava bem. Em outras palavras, que ocorreu num certo período, ou durante uma fase inicial do desenvolvimento, uma falha do apoio ao ego que resultou na suspensão do desenvolvimento emocional do indivíduo. Uma reação no indivíduo a essa perturbação tomou o lugar do simples crescimento. Os processos de amadurecimento foram contidos, por causa de uma deficiência do ambiente facilitador.

Esta teoria da etiologia do distúrbio de caráter, se correta, leva a uma nova explicação do distúrbio de caráter em seu começo. O indivíduo dessa categoria carrega dois fardos separados. Um deles, é claro, é o fardo crescente de um processo maturacional perturbado e, em alguns aspectos, tolhido ou adiado. O outro é a esperança, uma esperança que nunca se extingue por completo, a de que o meio ambiente possa reconhecer e compensar a deficiência específica que provocou o dano. Na grande maioria dos casos, os pais ou a família ou os guardiões da criança reconhecem o "abandono" (tantas vezes inevitável) e, mediante um período de administração especial, mimos ou o que poderia ser chamado de cuidados mentais, acompanham a criança na recuperação do trauma.

Quando a família não corrige suas falhas, a criança segue em frente com danos certos, empenhando-se então em

(1) organizar coisas de modo a viver uma vida apesar de seu desenvolvimento emocional ter sido tolhido, e
(2) estar o tempo todo aberta a momentos de esperança, momentos em que parece possível forçar o meio ambiente a efetuar a cura (por conseguinte, atuação [*acting out*]).

Entre o estado clínico de uma criança que foi lesada do modo aqui descrito e o reatamento do desenvolvimento emocional dessa criança, com tudo o que isso significa em termos de socialização, está essa necessidade de fazer a sociedade reconhecer e ressarcir. Por trás do desajustamento de uma criança está sempre um fracasso do meio ambiente em ajustar-se às necessidades absolutas da criança numa época de relativa dependência. (Tal fracasso é, inicialmente, uma deficiência de criação.) Depois, pode-se acrescentar um fracasso da família em curar os efeitos dessas deficiências; e poder-se-á ainda acrescentar o fracasso da sociedade, quando esta toma o lugar da família. Enfatize-se que, nesse tipo de caso, pode-se mostrar que o fracasso inicial ocorreu num período em que o desenvolvimento da criança tinha justamente possibilitado que ela percebesse o fato desse fracasso e a natureza do desajustamento do meio ambiente.

A criança apresenta agora uma tendência anti-social, que (como eu disse), no estágio anterior ao desenvolvimento de ganhos secundários, é sempre uma manifestação de esperança. Essa tendência anti-social pode manifestar-se sob duas formas:

(1) o estabelecimento de reivindicações quanto ao tempo, interesse, dinheiro etc. de pessoas (manifestando-se no recurso ao roubo).

(2) A expectativa daquele grau de força, organização e "retorno" estruturais que é essencial para que a criança possa descansar, relaxar, desintegrar, sentir-se segura (manifestado pela destruição que provoca uma administração forte).

Com base nesta teoria da etiologia do distúrbio de caráter, posso agora passar a examinar a questão da terapia.

Indicações para terapia

A terapia do distúrbio de caráter tem três objetivos:

(1) Uma dissecação, até se chegar à doença que está escondida e se manifesta na distorção de caráter. Preparatório para isso pode ser um período em que o indivíduo é convidado a tornar-se paciente, a ficar doente em vez de esconder a doença.

(2) Ir ao encontro da tendência anti-social, que, do ponto de vista do terapeuta, é evidência de esperança no paciente; acolhê-la como um SOS, um *cri de coeur*, um sinal de aflição.
(3) A análise que leva em consideração tanto a distorção do ego como a exploração pelo paciente de suas pulsões do id, durante as tentativas de autocura.

A tentativa de ir ao encontro da tendência anti-social do paciente tem dois aspectos:

A admissão das reivindicações de direitos do paciente em termos do amor e confiabilidade de uma pessoa.
O fornecimento de uma estrutura de suporte do ego que seja relativamente indestrutível.

Como isto sugere, o paciente, de tempos em tempos, estará atuando (*acting out*) e, na medida em que tal recurso se relaciona com a transferência pode ser orientado e interpretado. As dificuldades em terapia surgem em relação a uma atuação anti-social, que se situa à margem do mecanismo terapêutico total, ou seja, que envolve a sociedade.

No que se refere ao tratamento da doença escondida e da distorção do ego, a necessidade é de psicoterapia. Mas, ao mesmo tempo, a tendência anti-social deverá ser envolvida no tratamento, como e quando aparecer. A finalidade nessa parte do tratamento é chegar ao trauma original. Isso terá que ser feito no transcurso da psicoterapia ou, se esta não for acessível, durante a administração especializada que for adotada.

Nesse trabalho, os fracassos do terapeuta ou daqueles que administram a vida da criança serão reais e pode-se demonstrar que reproduzem os fracassos originais, de forma simbólica. Esses fracassos são muito reais e, em especial, na medida em que o paciente regrediu para a dependência na idade apropriada, ou então a recorda. O reconhecimento do fracasso do analista ou dos guardiões torna o paciente capaz de ter raiva, adequadamente, em vez de ficar traumatizado. *O paciente necessita retornar, através do trauma da transferência, ao estado de coisas que existia antes do trauma original.* (Em alguns casos, existe a possibilidade de chegar rapidamente ao trauma de privação, numa primeira entrevista.) A reação ao fracasso corrente só faz sentido na medida em que esse fracasso corrente, atual, *é* o fracasso do ambiente original, do ponto de vista da criança. A reprodução, no tratamento, de exemplos resultantes do fracasso ambiental original, somada à experiência de raiva apropriada do paciente, liberta os processos maturacionais do paciente; é preciso lembrar que este se encontra num estado de dependência e tem necessidade de apoio ao ego e de administração ambiental (segurança) no contexto de tratamento, e a fase seguinte precisa ser um período de crescimento emocional em que o caráter se constrói positivamente e perde suas distorções.

Num caso favorável, a atuação pertinente nesses casos está confinada ao tratamento, ou pode ser trazida para a transferência, produtivamente, por interpretação de deslocamento, simbolismo e projeção. Num extremo está a cura "natural" comum, que tem lugar na família da criança. No outro extremo estão os pacientes seriamente perturbados cuja atuação pode tornar impossível o tratamento por interpretação, visto que o trabalho é interrompido por reações da sociedade ao roubo ou à destrutividade.

Num caso de gravidade moderada, a atuação pode ser administrada, desde que o terapeuta entenda seu intuito e significação. Pode-se dizer que a atuação é a alternativa para o desespero. A maior parte do tempo, o paciente não tem esperança de corrigir o trauma original e, assim, vive num estado de relativa depressão ou de dissociações que mascaram o estado caótico, sempre ameaçador. Mas quando o paciente começa a estabelecer uma relação com o objeto, ou a catexiar uma pessoa, então inicia-se uma tendência anti-social, uma compulsão ou para fazer reivindicações (furtar) ou para, mediante o comportamento destrutivo, ativar uma administração implacável ou mesmo retaliativa.

Em todo caso, para que a psicoterapia seja bem-sucedida, o paciente deve ser visto enquanto passa por uma ou muitas dessas fases difíceis de comportamento anti-social manifesto, e não são poucas as vezes em que o tratamento é interrompido justamente nesses pontos críticos. O caso é abandonado não necessariamente porque a situação não possa ser tolerada mas (com igual probabilidade) porque os responsáveis pelo caso ignoram que essas fases de atuação são inerentes e podem ter um valor positivo.

Nos casos graves, essas fases apresentam, quanto à administração e quanto ao tratamento, dificuldades tão grandes que a lei (sociedade) assume o controle e, ao mesmo tempo, a psicoterapia entra em recesso. A vingança da sociedade toma o lugar da compreensão e da simpatia, e o indivíduo deixa de sofrer e de ser um paciente para tornar-se um criminoso com delusão de perseguição.

É meu intuito chamar a atenção para *o elemento positivo no distúrbio de caráter*. Se o indivíduo não consegue adquirir um distúrbio de caráter, quando se esforça por acomodar um certo grau de tendência anti-social, então correrá o risco de colapso psicótico. O distúrbio de caráter indica que a estrutura do ego do indivíduo pode ligar as energias envolvidas na paralisação dos processos de amadurecimento e também as anormalidades na interação da criança e da família. Até que os ganhos secundários tenham se tornado uma característica, a personalidade com distúrbio de caráter está sempre correndo o risco de se desintegrar em paranóia, depressão maníaca, psicose ou esquizofrenia.

Em resumo, uma exposição sobre o tratamento do distúrbio de caráter pode começar com a afirmação de que esse tratamento é igual ao de qualquer outro distúrbio psicológico, a saber, a psicanálise, se for acessível. E seguir-se-ão as seguintes considerações:

(1) A psicanálise pode ser bem-sucedida, mas o analista pode esperar encontrar a atuação (*acting-out*) na transferência e deve entender o significado dessa atuação e estar apto a conferir-lhe valor positivo.

(2) A análise pode ser bem-sucedida mas ser difícil, porque a doença escondida possui características psicóticas, de modo que o paciente deve adoecer (tornar-se psicótico, esquizóide) antes de começar a melhorar; e todos os recursos do analista serão necessários para lidar com os mecanismos primitivos de defesa, que serão uma característica.

(3) A análise pode estar sendo bem-sucedida mas, como a atuação não se limitou à relação de transferência, o paciente é posto fora do alcance do analista por causa da reação da sociedade à tendência anti-social do paciente ou por causa da ação da lei. Há, neste caso, margem para grande variação, em virtude da variabilidade da reação da sociedade, que vai desde a vingança pura e simples até uma expressão da boa-vontade

da sociedade em dar ao paciente uma oportunidade para realizar uma socialização tardia.

(4) Em muitos casos, o distúrbio incipiente de caráter é tratado, e tratado com êxito, no lar da criança, por uma fase ou por fases de administração especial (tratá-la com mimos), ou por cuidados especialmente *pessoais* ou controle rigoroso por uma pessoa que ama a criança. Uma extensão disso é o tratamento de distúrbio de caráter incipiente ou precoce sem psicoterapia, por gestão em grupos preparados para dar o que a própria família da criança não pode dar em termos de administração especial.

(5) Na época em que o paciente chega para tratamento, poderá existir já a manifestação de uma tendência anti-social fixada, e uma atitude endurecida no paciente, fomentada pelos ganhos secundários; nesse caso a questão de psicanálise não se levanta. Então, o objetivo é fornecer uma administração firme, por pessoas compreensivas, e fornecer isso como um *tratamento*, antes que venha a ser dado como *corretivo* por ordem de um tribunal. Psicoterapia pessoal poderá ser acrescentada, se houver condições.

Finalmente,

(6) o caso de distúrbio de caráter pode apresentar-se como um caso judicial, sendo a reação da sociedade representada pelo inspetor da liberdade condicional, ou pelo encaminhamento para um reformatório ou uma instituição penal.

Pode acontecer que o recolhimento por decisão judicial acabe sendo um elemento *positivo* na socialização do paciente. Isso corresponde também à cura natural, que comumente ocorre na família do paciente; a reação da sociedade foi, para o paciente, a demonstração prática de seu "amor", isto é, de sua disposição para "sustentar" o eu não-integrado do paciente e enfrentar a agressão com firmeza (a fim de limitar os efeitos de episódios maníacos) e o ódio com o ódio, adequado e sob controle. Este último é o melhor que algumas crianças desapossadas conseguirão por intermédio da administração satisfatória, e muitas crianças desapossadas anti-sociais e turbulentas transformam-se de ineducáveis em educáveis no regime rigoroso do estabelecimento correcional. O perigo nesse caso é que, crescendo numa atmosfera de ditadura, as crianças turbulentas e anti-sociais tornem-se ditadores, o que pode levar educadores e pedagogos a pensarem que uma atmosfera de rígida disciplina, em que cada minuto da vida da criança é preenchido, é um bom tratamento educacional para crianças normais, o que decididamente não é.

Meninas

De um modo geral, tudo isso se aplica igualmente a meninos e meninas. No estágio da adolescência, entretanto, a natureza do distúrbio de caráter é necessariamente diferente. Por exemplo, as adolescentes são propensas a mostrar sua tendência anti-social pela prostituição, e um dos riscos da atuação é a produção de bebês ilegítimos. Na prostituição existem ganhos secundários. Um deles é que as meninas acham que estão contribuindo para a sociedade sendo prostitutas, já que não podem contribuir para ela de outra maneira. Elas encontram muitos homens solitários, que querem mais um relacionamento do que sexo, e que se dispõem a pagar por isso. Além do mais, essas meninas, essencialmente solitárias, realizam contatos com outras de sua espécie. O tratamento das adolescentes anti-sociais que começaram a experimentar os ganhos secundários da prostituta apresenta *dificuldades insuperáveis*. Talvez a idéia de tratamento não faça sentido nesse contexto. Em muitos casos, já é tarde demais. É melhor renunciar a qualquer tentativa de curar a prostituição e, em vez disso, concentrar os esforços para dar a essas meninas alimentação, teto e a oportunidade para se manterem saudáveis e limpas.

Ilustrações clínicas

Um tipo comum de caso

Um menino no período final de latência (visto pela primeira vez aos 10 anos) estava recebendo de mim tratamento psicanalítico. Sua inquietação e propensão para explosões de cólera começaram muito cedo, pouco depois do nascimento e muito antes de ser desmamado, aos oito meses. Sua mãe era uma pessoa neurótica e, durante toda a vida, mais ou menos deprimida. Ele era ladrão e dado a ataques agressivos. Sua análise estava indo bem e, no decorrer de um ano de sessões diárias, muito trabalho analítico direto foi realizado. Entretanto, ele ficou muito excitado quando sua relação comigo passou a adquirir significação, e então subiu no telhado da clínica, inundou o chão da clínica e fez tanto barulho, causou tanta confusão, que o tratamento teve que ser suspenso. Às vezes, havia perigo para mim; ele arrombou meu carro na porta da clínica e arrancou usando o automático, evitando assim a necessidade de usar a chave de ignição. Ao mesmo tempo, começou a roubar de novo e a ser agressivo fora do contexto terapêutico; foi enviado por um tribunal juvenil para um reformatório, justamente numa época em que o tratamento por psicanálise atingia seu momento culminante. Talvez, se eu tivesse sido muito mais forte do que ele, pudesse ter controlado essa fase e tido a oportunidade de completar a análise. Mas, no ponto em que as coisas chegaram, tive que desistir.

(Esse menino saiu-se relativamente bem. Tornou-se motorista de caminhão, o que combinava com sua inquietação. Estava nesse emprego há 14 anos, na época da visita de acompanhamento. Casara e tinha três filhos. Sua mulher pedira o divórcio, e depois ele se manteve em contato assíduo com a mãe, de quem foram obtidos os detalhes do acompanhamento.)

Três casos favoráveis

Um menino de oito anos começou a roubar. Sofrera uma privação relativa (em seu próprio ambiente familiar, que era bom) quando tinha dois anos, na época em que sua mãe deu à luz um bebê, e tornou-se patologicamente ansioso. Os pais tinham conseguido administrar as necessidades especiais desse menino e quase conseguiram realizar uma cura natural da condição dele. Ajudei-os nessa longa tarefa, proporcionando-lhes alguma compreensão do que estavam fazendo. Numa consulta terapêutica, quando o menino estava com oito anos, foi-me possível pô-lo em contato sensível com sua privação, e ele retornou a uma relação com o objeto que tinha sido a mãe boa de seus tempos de bebê. Paralelamente, os furtos cessaram.

Uma menina de oito anos me foi encaminhada, por roubar. Ela sofrera uma privação relativa em seu próprio lar, que era bom, entre os 4 e 5 anos de idade. Numa consulta terapêutica, ela regrediu ao seu contato infantil inicial com a mãe boa e, ao mesmo tempo, os furtos desapareceram. Também se urinava e sujava, e essa manifestação secundária da tendência anti-social persistiu por algum tempo.

Um menino de 13 anos, numa escola pública distante de seu lar, que era bom, andava roubando em grande escala e também rasgando lençóis e espalhando confusão na escola, ao colocar seus colegas em apuros e escrever frases obscenas nos banheiros etc. Numa consulta terapêutica, ele foi capaz de me informar que tinha passado por um período de tensão intolerável aos seis anos de idade, quando foi mandado para uma escola interna. Consegui para esse menino (o filho do meio de três meninos) que lhe fosse concedido um período de "cuidados mentais" em seu próprio lar. Ele usou-o para uma fase regressiva e depois foi para a escola diurna. Mais tarde, ingressou numa escola interna perto de sua casa. Seus sintomas anti-sociais cessaram abruptamente após essa entrevista comigo, e o acompanhamento mostra que ele está se conduzindo bem. Ingressou numa universidade e está se estabelecendo como homem. A respeito deste caso é particularmente verdadeiro dizer que o paciente trazia consigo a compreensão de seu caso, e tudo que ele necessitava era que os fatos fossem reconhecidos e que fosse feita uma tentativa de corrigir, de forma simbólica, uma falha ambiental.

Comentário. Nesses três casos em que foi possível uma ajuda antes que os ganhos secundários se tivessem tornado uma característica, a minha atitude geral como psiquiatra possibilitou à criança declarar uma área específica de privação relativa, e o fato de isso ter sido aceito como real e verdadeiro permitiu à criança regredir para superar a lacuna e restabelecer uma relação com bons objetos que tinham sido bloqueados.

Um caso na fronteira entre distúrbio de caráter e psicose

Um menino esteve sob meus cuidados durante anos. Só o vi uma vez, e a maioria dos meus contatos foram com a mãe dele, em momentos de crise. Muitos tentaram dar ajuda direta ao menino, que está agora com 20 anos, mas logo ele deixa de cooperar.

Esse menino tem um QI elevado e todas as pessoas a quem ele consentiu que o ensinassem afirmaram que ele poderia ser excepcionalmente brilhante como ator, poeta, artista plástico, músico etc. Não permaneceu por muito tempo em nenhuma das escolas que freqüentou, mas, aprendendo sozinho, sempre estava muito à frente de seus colegas; no início da adolescência, conseguia isso orientando seus amigos nos trabalhos escolares, depois mantendo-se em contato com as matérias.

No período de latência, foi hospitalizado e recebeu o diagnóstico de esquizofrênico. No hospital, empreendeu o "tratamento" dos outros meninos e nunca aceitou a sua posição de paciente. Acabou fugindo e teve um longo período sem escolaridade. Deixava-se ficar na cama, escutando músicas lúgubres, ou trancava-se no quarto para que ninguém se aproximasse dele. Ameaçava constantemente cometer suicídio, sobretudo em relação a violentos casos amorosos. Periodicamente organizava festas, que se prolongavam indefinidamente, e às vezes ocorriam danos à propriedade.

Esse menino morava com a mãe, num pequeno apartamento, e mantinha-a constantemente em estado de apreensão, e nunca houve nenhuma possibilidade de um desfecho, pois ele não saía, não ia à escola nem ao hospital, e era suficientemente arguto para fazer exatamente o que queria, nunca se tornando criminoso; e, assim, manteve-se sempre fora do alcance da lei.

Em várias ocasiões, ajudei a mãe pondo-a em contato com a polícia, com o serviço de liberdade condicional e outros serviços sociais; e, quando finalmente ele disse que iria para um certo colégio, "mexi os pauzinhos" para que ele o conseguisse. Verificou-se que ele estava muito à frente de seu grupo etário e os professores incentivaram-no muito, cativados por seu brilhantismo. Mas ele abandonou a escola antes do final do ano letivo e obteve uma bolsa para um bom colégio de arte dramática. A essa altura, resolveu que tinha um nariz feio e acabou persuadindo a mãe para pagar um cirurgião plástico que lhe transformasse seu nariz arrebitado em um nariz reto. Depois, descobriu outras razões para nunca alcançar nenhum êxito e, no entanto, não dava a ninguém nenhuma oportunidade para ajudá-lo. Essa situação continua e, atualmente, encontra-se no pavilhão de observação de um hospital psiquiátrico; mas encontrará certamente um jeito de sair e de se instalar em casa mais uma vez.

Esse menino tem uma história que fornece a pista para a parte anti-social de seus distúrbios de caráter. De fato, ele foi o resultado de uma união que soçobrou pouco depois de seu infeliz começo, e o pai, pouco tempo depois de se separar da mãe, tornou-se ele próprio um paranóide. Esse casamento seguira-se imediatamente a uma tragédia e estava condenado ao fracasso porque a mãe do menino ainda não se recuperara da perda de seu noivo, que ela amava muito. Ela sentia que o noivo tinha morrido por imprudência do homem com quem veio a se casar, e que se tornou o pai do menino.

Esse menino poderia ter sido ajudado antes, talvez aos seis anos, quando foi visto pela primeira vez por um psiquiatra. Ele poderia ter então encaminhado o psiquiatra ao material de sua relativa privação e este seria informado sobre o problema pessoal da mãe e a ambivalência da relação dela com o filho. Mas, em vez disso, o menino foi colocado numa enfermaria e, daí em diante, foi se enrijecendo como um caso de distúrbio de caráter, tornando-se uma pessoa que desconcerta compulsivamente a mãe, os professores e os amigos.

Não tentei descrever um caso tratado por psicanálise nesta série de breves descrições de casos.

Os casos tratados exclusivamente por administração são inúmeros, e incluem todas aquelas crianças que, quando sofrem privação, de um modo ou de outro, são adotadas, ou assistidas fora de casa ou colocadas em pequenos "lares", administrados como instituições terapêuticas e segundo uma orientação pessoal. Estaria dando uma falsa impressão se descrevesse um caso nessa categoria. De fato, é necessário chamar a atenção para o fato de que o distúrbio incipiente de caráter é sempre tratado com êxito, especialmente no seio da família, em grupos sociais de todas as espécies, e independentemente da psicoterapia.

Não obstante, é o trabalho intensivo com poucos casos que lança luz sobre o problema do distúrbio de caráter, assim como de outros tipos de distúrbios psicológicos, e é o trabalho dos grupos psicanalíticos em vários países que lança as bases de uma formulação teórica e está começando a explicar aos grupos terapêuticos especializados o que vem sendo feito em tais grupos, tão freqüentemente com sucesso, no sentido da prevenção ou tratamento de distúrbios de caráter.

29. Dissociação revelada numa consulta terapêutica

(Um capítulo preparado para um livro intitulado *Crime, Law and Corrections*, 1965)

O meu propósito é destacar um detalhe do quadro clínico anti-social e discutir esse detalhe, cuja importância está em se repetir regularmente nas histórias de casos. Para ilustrar meu intento, descreverei uma entrevista terapêutica. Essa entrevista, com uma menina de oito anos, levou a que ela deixasse de roubar. Presume-se, portanto, que tenha sido uma entrevista significativa. Perto do final, aparece o detalhe que converti em tema deste estudo. O leitor deverá ter isso em mente enquanto estiver digerindo a totalidade de uma longa entrevista em que outras coisas estão sendo discutidas.

A questão que será discutida

Nas histórias contadas por pais e professores, com freqüência ocorre o seguinte depoimento: "O menino negou ter roubado qualquer coisa. Parece não ter o menor sinal de culpa nem senso de responsabilidade. Entretanto, quando confrontado com as provas datiloscópicas, e após um persistente interrogatório, admitiu ter roubado os artigos." Geralmente, nesse ponto a criança suspeita começa a colaborar com o investigador e mostra que sabia o tempo todo o que negava saber. Não faz diferença se o alvo da suspeita e investigação é menino ou menina.

Exemplo de uma dissociação, tal como é relatada na história de um caso

Os pais de um menino de 14 anos forneceram-me detalhes da história pregressa do menino. Com efeito, o desenvolvimento dele foi normal até aos 3 anos de idade, quando teve uma séria doença física, da qual foi tratado num hospital. Parecia ter-se recuperado disso. Aos 5 anos, quando mudou de escola porque a família se transferira da cidade para o interior, sua personalidade alterou-se. Durante algum tempo, reuniu-se com meninos "da pesada" e tornou-se muito difícil. Perdeu todo o poder de concentração e, de fato, deixou de estudar, o que sempre fizera bem em suas escolas anteriores. A diretora gostava dele mas, em compensação, ele a atormentava. Sempre tivera facilidade de se relacionar com mulheres, mas nessa época passou a ter um contato mais íntimo com o pai, e tornou-se intolerante no trato com todas as mulheres. Após esse período de dificuldade, os pais mandaram-no para uma escola especializada, pois não podia ser aceito numa escola comum em virtude de seu atraso e de sua conduta turbulenta. Ao mesmo tempo, havia sempre provas evidentes de que tinha uma inteligência que se podia considerar, pelo menos, mediana.

Os pais sabiam agora que estavam diante de um problema e renunciaram a suas ambições quanto ao futuro do menino; encontraram uma outra escola altamente especializada para ele, na esperança de que aí o curassem de suas dificuldades. Como essa escola também não provocara nenhuma melhora, vieram à minha procura.

Perguntei se ocorriam furtos. Fui informado de que até então essa não tinha sido uma característica do menino. Entretanto, tinha sido recentemente encontrado com dinheiro, e esse dinheiro fora-lhe confiado para despesas de viagem, e ele deveria ter prestado contas e devolvido o restante. No começo, quando acusado, *o menino negou qualquer conhecimento do que fizera*. Quando indaguei sobre destrutividade, foi a mesma história. Ele tinha ido ao armário onde o pai guardava suas armas e, com uma espingarda de ar comprimido, aterrorizara todo o mundo. Quando acusado, mentiu durante o dia todo. Finalmente cedeu, confessou e disse que tinha sido estúpido.

Nessa família está fora de questão uma disciplina excessivamente rígida. Os pais são muito capazes de assumir a responsabilidade sem exagerar na severidade. A dificuldade está no próprio menino, que se sente compelido a agir à revelia de seu caráter. Agora, aos 14 anos, foi apanhado fumando. Seu diretor falou-lhe a respeito e ele confessou e concordou em que transgredira as regras da escola; disse que não voltaria a fazê-lo. Alguns dias depois, mais uma vez foi surpreendido fumando, e nada teve a dizer sobre isso.

Esse menino é uma criança carente em sua própria família, que é boa. Também é algo paranóide. Não faz amigos com facilidade, e pelo que me foi dito ele anseia por amizades mas não consegue concretizá-las. Quando foi informado de que poderia falar com um médico, percebeu imediatamente do que se tratava e escreveu para casa: "Espero que o médico seja capaz de deslindar as coisas." Tinha consciência de algo que era incapaz de evitar por esforço deliberado: quer dizer, sofria de uma compulsão que lhe era impossível explicar, e não podia acreditar no que lhe diziam que tinha feito sob o domínio dessa compulsão.

O meu propósito é instigar a um estudo desse estado de coisas que, de fato, chama a nossa atenção para aspectos interessantes da teoria do comportamento anti-social.

Exposição preliminar

A minha tese consiste em que tal descrição de caso fornece um exemplo de *dissociação*. Os pais ou o professor estão falando com uma criança a respeito de uma parte dissociada dela, e a criança não está mentindo. Quando nega saber do que aconteceu, a criança está declarando algo que é verdadeiro para ela como um todo, e o aspecto do eu que cometeu o ato não faz parte da sua personalidade total. Alguns chamariam a isso uma personalidade cindida. Talvez seja melhor, entretanto, reservar o termo cisão (*splitting*) para os mecanismos primitivos de defesa subjacentes na sintomatologia das personalidades esquizofrênicas ou limítrofes, ou para pessoas com esquizofrenia encoberta, e usar o termo *dissociação* para descrever os casos em que podemos nos comunicar com um eu principal a respeito de uma fração do eu.

Esse tipo de desintegração parcial é característico da criança ou do jovem anti-social de ambos os sexos. Se a investigação prossegue, uma pessoa suspeita pode eventualmente deixar essa área de ser verdadeiro e transferir-se para uma outra espécie de integração, de acordo com a sua capacidade para realizar a integração na área intelectual de funcionamento do ego.

Assinale-se que, quando o menino ou a menina admite ter cometido o ato, o investigador estará falando para um sistema intelectual. Nesse caso, a integração não é difícil. O indivíduo é capaz de saber, compreender e recordar, e as forças que produzem a dissociação deixaram de atuar. A culpa é agora admitida, *mas não é sentida*.

Onde a resposta era não, agora é sim. Ao lado dessa mudança, ocorre também uma mudança na relação do investigador com o indivíduo suspeito. Este último tornou-se inacessível, exceto com referência ao aspecto intelectualizado da personalidade, e deixa de ter valor para o investigador prosseguir a investigação, embora a mudança possa ser conveniente do ponto de vista sociológico. Pode ser conveniente para se chegar aos fatos, mas esses fatos não terão valor senão na medida em que se trate de uma tentativa para ajudar a pessoa suspeita.

Em suma, em termos de psicoterapia existe uma possibilidade de ajuda enquanto o indivíduo está *muito honestamente* dizendo não, porque a ajuda é necessária para a parte principal da personalidade. A pessoa, como um todo, agiu sob uma compulsão, cujas raízes eram inacessíveis ao eu consciente dessa pessoa, e pode-se dizer que o indivíduo sofre de uma atividade compulsiva. Onde houver sofrimento, aí poderá ser dada ajuda.

Formulação adicional

Um desenvolvimento adicional dessa idéia envolve uma formulação ou reformulação da teoria subjacente no comportamento anti-social.

É importante postular *uma tendência anti-social*. O valor desse termo é que ele engloba não só aquilo que faz de um menino ou menina um caráter anti-social, mas também as delinqüências, menores e maiores, que pertencem à vida familiar comum. Em qualquer família existem sempre as pequenas delinqüências; de fato, é praticamente normal uma criança de dois anos e meio furtar uma moeda da bolsa da mãe, ou uma criança mais velha furtar alguma coisa um tanto especial da despensa. Todas as crianças também fazem estragos nos bens de uma casa – riscam móveis, quebram objetos etc. Essas coisas só seriam rotuladas como comportamento anti-social se a criança estivesse vivendo numa instituição.

A enurese e a encoprese também precisam ser incluídas nessa categoria, bem como a tendência que está muito próxima do furto, a saber, a pseudologia. Essas delinqüências não estão nitidamente separadas da tendência da criança a esperar que lhe seja permitido um certo grau de desordem, o consumo rápido de roupas e sapatos, o descuido com a higiene pessoal, a resistência a tomar banho com a freqüência desejável e (quando bebê) que suje fraldas incontáveis.

O termo tendência anti-social pode ser estendido para englobar qualquer reclamação da criança que exija, por parte dos pais ou da mãe, uma dose de energia, tempo, credulidade e tolerância além da que parece ser razoável. O que parece razoável para alguns pais, parece exorbitante para outros.

Pode-se admitir que não existe uma nítida linha divisória entre o comportamento anti-social compulsivo de um reincidente, num extremo, e os exageros quase normais de reivindicações endereçadas aos pais, que fazem parte da vida familiar cotidiana. Quando os pais mimam uma criança, geralmente é possível mostrar (a menos que o estejam fazendo por razões próprias, independentemente das necessidades da criança) que estão fazendo psicoterapia, quase sempre psicoterapia bem-sucedida, de uma tendência anti-social da criança.

Formulação teórica simplificada

Nos mais simples termos possíveis, a tendência anti-social é uma tentativa de estabelecer uma reivindicação. Normalmente, a reivindicação é admitida. Em psicopatologia, a reivindicação é uma negação de que o direito a reclamar se perdeu. No comportamento anti-social patológico, o jovem anti-social é impelido a corrigir, e a fazer com que a família ou a sociedade corrija, a omissão que foi esquecida. O comportamento anti-social pertence a um momento de esperança numa criança que está, sob outros aspectos, sem esperança. No ponto de origem da tendência anti-social está uma privação, e o ato anti-social visa corrigir o efeito da privação, negando-a. A dificuldade que surge na situação concreta tem dois aspectos:

1. A criança não sabe qual era a privação original.
2. A sociedade não está disposta a admitir o elemento positivo na atividade anti-social, em parte porque a sociedade está (naturalmente) irritada por ter sido ferida e, também em parte, porque a sociedade ignora esse aspecto importante da teoria.

É preciso enfatizar que é uma privação, e não uma carência, que está subentendida na tendência anti-social. Uma carência produz um resultado diferente: sendo deficiente o suprimento básico de facilitação ambiental, o curso do processo de amadurecimento é distorcido e o resultado é um defeito de personalidade, não um defeito de caráter.

Na etiologia da tendência anti-social, houve um período inicial de desenvolvimento pessoal satisfatório; e depois ocorreu uma falha no ambiente facilitador, sendo essa falha sentida, embora não avaliada intelectualmente, pela criança. A criança pode conhecer esta seqüência: eu estava indo bastante bem, e aí fiquei incapaz de prosseguir meu desenvolvimento, e isso foi quando eu estava morando em... e tinha... anos de idade, e ocorreu uma mudança. Essa compreensão, baseada na memória, pode ser real numa criança em condições especiais, como na psicoterapia. Não seria verdadeiro dizer que criança geralmente tem essas idéias em sua consciência mas, às vezes, isso acontece realmente, e é comum a criança ter conhecimento claro da privação em termos de uma *versão posterior de privação*, por exemplo, um período de solidão intolerável sentida aos sete anos, associada a um luto, ou ao afastamento do lar para ingressar num colégio interno.

É claro, a privação não distorceu a organização do ego (psicose) mas deu à criança uma pulsão para forçar o meio ambiente a reconhecer o fato dessa privação. A criança terá sempre que tentar, exceto quando se sente desamparada e sem esperança, sair da área de aflição intolerável, regredindo para aquele período anterior *recordado* em que a dependência era ponto pacífico para ela e para os pais, quando ela exigia dos pais o que era apropriado à idade dela e à capacidade deles para se adaptarem a cada uma das necessidades da criança.

A tendência anti-social pode, portanto, ser uma característica em crianças normais e em crianças de qualquer tipo ou de qualquer diagnóstico psiquiátrico, exceto a esquizofrenia, uma vez que o esquizofrênico não é suficientemente maduro para sofrer privação e encontra-se num estado de distorção associado à carência. A personalidade paranóide ajusta facilmente a tendência anti-social à tendência geral para sentir-se perseguida, de modo que, na personalidade paranóide, pode haver uma sobreposição de distúrbios de personalidade e de caráter.

O estudo da tendência anti-social faz-se melhor em termos da criança menos doente, a criança que está verdadeiramente perplexa por encontrar-se amarrada a uma compulsão para roubar, mentir, destruir e produzir reações sociais de uma ou outra espécie. Se esse estudo foi combinado, como sempre deve ser, com a terapia, então será necessário providenciar um diagnóstico e fazê-lo o mais cedo e rapidamente possível.

É necessário, de fato, que o investigador esteja em contato com a escola ou o grupo privado, e que as crianças lhe sejam encaminhadas quando elas mostram os primeiros sinais de defeito de caráter, ou manifestam os primeiros sintomas que provocam reação social: ou seja, na fase anterior àquela em que a punição entra em jogo. Logo que ocorre um choque entre a tendência anti-social e a reação social iniciam-se os ganhos secundários e o caso está a caminho do *endurecimento* que associamos à delinqüência.

O detalhe especial da negação

É no estágio inicial e na criança menos doente, em especial, que a negação pela criança pode ser tratada como sintoma indicativo de um certo grau de organização e força do ego, fornecendo, portanto, uma carga positiva na avaliação do prognóstico. A criança que não reconhece o ato anti-social é a criança aflita, que quer ajuda e pode ser ajudada. A aflição da criança deriva do fato de que ela sente-se compelida a atuar; é essa compulsão proveniente de uma fonte desconhecida que *exaspera* e leva a criança a acolher com satisfação a compreensão e a ajuda nesse estágio inicial ou pré-delinqüente.

O seguinte extrato do relato de uma entrevista com uma adolescente ilustrará essa idéia.

Moça de 17 anos

Indaguei-a a respeito de furtos e ela disse: "Bem, só uma vez quando eu tinha sete anos, tive um período em que eu estava sempre pegando as moedas e quaisquer trocados que encontrasse pela casa. Sempre me senti extremamente culpada em relação a isso, e nunca contei a ninguém. É realmente uma grande tolice, porque eram moedas insignificantes."

Neste ponto fiz uma interpretação. Falei-lhe sobre a dificuldade que representa ela não saber realmente por que roubou essas moedas de pouco valor; em outras palavras, ela estava *dominada por uma compulsão.* A paciente mostrou-se muito interessada nisso. E disse: "Eu sei que crianças roubam quando foram privadas de alguma coisa, mas eu nunca tinha pensado nisso antes, que o problema estava em que eu *tinha* de roubar e não sabia por quê, e o mesmo acontece com a mentira. Sabe, é pateticamente fácil enganar as pessoas e eu sou uma atriz maravilhosa; não quero dizer que fosse capaz de representar num palco mas, quando me empenho em enganar, eu me saio tão bem que ninguém desconfia. O caso é que isso é, com freqüência, compulsivo e, ao mesmo tempo, sem sentido, absurdo."

Entrevista psicoterapêutica

Dou agora uma descrição detalhada e completa de uma entrevista psicoterapêutica com uma menina de oito anos, que me foi trazida por roubar. (Também havia enurese, mas isso não estava além da capacidade de compreensão e tolerância dos pais.) É no final desta longa descrição que o leitor encontrará a ilustração de negação representando uma dissociação.

Encaminhamento. A escola deixara bem claro que os furtos de Ada estavam causando complicações e que Ada teria que sair se o sintoma persistisse.

Era viável para mim ver essa menina uma vez ou mesmo várias vezes, mas ela morava longe demais para que eu pudesse pensar em termos de um tratamento contínuo. Portanto, era necessário que eu agisse partindo do princípio de que deveria fazer o máximo possível na primeira consulta psicoterapêutica.

Não cabe fazer aqui uma descrição da técnica para esse tipo de consulta, mas certos princípios podem ser apresentados:

1. O treinamento para esse trabalho baseia-se na psicanálise clássica.

2. Entretanto, o trabalho realizado não é psicanálise, uma vez que é feito na atmosfera subjetiva original do primeiro contato. O analista, ao realizar essa terapia não-analítica, aproveita-se de um *sonho com o analista* que a paciente pode ter tido na noite *anterior* a esse primeiro contato, quer dizer, da capacidade do paciente para acreditar numa figura compreensiva e prestativa.

3. A finalidade é pôr tudo em pratos limpos nesse primeiro ou nos três primeiros contatos; caso se faça necessário um trabalho adicional, o caso começa a alterar de caráter e converte-se num tratamento psicanalítico.

4. De fato, a parte principal do tratamento nesses casos é efetuada pelo próprio lar da criança ou por seus pais, que precisam ser mantidos informados e apoiados.

Mostram-se extremamente solícitos em fazer isso, se forem capazes, o que é outra maneira de dizer que os pais detestam a perda da responsabilidade imediata, que eles pressentem quando uma criança inicia um tratamento psicanalítico e o tratamento está correndo bem, com a neurose de transferência em plena evolução.

Um corolário disso é que as crianças que não contam com um *background* de apoio, ou têm pais que são doentes mentais, não podem ser ajudadas concretamente por esse método rápido.

5. A finalidade é deslindar algo que está obstruindo a administração da criança pelos pais. Cabe lembrar que, na grande maioria dos casos, os pais obtêm êxito em seus tratamentos por administração e não necessitam de ajuda de fora nem consultam

um psiquiatra. De fato, eles conduzem suas crianças através das fases de comportamento difícil até que sejam superadas e adotam técnicas complexas que são parte integrante dos cuidados parentais. O que eles não podem nem devem fazer com o filho é esse trabalho psicoterapêutico, no qual é atingida uma camada que a criança mantém em reserva, fora do alcance dos pais, e que entra em contato com o inconsciente dela.

Entrevista. Vi a criança sem ver primeiro a mãe, que foi quem a trouxe. A razão disso é que eu não estava interessado, nessa altura, em anotar uma história minuciosamente exata; tinha interesse em conseguir que a paciente se abrisse comigo, lentamente, à medida que fosse adquirindo confiança em mim, e profundamente, quando chegasse à conclusão de que valia a pena arriscar.

Sentamo-nos a uma pequena mesa em que havia folhas de papel e um lápis, e alguns *crayons* numa caixa.

Estavam presentes duas assistentes sociais psiquiátricas e uma visitadora.

Ada disse-me primeiro (em resposta à minha pergunta) que tinha oito anos. Tinha uma irmã mais velha, de 16 anos, e um irmão caçula, de quatro anos e meio. Depois disse que gostava de desenhar, "Meu passatempo favorito". Desenhou flores num vaso (Fig. 1), um lustre, que pendia do teto diante dela (Fig. 2), e o balanço no *playground*, o sol e algumas nuvens (Fig. 3). Notar as nuvens.

Comentário. Esses três desenhos eram pobres e carentes de imaginação. Eram figurativos. Entretanto, as nuvens no terceiro tinham um significado, como se verá no final da série.

Ada desenhou agora um lápis (Fig. 4). "Epa, você tem uma borracha? Gozado, tem alguma coisa errada nele." Eu não tinha borracha e disse que ela podia alterar o desenho, se estava errado; ela assim fez e comentou: "Está gordo demais."

Comentário. Qualquer analista, ao ler isto, já terá pensado em vários tipos de simbolismo e em diversas interpretações que poderiam ter sido feitas. Neste trabalho, porém, as interpreta-

Terapia individual

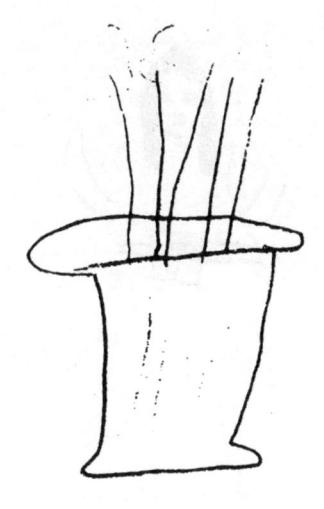

Figura 1

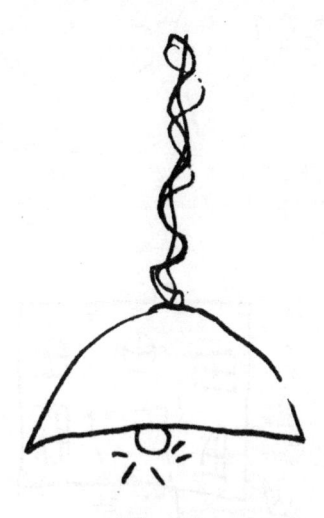

Figura 2

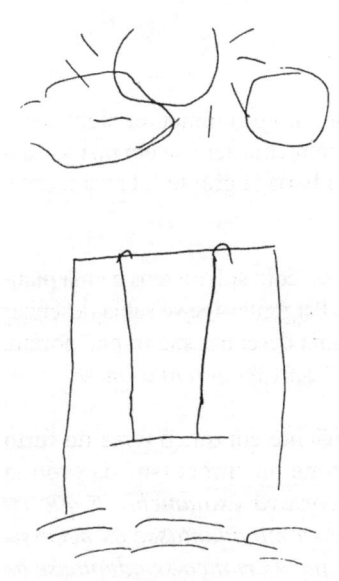

Figura 3

Figura 4

Figura 5　　　　　　　　Figura 6

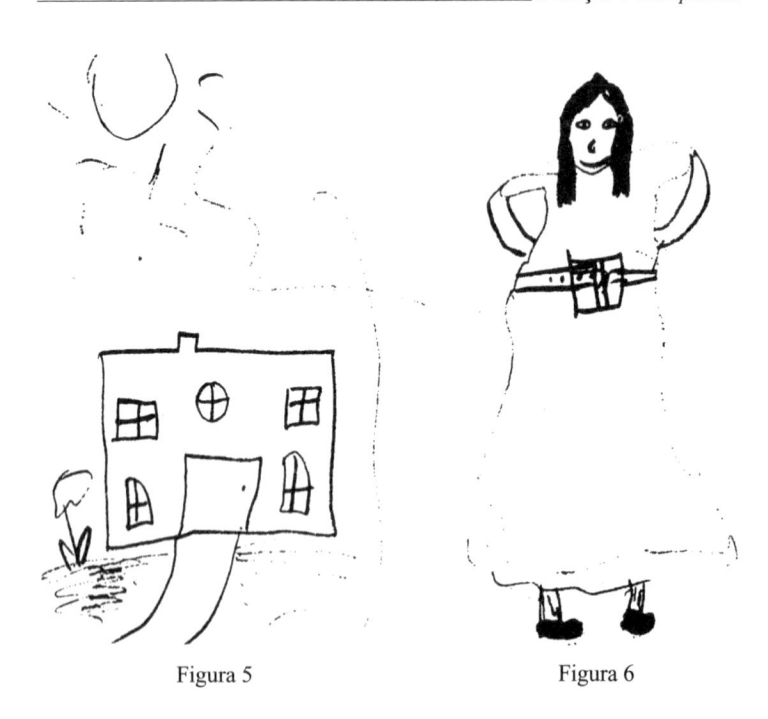

ções são esparsas e reservadas para os momentos significativos, como será ilustrado. Naturalmente, têm-se em mente duas idéias: um pênis ereto ou uma barriga grávida. Fiz comentários, mas não interpretações.

Depois, Ada desenhou uma casa, com sol, nuvens e uma planta florida (Fig. 5). Notar as nuvens. Perguntei-lhe se sabia desenhar uma pessoa. Ada respondeu que sabia desenhar sua prima; porém, ao desenhá-la (Fig. 6), comentou: *"Não sei desenhar mãos."*

Eu estava cada vez mais confiante em que o tema do furto apareceria e, assim, podia apoiar-me no "processo" da própria criança. *Daí em diante, não importava exatamente o que eu dissesse ou fizesse, contanto que eu me adaptasse às necessidades da criança, e não exigisse que a criança se adaptasse às minhas.*

Ocultar as mãos podia estar relacionado ou com o tema do furto ou com o da masturbação – e esses temas estão interligados, na medida em que furtar é uma atuação compulsiva de fantasias masturbatórias reprimidas. (Havia mais uma indicação de gravidez nesse desenho da prima, se bem que o tema da gravidez não se desenvolvesse de modo significativo nessa sessão. Ter-nos-ia levado para a gravidez da mãe, quando Ada estava com três anos.)

Ada racionalizou. Ela disse: "Ela está escondendo um presente." Perguntei: "Pode desenhar o presente?" O presente era uma caixa de lenços (Fig. 7). Ada disse: "A caixa está torta." Perguntei: "Onde foi que ela comprou o presente?" Então ela desenhou o balcão da John Lewis, uma conhecida loja londrina (Fig. 8). Notar a cortina pendente no centro do desenho. (Ver a Fig. 21.)

Sugiro agora: "E que tal se você desenhasse a moça comprando o presente?" Sem dúvida, eu estava querendo testar a capacidade de Ada para desenhar mãos. Assim, ela fez o desenho da Fig. 9, o qual, uma vez mais, mostra uma moça com as mãos escondidas, porque a vista é do outro lado do balcão.

Será observado que as figuras são desenhadas com traço mais forte, agora que a imaginação participou na concepção delas.

O tema de comprar e dar presentes tinha ingressado na apresentação que a criança faz de si mesma; no entanto, nem ela nem eu sabíamos que esses temas acabariam se tornando significativos. Eu sabia, porém, que a idéia de comprar é regularmente empregada para cobrir a compulsão para furtar, e que dar presentes é, com freqüência, uma racionalização para encobrir a mesma compulsão.

"Eu gostaria muito de ver como é a moça vista por detrás", disse eu. Então Ada desenhou a Fig. 10. Esse desenho surpreendeu Ada. "Oh! Ela tem braços compridos como os meus; está procurando alguma coisa, está com um vestido preto de mangas compridas; é o vestido que eu estou vestindo agora, antes ele era da mamãe."

Figura 7

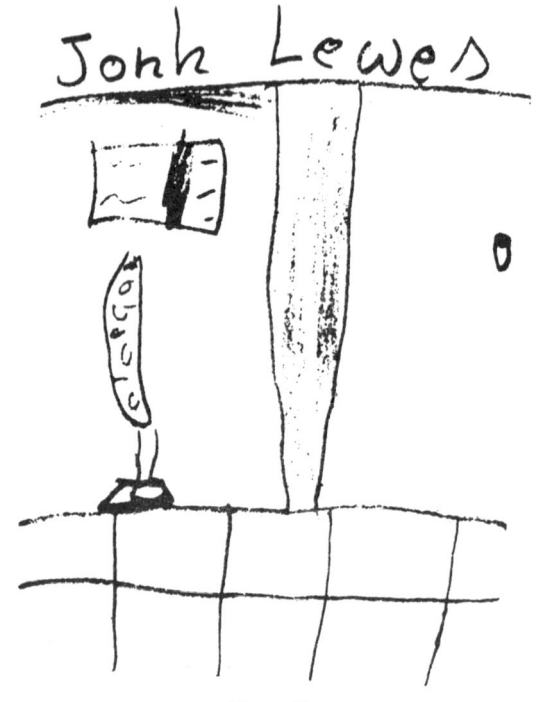

Figura 8

Figura 9

Agora a pessoa nos desenhos representava a própria Ada. Nesse desenho, as mãos estão desenhadas de um modo especial. Os dedos lembraram-me o lápis que era gordo demais. Não fiz nenhuma interpretação.

Agora era certo como as coisas se desenvolveriam, talvez isso fosse tudo o que eu obteria. Numa pausa, perguntei a respeito de técnicas para adormecer, isto é, para enfrentar a mudança do estado desperto para o sono, um momento difícil para crianças que têm sentimentos conflitantes quanto à masturbação.

Ada disse: "Eu tenho um urso grande de pelúcia." Enquanto desenhava amorosamente o urso (Fig. 11), contou-me a história dele. Ela também tinha um gatinho que pulava para a cama dela todas as manhãs, quando acordava. Neste ponto, Ada falou-me de seu irmão que chupa o polegar e fez um desenho (Fig. 12) mostrando a mão do irmão com um polegar extra para chupar.

Observem-se os dois objetos semelhantes a seios onde havia nuvens, nos desenhos anteriores. Pode ser que este desenho in-

Figura 10

Figura 11

Figura 12

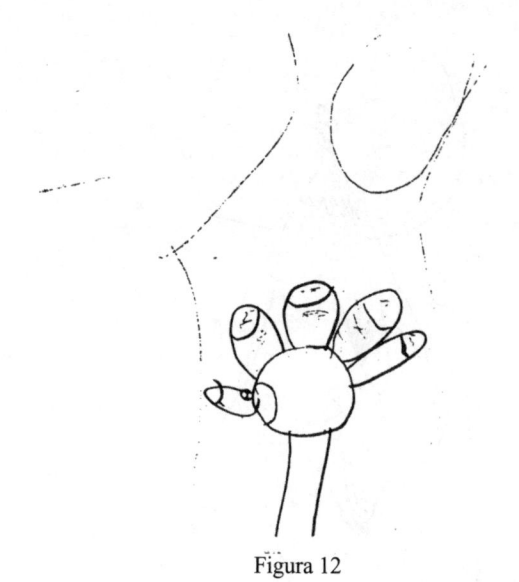

clua lembranças de ver seu irmãozinho, quando bebê, sobre o corpo da mãe e junto aos seios. Não fiz interpretação.

O nosso trabalho conjunto estava agora avançando lentamente. Poder-se-ia dizer que a criança estava (sem saber) perguntando a si mesma se seria seguro (isto é, proveitoso) ir mais fundo. Enquanto meditava, desenhou "um alpinista orgulhoso" (Ver a Fig. 13).

Era a época da escalada do Everest por Hillary e Tensing. Essa idéia deu-me uma medida da capacidade de Ada para vivenciar uma realização e, no campo sexual, para chegar ao clímax. Pude usar isso como uma indicação de que Ada seria capaz de me comunicar seu principal problema e me dar a oportunidade de ajudá-la a resolvê-lo.

Não fiz interpretação. Contudo, estabeleci deliberadamente uma ligação com a atividade onírica. Eu perguntei: "Quando você sonha, sonha com alpinismo e tudo isso?"

Figura 13

Seguiu-se um relato verbal de um sonho muito confuso. O que ela disse, falando muito depressa, foi mais ou menos isto:

"Fui para os Estados Unidos. Estou com os índios e tenho três ursos. O menino que é meu vizinho também está no sonho. Ele é rico. Estou perdida em Londres. Houve uma inundação. O mar chegou até a porta da frente. Fugimos todos num carro. Deixamos alguma coisa para trás. Acho... não sei o que era. Não que fosse Teddy [o urso de pelúcia]. Acho que foi o fogão a gás."

Disse-me que tinha sido um pesadelo terrível que tivera certa vez. Quando acordou, correu para o quarto dos pais e meteu-se na cama da mãe, onde passou o resto da noite. Era evidente que

Terapia individual

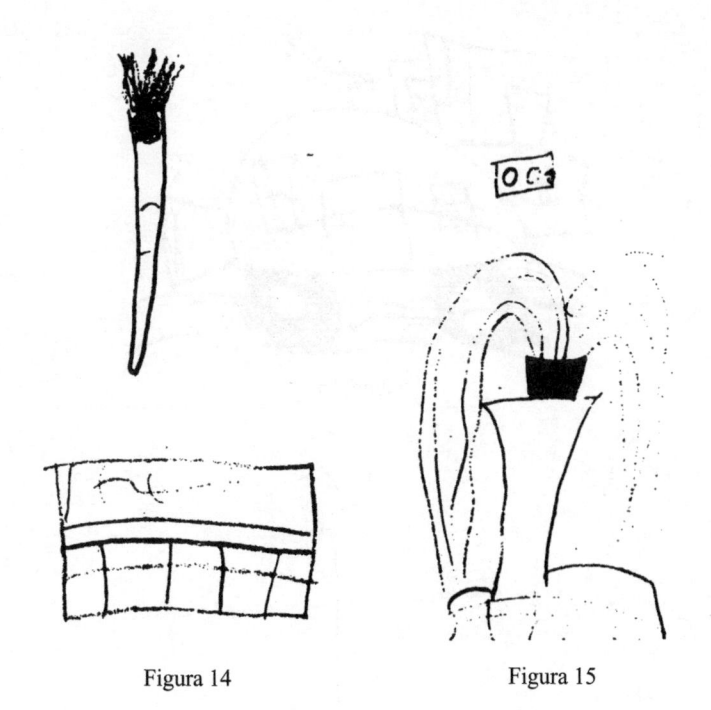

Figura 14   Figura 15

ela estava descrevendo um estado de confusão aguda. Talvez fosse esse o ponto central da entrevista, ou *a chegada essencial ao fundo de sua experiência de doença mental*. Se assim fosse realmente, então o resto da sessão poderia ser considerado um quadro de recuperação desse estado de confusão.

Depois disso, Ada desenhou várias figuras. Esqueci o que a primeira delas (Fig. 14) representava.

Depois, desenhou uma aspidistra, em que pensou enquanto falava sobre aranhas e outros sonhos com escorpiões venenosos "avançando em exércitos, e um deles, enorme, na minha cama" (Fig. 15); e um desenho confuso indicando uma mistura de casa (morada fixa) e *trailer* (casa móvel, recordando-lhe as férias da família) (Fig. 16); e, finalmente, uma aranha venenosa (Fig. 17).

Figura 16

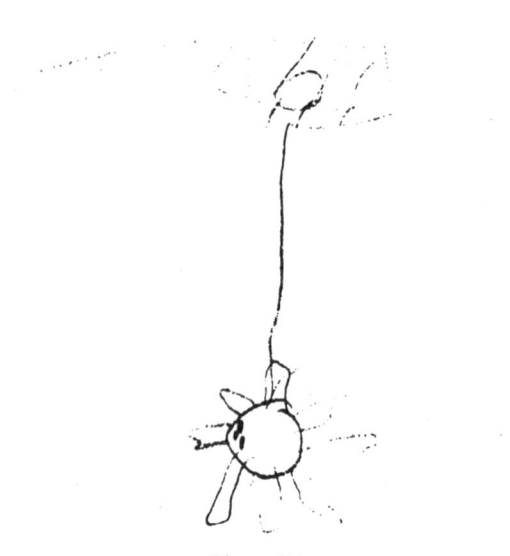

Figura 17

A aranha tinha características ligadas à mão; é provável que a aranha simbolizasse aqui a mão da masturbação e também os genitais femininos e o orgasmo.

Perguntei-lhe o que seria para ela um sonho triste e Ada disse: "Alguém que foi morto, mãe e pai. Mas eles ressuscitaram."

Depois ela acrescentou: "Tenho uma caixa com 36 lápis de cores." (Referência ao pequeno número fornecido por mim e, suponho, ao meu pão-durismo.)

Neste ponto, havíamos atingido o término de uma fase intermediária; cabe lembrar que eu não sabia se alguma coisa mais aconteceria. Mas não fiz interpretações e aguardei a elaboração do processo que se iniciara. Poderia ter aproveitado a referência à minha sovinice (lápis) como sinal de que o próprio impulso de Ada para furtar seria apropriado nesse ponto da entrevista. Entretanto, continuei sem fazer interpretações e esperando, no caso de Ada desejar ir mais além.

Figura 18

Depois de um momento, Ada disse espontaneamente: "Sonhei com um ladrão."

Tinha começado a fase final da entrevista. Observe-se que os desenhos de Ada tornaram-se muito mais arrojados neste ponto, e para quem a observasse enquanto desenhava teria ficado muito claro que ela atuava a partir de um profundo impulso e necessidade. Sentia-me quase em contato direto com o inconsciente de Ada.

Ada desenhou e disse: "Um homem preto está matando uma mulher. Há qualquer coisa atrás dele, com dedos ou coisa assim." (Fig. 18.) Depois desenhou o ladrão, os cabelos em pé, um tanto cômico, como um palhaço (Fig. 19). E acrescentou: "As mãos de minha irmã são maiores do que as minhas."

Figura 19

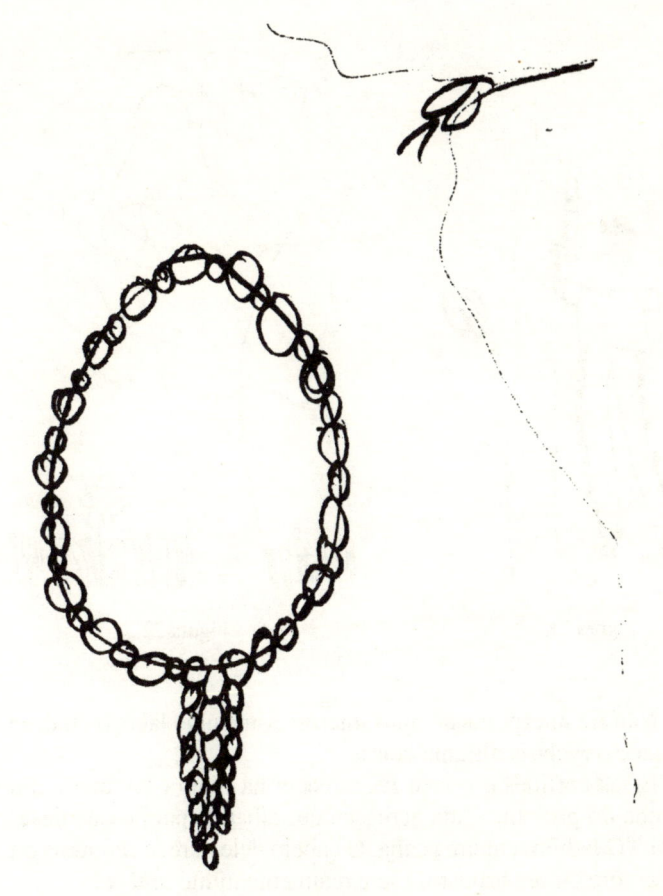

Figura 20

"O ladrão está roubando jóias de uma senhora rica porque ele quer dar um lindo presente à mulher dele. Não podia esperar até juntar economias."

Aqui, num nível mais profundo, surge o tema representado antes pela mulher ou menina comprando lenços numa loja para presentear alguém. Ver-se-á que existem formas como as nuvens dos desenhos anteriores, e elas são agora como uma cortina, *e há um laço.*

Figura 21   Figura 22

    Não fiz interpretação, mas interessei-me pelo laço, o qual, se desatado, revelaria alguma coisa.
    Essas cortinas e o laço reaparecem na Figura 20, que é um desenho do presente. Ada acrescentou, olhando para o que desenhara: "O ladrão tem uma capa. O cabelo dele parece cenouras ou uma árvore ou um arbusto. Ele é realmente muito amável."
    Agora intervenho. Perguntei a respeito do laço. Ada respondeu que pertencia a um circo. (Ela nunca estivera em nenhum.)
    Desenhou um malabarista (Fig. 21). Isso poderia ser interpretado como uma tentativa de fazer uma carreira a partir do problema não-resolvido. Mais uma vez aparecem as cortinas e o laço.
    Eu considerava agora o laço como simbólico de repressão e pareceu-me que Ada estava pronta para desatar o laço. Portanto, disse-lhe: "Você mesma surrupia coisas às vezes?"
    Este é o lugar onde o tema do meu estudo aparece nesta descrição de uma entrevista terapêutica. É por esse detalhe que o leitor foi convidado a acompanhar o desenvolvimento do processo da criança

que usou a oportunidade de contato comigo. *Houve uma dupla reação à minha pergunta e aqui está representada a dissociação.*

Ada respondeu "NÃO!"; e, ao mesmo tempo, apanhou uma outra folha de papel e desenhou uma macieira com duas maçãs; acrescentou grama, um coelho e uma flor (Fig. 22).

Isso mostrou o que estava por trás da cortina. Representou a descoberta do seio materno que tinha estado escondido, por as-

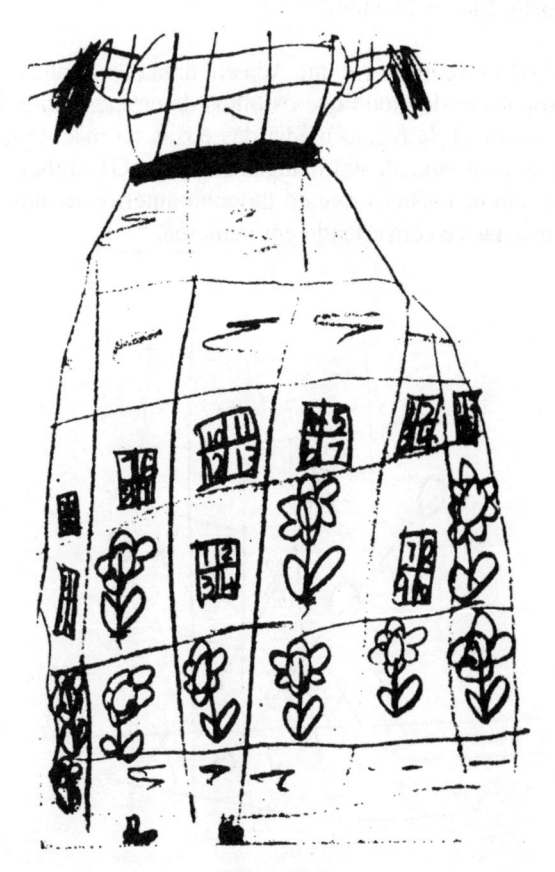

Figura 23

sim dizer, pelas roupas da mãe. Assim, a privação tinha sido simbolizada. Esse simbolismo deve ser comparado e contrastado com a visão direta retratada no desenho (Fig. 12) que contém uma lembrança do irmão bebê em contato com o corpo da mãe.

Fiz, neste ponto, um comentário. Disse: "Ah, entendo, as cortinas eram uma blusa da mãe e você agora abriu-a para chegar aos seios dela."

Ada não respondeu mas, em vez disso, desenhou uma outra figura (Fig. 23). "Este é o vestido da Mamãe de que eu mais gosto. Ela ainda o tem."

Ele data da época em que Ada era uma menininha e, de fato, está desenhado de modo que os olhos da criança ficam mais ou menos ao nível da região média das coxas da mãe. O tema dos seios tem continuidade nas mangas bufantes. Os símbolos de fertilidade são os mesmos que no desenho anterior, de uma casa, e também estão se convertendo em números.

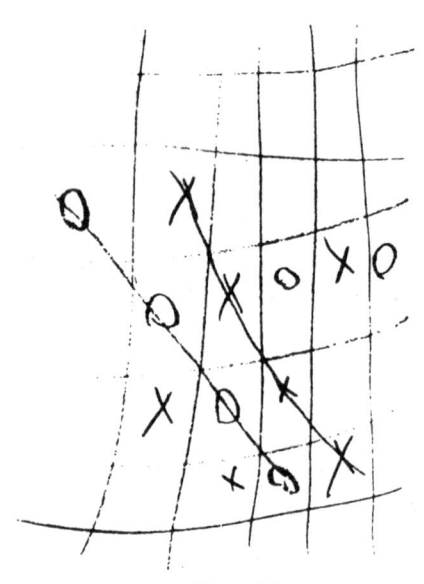

Figura 24

Terapia individual

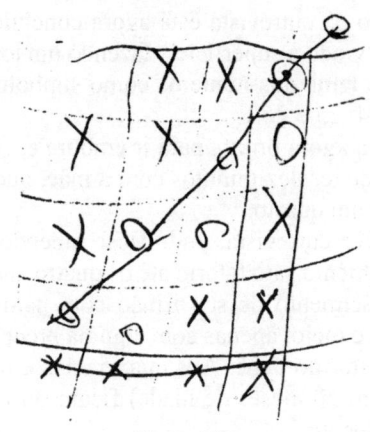

Figura 25

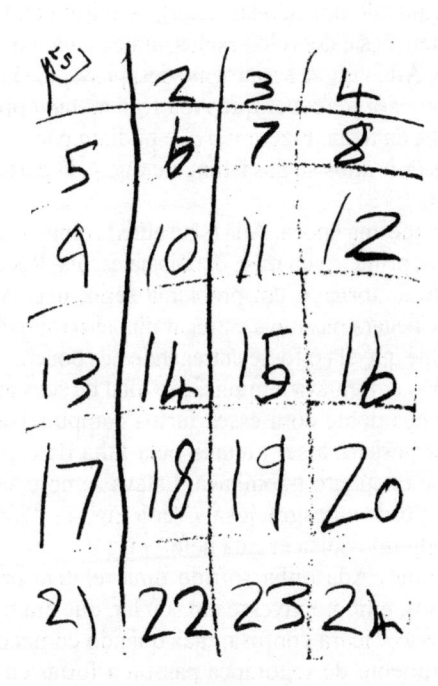

Figura 26

O trabalho da entrevista está agora concluído e Ada gastou algum tempo "vindo à superfície", fazendo um jogo que deu prosseguimento ao tema dos números como símbolos de fertilidade. (Ver as Figs. 24, 25 e 26.)

Ada estava agora pronta para ir embora e, como estava feliz e contente, pude ter dez minutos com a mãe, que ficara esperando uma hora e um quarto.

Nessa breve entrevista, pude ficar sabendo que Ada tivera um desenvolvimento satisfatório até os quatro anos e nove meses. Aceitara o nascimento de seu irmão com naturalidade quando tinha três anos e meio, apenas com alguma preocupação exagerada pelo bem-estar do bebê. Aos quatro anos e nove meses, o irmão (então com 20 meses de idade) ficara seriamente doente, e permanecera doente.

Ada tinha sido muitíssimo protegida por sua irmã mais velha mas, agora (quando o irmão adoeceu), essa irmã mais velha transferira suas atenções e desvelos exclusivamente para o menino e, por conseguinte, Ada vira-se seriamente desapossada. Os pais levaram algum tempo para perceber que Ada fora afetada profundamente pela mudança da irmã. Fizeram o que podiam para corrigir as coisas, mas uns dois anos se passaram até que Ada parecesse estar se recuperando.

Por essa mesma época, Ada (sete anos) começou a cometer pequenos furtos, primeiro da mãe, depois na escola. Recentemente, os furtos tinham se tornado um problema sério, mas Ada jamais os confessava. Chegara mesmo a entregar dinheiro roubado à professora, pedindo-lhe que ela o fosse entregando aos poucos, e assim mostrando que não enfrentava a implicação total de seus atos de roubo.

Simultaneamente com esses furtos compulsivos, a escolaridade de Ada passara a ser afetada pela falta de capacidade para concentrar-se enquanto trabalhava. Estava sempre se assoando, e tinha ficado gorda e desgraciosa. (Ver a Fig. 4 – "lápis gordo demais – tem alguma coisa errada nele".)

Em resumo, Ada tinha sofrido uma relativa privação aos 4 anos e 9 meses, embora vivesse em seu lar, que era bom. Em conseqüência disso, ficara confusa, mas quando começou a redescobrir um sentimento de segurança passou a furtar com uma compulsão dissociada, o que ela não pôde reconhecer.

Resultado da entrevista psicoterapêutica

A entrevista foi evidentemente significativa, visto que, embora Ada estivesse cometendo furtos até o momento da entrevista, não voltara desde então a furtar, ou seja, há já três anos e meio. Seu trabalho escolar também melhorou rapidamente. (Entretanto, a enurese noturna só desapareceu um ano depois da entrevista.)

A mãe informou que Ada saiu da clínica com um novo relacionamento com ela, mais desembaraçada e íntima, como se tivesse sido removido um bloqueio. Essa recuperação da antiga intimidade persistiu e parece mostrar que o trabalho feito na entrevista foi um genuíno restabelecimento de contato que se perdera na época em que a irmã mais velha transferiu subitamente seus cuidados, de Ada para o irmão doente.

Eis um exemplo detalhado da *dissociação* a que estou me referindo. Ada não podia confessar seus roubos e quando, na entrevista, lhe foi perguntado "Já roubou alguma vez?", respondeu com firmeza "Não!", mas, ao mesmo tempo, mostrou que não necessitava agora de roubar porque reencontrara o que tinha perdido – o contato simbólico com os seios da mãe.

Resumo do caso

É dada em detalhe uma entrevista psicoterapêutica, mostrando a resolução da compulsão para roubar de uma menina de oito anos.

No momento crítico, a criança negou que jamais tivesse roubado e, ao mesmo tempo, cruzou a barreira e alcançou o que tinha perdido, desse modo convertendo o seu "Não!" numa declaração verdadeira. Em outras palavras, nesse momento a dissociação deixou de operar.

Neste caso não houve tentativa alguma de fazer a criança confessar, quer dizer, passar da dissociação para uma área de compreensão intelectual e integração. Na camada mais profunda em que o trabalho foi feito, tornou-se possível produzir, na entrevista, um resultado, não um *insight* consciente, não uma confissão, mas a verdadeira cura de uma dissociação.

Fontes originais dos artigos deste volume

1. Evacuation of Small Children
    "Letter to the *British Medical Journal*" (16 de dezembro) 1939.
    "Children and Their Mothers" in *The New Era in Home and School* (fevereiro) 1940.
2. "Review of *The Cambridge Evacuation Survey*" (ed. Susan Isaacs. Londres: Methuen, 1941) in *The New Era in Home and School* (dezembro) 1941.
3. "Children in the War" in *The Child and the Outside World*. Londres: Tavistock Publications, 1957.
4. "The Deprived Mother" in *The Child and the Outside World*.
5. "The Evacuated Child" in *The Child and the Outside World*.
6. "The Return of the Evacuated Child" in *The Child and the Outside World*.
7. "Home Again" in *The Child and the Outside World*.
8. "Residential Management as Treatment for Difficult Children", escrito em 1947, com Clare Britton, este artigo é uma combinação de "The Problems of Homeless Children", *New Education Fellowship Monograph*, 1944 e "Residential Management as Treatment for Difficult Children: the Evolution of a Wartime Scheme", *Human Relations*, 1947. In *The Child and the Outside World*.
9. "Children's Hostels in War Peace" in *The Child and the Outside World*.
10. Aggression and Its Roots.
    "Aggression" in *The Child and the Outside World*.
    "Roots of Aggression" in *The Child, the Family and the Outside World*. Harmondsworth: Penguin Books, 1964.
11. "The Development of the Capacity for Concern" in *The Maturational Processes and the Facilitating Environment*. Londres: Hogarth Press, 1965.

12. "The Absence of a Sense of Guilt", inédito.
13. "Some Psychological Aspects of Juvenile Delinquency" in *The Child and the Outside World*.
14. "The Antisocial Tendency" in *Through Paediatrics to Psychoanalysis*. Londres: Hogarth Press, 1975.
15. "The Psychology of Separation", inédito.
16. "Aggression, Guilt and Reparation", inédito.
17. *"Struggling Through the Doldrums"* in: (1) *New Society* (25 de abril) 1963; (2) Timothy Raison (ed.) *Youth in New Society*, Londres: Rupert Hart-Davis, 1966; (3) *Adolescent Psychiatry*, Nova York: Basic Books, 1971; (4) Parcialmente in 'Adolescence' in *The Family and Individual Development*, Londres: Tavistock Publications, 1965.
18. "Youth Will Not Sleep" in *New Society* (28 de maio) 1964.
19. "Correspondence with a Magistrate" in *The New Era in Home and School* (janeiro) 1964.
20. "The Foundation of Mental Health" in *British Medical Journal* (16 de junho) 1951.
21. "The Deprived Child and How He Can Be Compensated for Loss of Family Life" in *The Family and Individual Development*. Londres: Tavistock Publications, 1965.
22. "Group Influences and the Maladjusted Child: The School Aspect" in *The Family and Individual Development*.
23. "The Persecution that Wasn't" in *New Society* (18 de maio) 1967. Revisão de Sheila Stewart, *A Home from Home*, Londres: Longman, 1967.
24. "Comments on the *Report of the Commitee and Punishment in Prisons and Borstals*", inédito.
25. *Do Progressive Schools Give Too Much Freedom to the Child*?
    "Contribution to Conference at Dartington Hall" in Maurie Ash (ed.) *Who Are the Progressive Now*? Londres: Routledge & Kegan Paul, 1969.
    "Notes Made in the Train", inédito.
26. "Residencial Care as Therapy", inédito.
27. "Varieties of Psychotherapy", inédito.
28. "The Psychotherapy of Character Disorders" in *The Maturational Processes and the Facilitating Environment*. Londres: Hogarth Press, 1965.
29. "Dissociation Revealed in a Therapeutic Consultation" in Ralph Slovenko (ed.) *Crime, Law and Corrections*. Springfield, Illinois: Charles C. Thomas, 1966. Também in *Therapeutic Consultations in Child Psychiatry*. Londres: Hogarth Press, 1971.

Impressão e Acabamento
Bartira
Gráfica
(011) 4393-2911